18個放下憂慮的禪修練習

全然接受這樣的我

Radical Acceptance :
Embracing Your Life With the Heart of a Buddha

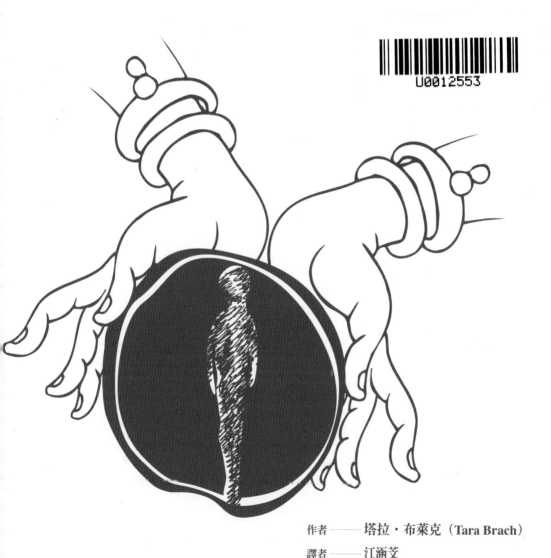

作者 ———— 塔拉·布萊克（**Tara Brach**）

譯者 ———— 江涵艾

獻給我的父母，他們慷慨無私的愛心照亮了我的生命。

目次

超越惡行與善行的概念之外，

有一片原野，我們就在那兒見吧。

當靈魂徜徉在那片草地上時，

世界圓滿，難以言喻，

無論是概念、語言、甚至是措辭說法

全都了無意義可言。

──魯米（Rumi）①

喚醒與生俱來的喜樂與自在

你手中的這本書是個珍貴的邀約。請記得,我們都擁有以明智且溫柔的佛心來面對生命的潛力。在《全然接受這樣的我》之中,我們可以看到塔拉‧布萊克親切優雅地,諄諄訴說具療癒力的話語以及轉化的了悟,這些都是她多年來,身為受人愛戴的禪修老師和心理治療師的豐富經驗。塔拉以滿心的慈悲與寬容,將歲月獻身於重建人性的尊嚴,她的教導既及時又實際,能夠消融生命的包袱,讓我們全然地活在當下。

現代社會生活充滿了壓力與競爭,種種狀態助長了缺乏自我價值與自我批判的現象,人心的神性也逐漸淪喪。《全然接受這樣的我》所明確表達的精神,對於重獲喜樂解脫的生命而言,更顯得重要異常。透過動人的故事以及學生和案主的經驗描述,透過塔拉自己的心路歷程,透過她提供的清晰且系統化的練習,《全然接受這樣的我》告訴我們如何明智地訓練、培育自己,轉化悲傷並重獲完整的人格。

最重要的是,《全然接受這樣的我》能重新喚醒我們的佛性,也就是每一個人與生俱來的喜樂與自在的權利。請你慢慢品味每一頁,將這些教導與修持銘記在心,讓它們引導你並加持你的靈修道路。

傑克‧康菲爾德

二〇〇三年二月於心靈磐石禪修中心

具足療癒力的實修手冊

這是一本讓我驚奇不已的心靈開發實修手冊。

佛學院充實忙碌的生活中，接到了橡樹林編輯王珊華的來電，說是貝瑪慈寧的朋友，希望找我翻譯一本書。貝瑪慈寧其實是個台灣人，在印度念佛學院，我們不是熟朋友，卻有著奇妙甚深的緣分。這通電話，讓我跟橡樹林出版社和作者塔拉·布萊克（Tara Brach）結上了奇妙的因緣，而且，恰好就在我生命最低潮的時候，幫助我從痛苦的深淵中跳脫出來。

珊華說，其實早先已經找了另一個譯者，然而在翻譯的過程中，《全然接受這樣的我》竟讓她感動至極，數度無法自己，最後，她竟然決定放下翻譯的工作，讓自己深入沈湎這本心靈開發實修手冊。

原先我以爲本書是西方心理學心靈成長書籍，但是在塔拉一步步細膩的引導之下，我開始發現，「徹底接納」結合了東西方心靈開發的實修步驟，不僅融入了西方心理學的論點與實用的療癒方法，更蘊含了佛教對人性與輪迴深奧的見解與修持，以及慈悲智慧雙融、具足療癒力的加持祝福。塔拉也陳述了自己身爲禪修行者、禪修老師、心理治療師，同時也是個活生生的女人，如何面對並接納自己的失敗、傷痛與缺乏自我價值的感受；而她的案主和學生又如何以這些實修方法，接納了自己，也幫助了別人。這些心路歷程的分析描述，以及實修步驟的教導提醒，在在顯示出，塔拉不僅只是西方心理學家，更是個具足實修經驗的禪修老師。

在密集翻譯本書的五個月中，巧的是我自己也面臨了生命中最肝腸寸斷、令我五內俱焚、痛不欲生的經驗，看了塔拉的心路歷程之後，她的勇氣大大鼓舞了我的生命。

……有個受傷的年輕士兵，從戰場返鄉之後，被謠傳是叛國賊而被村人驅逐。他跛著腳一拐一拐地拖著自己一小袋隨身物品及食糧走出村莊時，他知道大家都在看著他，甚至也有人同情他。那就是我現下的感覺，備受羞辱的我，試圖迴避其他人的眼光，困難地，努力想走到人群邊緣。我感覺彷彿在場的一百五十人，要不就坐在那裡批判我，不然就是在可憐我，我迫切地想要獨處……

在這封閉的時刻，舊日熟悉的絕望感又佔據了我。……淚眼模糊地，我終於找到座落在短葉絲蘭樹叢中的一處聖殿……我嚎啕大哭、淚如雨下，就這樣哭了好幾個鐘頭。

在極度悲痛與絕望之中，我像以前一樣，向我稱之為「摯愛」（Beloved）的存在求援，……這時，變化就發生了……我不再覺得飽受痛苦煎熬，而是開始感覺自己內心和周遭變得開闊、變得仁慈溫柔，我的世界逐漸變得愈來愈寬廣了。……隨著敞開心胸接納痛苦，不再抗拒，我經驗中的一切逐漸變得柔軟而流暢。

……我心中生起了一個新的聲音：即使我真的……那麼糟糕，我也要全然接納自己；即使，我的努力和缺乏安全感意味著，我被「我執」所擒縛，我也要溫暖地對待自己、

全然接受這樣的我

敬重自己、停止苛責自己；即使我以前很自私又吹毛求疵，我也要無條件地接納自己這些層面。我要停止這些永無止息的監控和批判。

在跟作者溝通譯文和翻譯本書的過程中，我發現塔拉有著不卑不亢的溫柔，和有求必應的菩薩心腸，但同時她也是個活生生的人。塔拉，一如她的名字——度母，在生命的洪流中，磨練昇華自己的身心靈，同時也利益了他人。塔拉也提醒我們，所有生命體之間是如此緊密相連，一個生命體的悲哀，影響著所有生命的痛苦，而當我們以真正的慈悲心，懷抱自己的瑕疵時（接納內心痛苦並非放縱自己付諸行動），亦得以發展出接納與愛護他人的能力。如同蒂帕嬤、德蕾莎修女、藏傳佛教大師密勒日巴、和其他經過生命粹練的禪修大師一般，塔拉一步一腳印，在凡夫的掙扎中，誠實地面對自己的瑕疵，不自命清高，也不是個遙不可及的「大人物」；我深信，在塔拉溫柔智慧的引導下，讀者們一定能夠更加深入內心的真實本性，更了解所有生命之間有多麼息息相關，而外在世界也會隨著內心的轉化，愈來愈清明、美麗、寬廣開闊。

僅以本書譯文，獻給那些曾經傷害我的人，呵護我的人，還有這大千世界中緊密相連的所有生命，但願他們都快樂歡喜，但願我們心中都盈溢著大愛與智慧。

江涵芠
寫於憐憫我的媽媽家中書房
05/25/2006凌晨

「一定是我有毛病」

讀大學時的某個週末，我和一個較我年長也更有智慧的朋友到山區健行，她那時約二十二歲。搭好帳棚之後，我們一起坐在溪邊，望著溪水刷過岩石旋流而去，一邊聊著自己的生活。當她聊到自己在學習「如何當自己的好朋友」時，一股巨大的悲傷頓時湧上我心頭，我忍不住崩潰啜泣，因為，我絕不是自己的好朋友。當時，我不斷受到自己內在的判官所騷擾，這位判官無情、殘酷、吹毛求疵、精力旺盛，雖然不見蹤影，卻全天候忙碌地工作。我知道我絕對不會用對待自己的模式去對待朋友，如此毫無情義可言。

引導我的假設概念是：「我根本就是有毛病」，於是乎奮力去控制並修正那個自認為根本就有瑕疵的自我。當時我不斷驅策自己用功讀書，也是狂熱的政治活躍份子，並積極投入忙碌的社交生活。我藉由耽溺於食物，並汲汲營營於功名來逃避痛苦（反而還製造了更多痛苦）。我的休閒模式有時還蠻健康的：接近大自然、跟朋友相處等，但也包含了一些尋求刺激的衝動行為，比如：玩票性地吸食一些毒品、從事性行為和其他刺激的活動。在世人眼中，我表現得可圈可點；然而內心深處卻焦慮不安、太過拚命，而且時常抑鬱沮喪，我無法跟自己生命的任何一部分和平共處。

這樣的失落感與深切的寂寞兩者形影不離，十幾歲青春期時，我有時會幻想自己住在一顆透明的球體中，把自己和周遭的人事物都隔離了。當自己覺得自己還不錯，或者跟他人相處自在時，這泡泡就會愈來愈薄，薄到猶如肉眼不見的一縷輕煙似的；一旦覺得自

己差勁極了，泡泡就會變濃，濃到好像大家都看得到一樣。我把自己囚禁在其中，感到既空虛又孤獨。隨著年紀稍長，這個幻想逐漸消退了，然而，我還是活在一種生怕讓別人失望、或受人排拒的恐懼之中。

但是，跟這個大學朋友在一起時感覺卻截然不同——對她的信任足以讓我完全敞開心扉。接下來兩天的高山健行旅程中，我們有時說說話，有時靜靜坐著，我開始了解，在起伏不定的情緒、沮喪、寂寞和沈淪之下，潛伏著強大的自我缺陷感；這是我初次瞥見痛苦的核心，而往後的生命中，我也一再地重訪此處。在這赤裸、原始的感受中，我直覺地知道，由於與痛苦裸裎相見，我已踏上心靈療癒之道。

那個星期天夜晚開車下山時，我的心情儘管輕快不少，但是仍然隱隱作痛，我渴望對自己更寬容些，渴望與自己的心路歷程為友，渴望自己能對生命中的人感到更親密、更自在。

多年以後，這樣的憧憬驅使我步上學佛之道。在這兒，我尋獲的教誨與修持，使我得以直接面對缺乏自我價值與不安全感，這些教誨與修持讓我清楚見到自己正在經歷什麼，並教導我如何將慈悲融入生命之中。佛陀的教法也幫助我消除了這些念頭：我孤獨一人面對痛苦、痛苦是個人問題、痛苦應該、也是我自己的錯。

身兼心理學家與佛學老師的二十年歲月中，有數千位案主和學生向我透露，他們因自我貶抑而感到痛苦不堪。無論這些對話是發生在十日禪修閉關課程之中，或是出現在每週的協談時段，每個人的痛苦——覺得自己有瑕疵、缺乏自我價值的恐懼感，基本上並無不同。

對大多數人而言，自我缺陷感俯拾皆是，隨便一個狀況，比方說，光聽到他人有所成就、受到他人批評、與人爭執、職場上出了

紕漏，就足以讓我們覺得自己差勁極了。

我有一位朋友這樣形容：「我不斷在這無形的、自我缺陷感的有毒氣體中呼吸著。」透過自我缺憾的鏡頭來經歷生命時，我們就會把自己禁錮在這個我稱之為「缺乏自我價值的迷惘」之中。陷入如此迷惘時，我們就無法體認自我本質的真諦。

在一次我指導的禪修閉關中，某個學生告訴我，有個經歷使她深深體會活在迷惘中的悲哀。瑪麗蓮曾經好幾天在彌留的母親身旁連坐好幾個小時，深夜念書給她聽，在她身邊禪修打坐，握著她的手，一次又一次告訴她，自己有多愛她。大部分時間母親都陷於昏迷的狀態，呼吸吃力且不規則。有個黎明前的清晨，母親突然睜開眼睛，清楚專注地望著她這個女兒，「你知道嗎，」她輕聲低語，「我這輩子一直都以為自己有毛病。」她輕輕地搖搖頭，彷彿在說：「真是白白蹧蹋了。」然後她闔上雙眼，再度陷入昏迷，幾個小時之後就與世長辭了。

我們實在無須等到臨終才領悟到，認為自己根本就有毛病，真的是白白蹧蹋了寶貴的生命；然而，由於自我缺憾的感受積習已深，想從這個迷惘中覺醒，不僅需要痛下決心，更有賴於積極訓練心智。透過佛法的覺性修持，我們學會辨認何為當下的真相，並以開放的心擁抱所見的一切，如此一來，我們便能使自己從痛苦的迷惘中解脫。這種正念（mindfulness）①與慈悲心的培養，我將之稱為「徹底接納」。

「徹底接納」能夠扭轉我們慣於對抗不熟悉、可怕或強烈經驗的窠臼。對於長年來忽視、批判、嚴苛對待自己、且總是排斥當下經驗的我們來說，這無疑是一劑必要的解藥；徹底接納就是樂意去體驗我們自身與生命的本來面目。一刻的徹底接納，即是一刻真正自在。

二十世紀印度禪修大師殊利・尼薩噶達他（Sri Nisargadatta）②鼓勵我們全心全意進入解脫之道：「我只如此懇求你：『用愛圓滿自己。』」對瑪麗蓮而言，臨終母親的遺言使她醒悟這樣的可能性，她描述道：「這是她的臨別贈言，讓我了解，自己不必像她一樣虛擲生命，由於愛──對我母親的愛，以及對生命的愛──我決心以更開放更寬容的態度來對待自己。」我們每個人同樣也可以如此選擇。

當我們練習徹底接納的時候，先從自己生命的恐懼與傷痛開始著手，然後，我們就會發現自己的慈悲心無限地擴充延伸；由於將自己懷抱於慈悲心之中，我們於是更能夠自在地去愛這個活生生的世界。這就是徹底接納的祝福加持：當我們從「我根本就有毛病」的痛苦折磨中解脫時，就能夠全然信賴且表達真正的自己。

在此我祈願本書所提供的教法，能有助於我們一同覺醒。願我們每一個人都能發現自己最深刻的本質：純淨的覺性與愛；願我們充滿愛的覺性，能擁抱遍及一切處的所有眾生。

第一章

缺乏自我價值感的迷惘

你將在某個夜晚遊走……

倏然間，發現自己

即將踏上逃亡之途，

自己其實有罪：因為你誤解了

複雜的指示，你不是

這裡的成員，你遺失了會員卡

甚至從未擁有這張卡……

——溫德爾・巴瑞（Wendell Berry）①

有好多年，我重複做著同樣的夢，夢中我奮力掙扎想要去某個地方，卻總是感到困頓不已；有時我奔跑上山，有時在岩石上攀爬，有時或逆流而游。夢中常常出現我所愛的人陷入困境的情節，或是不祥的事情即將發生。我的心狂亂紛擾，但是身體卻感到沈重無比且精疲力竭，彷彿在黏膩的糖蜜間行進一樣。我知道自己應該要懂得處理問題，但是無論我再怎麼努力，就是無法到達我必須置身的地方；我完全孤立，被害怕失敗的陰影所籠罩，完全陷入困境之中。而全世界似乎只剩這件事，其他的一切都不存在了。

這個夢境恰好捕捉了「缺乏自我價值之迷惘」的精髓。在夢中，我們往往似乎是編寫劇本中的主人翁，注定要以既定模式來回應身處的情境，渾然不知也許還有其他抉擇與選項。當我們在現實生活中陷入迷惘，受困於心頭的千端萬緒，恐懼可能面臨的失敗時，基本上也落入了與夢境同樣的狀態。我們活在一個完全界定且限制了生命經驗的清醒夢境裡，當我們奮力掙扎試圖到達某處、試圖成為更好的人、試圖成就什麼、試圖避免犯錯時，而界線外的世界僅僅是襯托的背景罷了。就像在夢中，我們誤以為自己的故事是真相——而且是說服力很強的現實，它耗盡了我們大部分的注意力。無論是在吃午餐或是開車回家途中，無論是在跟伴侶交談，還是晚上念故事給孩子聽，我們不斷在腦中重複播放自己的憂慮與計畫；而此迷惘的固有本質就是，我們相信無論自己再怎麼努力，不知怎地，終究還是不可能達到標準。

與缺乏自我價值感形影不離的，是對他人與生命的疏離感。但是假使我們是有缺陷、不健全的，又怎麼可能感到有所歸屬？這是一種惡性循環：我們自覺愈有缺陷，就愈感到疏離且脆弱。而潛藏在自覺殘缺的恐懼之下，則是更原始的恐懼，擔憂生命出了差錯，壞事就要發生了；而我們對這恐懼的回應，就是想要責怪、甚至仇

恨我們認為是問題根源的對象：無論是自己、他人或是生命本身。然而即使是將憎恨指向外界，我們的內心深處仍舊感到脆弱無比。

　　缺乏自我價值感與人際關係的疏離，導致形形色色的痛苦。對某些人來說，最顯著的就是呈現上癮的症狀，有可能是酒精、也有可能是毒品或食物；有些人則是對一段感情上癮、倚賴某一個或某一群特定的人，好讓自己感到完整，覺得生命值得繼續；有些人則長時間勞累工作，好感覺自己很重要，這種上癮症狀在我們的文化中相當受到推崇；還有某些人則不斷製造外界的敵人，永遠在對抗世界。

　　這種自覺殘缺、缺乏自我價值感的信念，使我們難以相信自己真為他人所愛。我們之中有許多人，生活裡潛藏著憂鬱的暗潮，或是對能否親近他人感到毫無指望。我們害怕，如果別人發現我們其實很無趣、愚蠢、自私或沒安全感，就會排斥我們；而假使我們不夠迷人，可能永遠都不會有人用親密浪漫的方式來愛我們。我們渴求一種毫無疑慮的歸屬感，憧憬能對自己和他人予以輕鬆自在且全然接納；然而，缺乏自我價值感的迷惘，卻使我們始終無法嚐到歸屬感的甜美。

　　當我們的生活痛苦不堪或失控時，缺乏自我價值感之迷惘就會倏然倍增。我們可能會以為，生理疾病或沮喪情緒都是自己的錯，是因為自己基因不良，或者是因為自制力不夠，抑或缺乏意志力的緣故；我們也可能會覺得失業或失婚是自身瑕疵的一種反射，若當初能再多盡一點力、若我們能有所不同，也許一切就會順利多了。即使我們可能也會將矛頭指向他人，然而心裡還是默認錯在己先，自己是始作俑者。

　　即使受苦或遭遇不幸的不是自己，而是身邊親密的人，比如說伴侶或孩子，我們還是會將這種狀態視為自己的缺失。一名接受我

心理治療的案主，她十三歲大的兒子經醫師診斷，罹患了注意力失調症②。她為兒子遍求良方，包括就醫、飲食療法、針灸、藥物治療，再加上更多的愛心，然而，兒子還是課業退步，且在人際關係上十分疏離。他確信自己是個「窩囊廢」，時常因為痛苦與挫折而大發雷霆。無論自己為了愛他付出了多少努力，這位案主仍然活在極度的痛苦中，覺得自己對不起兒子，而且應該要更努力才行。

　　缺乏自我價值感的迷惘，所呈現的不一定是明顯的羞愧感與缺陷感。當我告訴一位好友，我正在寫有關缺乏自我價值感的主題，而這種傾向又是多麼普遍時，她提出了不同的看法：「對我而言，主要的難題並非羞愧，而是傲慢。」她堅稱。這位女士是個成功的作家兼老師，她告訴我，她很容易產生優越感，覺得很多人遲鈍無趣。由於受到許多人的景仰，這使得她恃才傲物、睥睨一切，自覺鶴立雞群。「承認這點讓我覺得很不好意思，」她說道：「或許這就是你所謂的羞愧感吧，不過我真的很喜歡大家尊敬我……只有這種時候我才能對自己感到滿意。」我這位朋友呈現的即是迷惘的另外一面。她繼續坦承，當自己腸枯思竭、毫無創作靈感、自覺一無是處，或得不到讚賞的眼光時，她的確會不知不覺地喪失自我價值感；與其單純地認可自己的才華，充分享受自己的優點，她還需要一種與眾不同的感覺或優越感，才能讓自己感到滿意。

　　若總是認為自己不夠好，我們就永遠無法放鬆下來，我們戰戰兢兢地監控著，不時在自己身上挑毛病；不可避免地找到毛病之後，我們就更加沒有安全感，更缺乏自我價值感，如此一來我們就得更加努力了。這當中很反諷的是，我們究竟以為自己要往何處去？有個禪修學生告訴我，他覺得自己好像在壓榨自己的生命歲月，不斷遭受想有所成就的感覺所驅使；語帶憂傷地，他又說道：「我覺得自己飛快地虛度生命，彷彿就要這樣一路衝到死亡的終點

站似的。」

我在禪修課提到有關缺乏自我價值感的痛苦時，常注意到學生頻頻點頭表示認同，有些人甚至熱淚盈眶。他們可能頭一次發現，自己的羞愧感並非只是單一個人的精神負擔，許多人其實深有同感。課後有些人留下來討論，傾訴道，缺乏自我價值感使他們根本無法向他人求助，也無法感受別人愛的撫慰；有些人則體認到，缺乏自我價值感與安全感使得他們無法實現自己的夢想；常常也有學生告訴我，長期覺得自己有缺陷的習性，使得他們總是懷疑自己的禪修是否正確，也不相信自己心靈有所成長。

有學生曾告訴我，初踏上心靈修持之道時，他們原以為透過積極禪修就能超越自覺殘缺的感受，然而，即使禪修的確提供了極大幫助，他們卻發現，源源不絕的羞愧感和不安全感，仍舊固執地堅守不放，好像幾十年的修持根本無濟於事似的。或許他們所遵循的禪修模式並不適合自己的個性情緒，又或許他們需要額外的心理治療協助，才能揭露並治癒深刻的傷痛。無論是什麼原因，無法透過心靈修持來解脫這些痛苦，還可能引發一種根本的疑慮，懷疑自己是否能夠獲得真正的喜樂與自在。

將缺乏價值的自我引入心靈生活中

在大家的談論中，我彷彿看到了自己的故事。大學畢業以後，我住進一處精舍，加入了這個靈修團契，熱誠地獻身於這樣的生活形態，時間長達幾乎十二年之久。我以為找到了一條路，能淨化自我，超越「我執」的不圓滿——我執包含了自我與其計畫謀略。我們每天必須在清晨三點半起床，沖個冷水澡之後，四點到六點半之間進行瑜伽修持（Sadhana of yoga）、禪修、唱頌經文並祈禱。等

到用早餐時，我往往覺得自己彷彿漂浮在光輝、充滿愛、且喜樂無比的狀態中，與我稱爲「摯愛者」的慈愛覺性合而爲一，並體驗到這就是自己最深的本質。我並沒有覺得自身到底是好是壞，就只是感覺很好。

早餐結束，或接近中午時分，我的習慣性思維與行爲就開始趁隙而入了，就像在大學時代一樣，這些重複出現的不安全感與私心，再度讓我感到殘缺不全。除非我花更多時間做瑜伽和禪修，否則，往往發現自己又變回以前那個熟悉的、胸懷狹窄又差勁的自我。然後又到就寢時間了，睡醒，一切再重頭來過一次。

儘管觸及了眞正的安樂寂靜與坦誠寬廣，然而我內心的判官卻不斷在評估自己的淨化程度；我不信任自己，因爲我會假裝積極正面，但實際上卻感到寂寞或害怕；雖然我眞的很喜愛做瑜伽與禪修練習，但是卻需要炫耀自己的修行功夫，以博取他人的好感，這實在令我感到難爲情。我想要他人視我爲禪定高深的禪修行者與虔誠的瑜伽行者，一個以關愛與慷慨的態度來服務世界的人；但同時，我卻不斷批判他人太過懈怠，批評自己過於批判，即使身處團契之中，我仍舊時常感到孤單寂寞。

我原以爲若我夠努力，花個八到十年大概就可以擺脫自我關注的習性，得到智慧、解脫自在。偶爾有機會也會請教其他靈修傳統中我很景仰的老師：「我到底做得好不好？我還能做些什麼？」千篇一律地，他們總是答道：「放輕鬆就行了。」那時我並不十分了解他們的意思，我當然並不眞的認爲是「放輕鬆就好了」，他們說的怎麼可能是那個意思？但是，其實是我自己的功夫還沒「到家」。

當代藏傳佛教大師邱陽・創巴仁波切（Chögyam Trumgpa Rinpoche）③曾寫道：「問題就出在，我執會把一切轉爲己利所

用，甚至連心靈修持也不例外。」我帶入心靈修持的包括：希望受人尊崇的需要、老覺得自己不夠好的不安全感、還有批判內在與外在世界的所有習性。這個遊樂場遠比過去所追尋的範圍更加廣闊，但是遊戲本身卻是換湯不換藥：努力想做個不同且更好的人。

現下回想起來，我的自我懷疑會原封不動地轉移到心靈修持之中，一點都不令人感到意外。那些備受自我殘缺感所苦的人，往往會受到理想化世界觀所吸引，因為這些理想化世界觀提供了淨化與超越瑕疵本質的可能性。這種對完美的追求，建立在一種假定上，假定我們必須改變自己才能有所歸屬。我們可能會滿懷憧憬地聆聽這類訊息，不斷地說著：圓滿和良善就是我們的本質；然而，我們還是覺得自己像個局外人，沒有收到生命宴饗的邀請。

助長疏離感與羞愧感的文化

幾年前，一群美國與歐洲的佛學教師與心理學家，邀請達賴喇嘛出席一個有關情感與健康主題的座談會。其中一場講習會中，一位美國的內觀老師請達賴喇嘛談談有關自我仇恨的痛苦。這時，達賴喇嘛臉上露出了困惑的表情，「什麼是自我仇恨？」他問道，在場的心理治療師和教師試圖加以解釋，然而他看起來卻更加困惑。這種精神狀態是一種神經系統失調嗎？他繼續問道。所有與會人士都向他確認，自我仇恨是很普遍的狀況，他們的學生和案主都有這樣共同的經驗，這讓達賴喇嘛驚訝不已。他們怎麼會對自己有這種感覺？他納悶著，因為，「每個人都有佛性。」

雖說人類都會對自己的缺點感到羞愧，也害怕遭拒絕，但是，對於達賴喇嘛無法理解的那種羞愧感與自我仇恨，我們西方文化卻是助長的溫床。因為許多人都生長在缺乏凝聚力、無法滋養人心的

家庭、鄰里、社區或「部落」中，難怪我們總覺得自己像個局外人，必須自食其力，或者孤立疏離。我們早年就學到，想要建立任何一種聯繫，無論是跟家人或朋友、在學校或職場，在在需要先證明自己的價值。我們被迫要彼此競爭，要努力往前衝，要領先群雄，變得聰明、迷人、有才幹、具影響力且富有，而且總是有人在為我們打分數。

　　一生為窮困者與病苦者服務的德蕾莎修女，提出了令人著實訝異的洞見：「今日最嚴重的疾病，並非痲瘋病或肺結核，而是缺乏歸屬感。」在我們西方社會中，這種疾病觸目皆是，我們渴求有所歸屬，卻又覺得自己不配得到。

　　對於這種人文世界觀，佛教提供了一種根本的反向思考。佛陀教導我們，生而為人是異常珍貴的禮物，因為，這個人身讓我們有機會了悟，我們的真實本性就是愛與覺性。正如達賴喇嘛直指人心地表示，我們都有佛性。而心靈覺醒即是一個體認自身之根本良善、本初智慧以及慈悲的過程。

　　跟信任和與生俱來之自我價值背道而馳的，是我們文化上的迷思，也就是亞當與夏娃被逐出伊甸園的故事。由於這個故事過於熟悉陳腐，使我們忽視了它可能的影響；然而，這個故事卻塑造並反映了西方文化的深層意識。「原罪」所傳達的訊息再明確不過了：由於自身根本瑕疵的本質，我們不配得到喜樂、不值得被愛、活該倒楣不配活得自在。我們是遭驅逐者，若想重回伊甸園，我們就得先為罪孽深重的自己贖罪。我們必須經由控制自己的身體、情緒、環境和他人，才能克服自己的瑕疵；我們還得努力不懈、永無休止地，藉由工作、獲取、揮霍、成就、收發電子郵件、過度承諾與倉促急行等活動，只求一勞永逸地證明自己。

缺乏自我價值的成長過程

傑克・康菲爾德和克莉絲汀・費曼（Christina Feldman）在其合著的《心靈故事》中（*Stories of the Spirit*）提到這則故事：有一家人上餐館用餐，女服務生來了之後，家長先點了菜。他們五歲大的女兒接著也大聲點了自己的餐：「我要熱狗、薯條和可樂！」「喔，你可不能吃那些，」爸爸插話了，並轉頭對女服務生說：「給她肉卷、馬鈴薯泥和牛奶。」女服務生微笑地看著小朋友，說道：「那麼，親愛的，你的熱狗上面要加什麼呢？」她走開後，全家人目瞪口呆地坐在那兒，啞口無言。過了一會兒，小女孩眼裡亮晶晶地，說道：「她把我當成真的人耶。」

有一次，我在華府教授的每週禪修班講這個故事時，我母親正好來看我，下課後開車回家途中，她轉頭看著我，哽咽地說：「我就像那個餐廳裡的小女孩。」她繼續說道，在父母眼中，她從來沒有真實地存在過。身為獨生女，她覺得自己來到世上只是為了滿足父母的期望，她的價值完全建立在如何成為父母眼中理想的模樣，是否讓他們感到驕傲；她是他們駕馭、掌控、炫耀或責備的對象，她的意見和感受一點也不重要，因為，正如她所說的，他們根本不視她為「獨自的個體」。她的身分植基於「取悅他人」以及「做不到就不會受到喜愛的恐懼」；在自己的經驗中，她從來不是一個值得受尊重、無須造作或努力就值得被愛的真實的人。

我的大部分案主心裡都很清楚理想父母的特質，他們知道，若家長對孩子付出真正的陪伴、充滿愛心，那麼，他們的良善自然便可做為孩子的借鏡；而藉由這明確借鏡的榜樣，孩子便能及早發展安全感與信任，以及自然親近他人的能力。他們檢視自己的創傷

時，了解到自己在孩童時期並沒有獲得所渴求的愛與體諒。此外，他們也能從和自己孩子的關係中，發現自己不盡理想之處，比方說，疏忽、批判、憤怒與自我中心等。

我們不完美的父母也有自己不完美的雙親；恐懼、不安全感和欲望等，如此代代相傳。父母親希望看到後代在自己重視的層面上獲得成功，要不然就是希望子女出類拔萃，也就是說，在競爭的文化中，我們必須比他人更加聰明、更有成就且更有魅力。父母透過自己恐懼的濾鏡（可能無法進入好的大學或功成名就）以及欲望的濾鏡（能否光耀門楣）來看待子女。

父母其實扮演了文化傳遞者的角色，他們所傳遞的訊息往往是「憤怒和恐懼是負面的」，而自然表達自己的需求與挫折也是不被接受的。在負面語言的情況下，所傳達的訊息則是「你很壞，你很礙事，你真沒出息。」然而，即使是在沒那麼極端的情境中，大部分人學到的不免仍是，我們的欲望、恐懼和想法根本無足輕重，若想有所歸屬，我們就得與眾不同、高人一等才行。

某次禪修營中，我的一個學生傑夫告訴我，上一堂禪修課時，有個記憶突然浮現腦海中。那時他七歲左右，跟哥哥玩耍時受了傷，於是他哭哭啼啼跑去找媽媽，當時她正在廚房做家事。傑夫黏在媽媽身邊，要她教訓哥哥；媽媽突然停下手邊的工作，轉身插著腰，臉上露出煩躁輕蔑的表情，傑夫已經不記得她到底說了些什麼，卻記得她整個模樣分明像是說著：「別老是求人幫忙好嗎？」

長大成人後，傑夫終於了解到，由於母親生長在一個家煩宅亂的大家庭，學到的是孩子必須懂得保護、照顧自己；因此當傑夫哭哭啼啼或纏著別人不放時，她就會很氣他的「懦弱」。我們的文化向來強調獨立自主，認為這些特質對男人而言尤其重要，這些觀點在在強化了這類訊息。儘管傑夫也了解這一點，但是仍不免認為他

的需求會讓自己缺乏吸引力、不受歡迎，甚至很差勁。正如我們大多數人的狀況一樣，有所求的感覺引發了羞愧感，甚至連「請求幫忙」這種字眼都會讓傑夫覺得很卑躬屈膝、畏縮不安。

父母和文化都教導我們，我們有根本的瑕疵，透過這樣的教導而傳遞了伊甸園所代表的訊息，隨著逐漸內化這樣的觀點，以爲這就是自身的本質，我們一步一步陷入缺乏自我價值的迷惘中；我們花上許多年，甚至幾十年的時間，企圖成爲他人心目中的模樣，企圖讓自己變得「更好一點」，以便重回伊甸園。

我們處理缺陷感時所採取的對策

我們無所不用其極，只求能逃避缺乏自我價值的痛苦，只要自己的缺點一經曝光，無論是在自己面前或他人面前，我們就會立即採取回應，焦急地想要遮掩赤裸的自己，就像亞當和夏娃墮落後一樣。經年累月之後，我們每一個人都各自發展出一套混合對策，用來隱藏自己的缺陷，並彌補自認有瑕疵之處。

不斷投身於自我改善計畫而疲於奔命。我們拚命想要讓自己的身材和容貌符合媒體炒作的標準，因此染掉白髮、拉皮、長時期節食；我們催促自己要在事業上更上一層樓，或者做運動、參加進修課程、禪修、列出待完成事項、當義工、參加座談會等等。參加這些活動當然都可能有益身心，然而，這些行爲背後潛藏的動機常常是擔心「我不夠好」。與其拿自己跟理想的典範相比，企圖彌補其間的差異，倒不如讓自己放輕鬆，欣賞本我和當下正在做的事。

畏縮不前，寧願避重就輕、小心行事，也不願冒著失敗的危險去嘗試。我的兒子納拉揚約十歲時，有一段時間極不願嘗試新事物；他希望一下子就能擅長一切，若發現得勤加練習才能學會某種

活動，他就會退縮不前。我試著告訴他，生命中所有最美好事物的形成都包含了某種程度的冒險，而犯錯則在所難免；我建議他拓展自己的視野，學習打網球或參與音樂獨奏會演出，卻總是千篇一律遭他拒絕。有一次我又試圖要他參與新事務，結果還是徒勞無功，他引述了一段荷馬的話（當然是荷馬辛普森④）：「嘗試是失敗的第一步。」

避重就輕、小心行事，代表我們需要避開冒險的情境──但是這類情境卻遍佈在生命之中。我們可能不願接下領導者的職位或責任，可能不願冒險和他人建立真正的親密關係，我們可能會壓抑自己，不願表現自己的創造力、不願表達自己真正的想法、不願玩樂、不願談感情。

我們退縮，不願涉入當下的體驗。對於生活中發生的事，我們絮絮叨叨地對自說自話、編織情節妄想，活生生地把自己從赤裸裸的恐懼和羞愧感中拉開；我們維持著幾種基調活動：必須做的事、尚未解決的狀況、未來將面臨的問題、他人對我們的觀感、他人是否迎合（或未迎合）我們的需求、他人是否干預我們或令我們失望。有個流傳已久的笑話說道，一個猶太母親發了通電報給兒子：「先開始憂慮吧，細節隨後就到。」活在抽象莫名的焦慮中，使我們在真正的問題來臨之前，就預先啟動自己，編織悲劇情節、做最壞的打算；活在未來製造了一種幻覺，讓我們誤以為自己在掌控自己的生命，以使我們在面對個人挫敗時，仍能強作冷酷鎮定。

總是閒不下來。讓生活充實忙碌，是一種社會認可的遠離痛苦之道，我們不是常聽說，某人痛失親人但是卻因為「保持生活充實忙碌而調適得很好」？如果讓自己停下來，就會有陷入難以忍受之痛苦的危險，感到自己既孤獨又毫無價值。因此我們倉皇地填滿自己，試圖填滿自己的時間、身體和心靈。我們可能會購買新物品、

迷失在言不及義的八卦閒談之中；只要一閒下來，我們就上網查看電子郵件、打開音響、吃點心、看電視，做任何事以求掩埋那些潛藏在內心深處的脆弱感與缺陷感。

變成自己最嚴苛的批判者。內心連續不斷的評論老是在提醒自己，我們總是搞砸一切，而他人掌握生活是多麼成功有效率。常常是我們自己接著父母之後，尖銳地向自己指出自身的過失。正如漫畫家朱爾斯‧菲佛（Jules Feiffer）⑤所說：「我遺傳了爸爸的長相、爸爸說話的模式、爸爸的儀態、爸爸走路的樣子、爸爸的想法，並且養成了媽媽對爸爸的鄙視。」凌駕於自己的瑕疵之上，讓我們得以感受到，自己似乎可以控制自己的衝動，偽裝自己的弱點，或許還能改善自己的性格。

總是注意他人的缺失。俗話說，世界上只有一種人，就是認為自己都對的人。我們愈是感到自己有缺陷，就愈難以坦承自己的過失，而怪罪他人卻能幫我們暫時卸下失敗的重擔。

令人難堪的真相卻是，上述的種種對策只不過強化了不安全感，持續撐起缺乏自我價值的迷惘；我們愈焦慮地編織故事，告訴自己未來可能會遭遇失敗，或者不斷地注意自己和他人的毛病，就愈深化自己的慣性，愈深化引發缺陷感的神經通路。我們每掩藏自己的失敗一次，那種覺得自己有所欠缺的恐懼就會愈發強烈；當我們努力想獲取他人的好感，或亟欲超越他人時，我們就愈發強化了「自己本身根本就不夠好」的潛在信念。並不是說，我們跟他人不能有良性競爭、不能全心投入工作、不能承認並享受自己的才能；而是說，假使我們的一切努力建立在害怕自己有瑕疵的動機上，就會加深缺乏自我價值感的迷惘。

視他人為假想敵

　　本章大部分篇幅集中於討論，我們如何因為恐懼而將矛頭指向自己，把自己當成敵人、視自己為問題的根源。但我們也會轉而把這些感受向外投射，視他人為假想敵，恐懼愈高，敵意愈深。我們的假想敵，轉而成為從未尊重我們的父母、阻礙我們成就的頭家、剝奪我們權力的政治黨團、或是對我們生命造成威脅的國家；在這個「我們與他們雙方大對決」的世界中，缺乏自我價值感這禍害，就存在「外頭」。

　　無論是家庭失和、或族群間的世仇之戰，製造假想敵帶來某種程度的掌控感，讓我們產生了一種優越感、覺得自己在做對的事、相信我們正在處理問題。將怒氣發洩在假想敵身上，暫時減緩了我們的恐懼感與脆弱感。

　　這並不表示真正的威脅不存在，我們的確有可能危害自己，而他人也可能傷害我們。然而，倘若我們任憑自己以仇恨與暴力來反擊，倘若我們向自己或他人宣戰，便會引發更多恐懼、慣性回應和痛苦折磨。只有當我們能以明智的心來面對自己的脆弱時，才能讓自己從這恐懼與疏離的迷惘中解脫。

迷惘的根源——視自己為分離的個體

　　兩千五百多年前的北印度，佛陀在現今著名的菩提樹下徹夜禪修之後，達到了圓滿開悟；他知道他找到了「正道」，因為，他的心寬廣自在了。幾天之後，他初轉法輪宣導教法，開啓了人類心靈發展的新紀元。在這歷史性的重要時期，佛陀教導我們：要深入痛

苦的根源，並看清這根源即是解脫自在的開端。這就是佛陀開示的第一聖諦「苦諦」：痛苦或感到不滿足是普遍的現象，而徹底認清苦的存在，就是覺醒之道的第一步。

佛陀徹夜禪修時，深入觀照了自己的痛苦，他驚奇地洞察到，一切痛苦或不滿足都源自於錯誤的見解，誤以為自己是獨立存在的自我。這種「自我感」的理念，把我們禁錮在貪求與瞋恚的輪迴中；我們的存在感是如此局限，因而遺忘了慈愛覺性，但慈愛覺性才是我們自身的本質，把我們跟所有的生命聯繫在一起。

我們所體驗到的「自我」，其實是種種熟悉的想法、情感以及行為模式的蘊集；而心則把這些蘊集全部連結在一起，進而捏造出一個有連續存在的、私人的、個別實體的故事。我們將所經驗的一切納入這個自我故事，變成了「我的」經驗。例如：我很害怕、這是我的欲望等等。當代泰國佛教禪修大師暨作家佛使比丘（Ajahn Buddhadasa）⑥把這種將自我感加諸於生活經驗的習性，稱為「我執」（I-ing）與「我所執」（My-ing）⑦，我們將所思所感，以及發生在我們身上的一切，認為在某種程度為「我」所有，或因「我」而產生。

我們最習慣且最強烈的感受與想法，形成心目中自我的核心。倘若陷入了缺乏自我價值感的迷惘，我們就會覺得這個核心是有瑕疵的；當我們從個人的角度，用我執與我所執來看待生命，那麼，一種普遍性「總有什麼出了差錯」的感覺，很容易就會具體固化成「我一定是哪裡有毛病」。

當我觀照自己缺乏自我價值的感受時，有時實在無法明確指出自己究竟有什麼不足之處；然而，光是這種與他人有所區隔、分離的自我感，就足以引發一種基本假設，也就是「我不太對勁」。這可能化為某種莫名的背後低語，使我焦慮不安、忙碌不堪；或者也

可能化爲深刻的寂寞感，好似由於身爲「我」，而無法有所歸屬、無法感到健全完整。

認爲自己是分離的、不完整的、岌岌可危的信念，並非本質的機能失常，相反地，這種觀感是人類經驗、也是所有生命體與生俱來的一部分。禪觀生物學家暨作家大衛‧達林（David Darling）⑧指出，即使是最早出現的單細胞生物，也已經「在自己和外界之間建立了屛障，某種明確且持續不衰的分界……二元論的基礎，即自我與外在世界兩者分離的信念，就此產生。」這種存在的區隔感，就是我們這神祕大千世界的主題曲。單細胞生物會推拒有害物質，趨向滋養之物，人類也有同樣的本能回應，只不過我們是透過某種複雜得驚人的生理、心理與情感活動的配置，來展現執著與瞋恨，這其中有許多狀態是我們無法察覺的。

欲求和恐懼是與生俱來的能量，是生物進化設計的一部分，用來保護我們、幫助我們成長茁壯。但是，當這些成了我們的本體核心時，我們就看不到自身存在的全貌；我們至多只能認同自身稟性存在的片段，而這個片段視自己爲一種不完整、岌岌可危且遺世獨立的存在。假使我們的自我意識建立在需要外界關注，與對外界的不安全感上，那麼，我們就會忘記自己其實也是好奇、幽默且關愛的，我們遺忘了滋養我們的呼吸，遺忘了把我們連結在一起的愛，遺忘了碩大的美與脆弱，這些都是我們生存經驗的共同體驗。最可惜的是，我們遺忘了清淨的覺性，燦爛閃耀的覺知，也就是，我們的佛性。

對不完美無需憂慮

許多人告訴我，等到他們終於能夠看清，長久以來自己的生命

都禁錮於自我憎恨與羞愧感中，除了感到哀傷之外，也湧現了一絲恢復生機的希望。猶如從夢魘中醒來一般，當我們能夠看清自己的牢籠時，也得以覺察自己的潛力。

　　七世紀知名的禪觀大師僧燦⑨教導我們，真正的解脫自在就是「對不完美不憂慮」，也就是說，如實接納我們身為人的存在，如實接納所有的生命。不完美並非我們個人的問題，這原本就是存在的一部分；我們都會被欲求和恐懼所束縛，我們都會無意識地採取行動，我們都會生病，也會衰老。但是倘若我們能夠輕鬆看待所謂的不完美，就不會再浪費自己的生命追求與眾不同，或迷失在擔心出錯的恐懼之中。

　　勞倫斯（D.H. Lawrence）⑩曾將西方文化描述為一棵被連根拔起的巨樹，樹根暴露在空氣中，「由於無法滿足內在更重大的需求，我們正在凋萎死去。」他寫道：「我們切斷了內在滋養與新生的重要泉源。」只有在重新發現自身的良善真諦，以及我們與所有生命固有的聯繫，我們才能復甦重生。透過與人相互關愛以待、全神貫注於當下的每一刻、跟內在及周遭的美與痛苦保持聯繫，我們的「重大需求」才能得到滿足，正如勞倫斯所說的，「我們必須把自己再度植入宇宙中。」

　　儘管，感到分離與缺乏自我價值感的迷惘，是我們人類與生俱來的一部分，但我們的覺醒能力同樣也是稟賦而來。當我們停止與自己為敵，學習以充滿智慧的慈悲心來面對生活時，便能使自己從迷惘的監獄中解脫出來。本書所呈現的就是擁抱自己生命的過程，當我們學習培養徹底接納的能力後，便能重新找回伊甸園——這為世人遺忘卻又令人珍視的健全完滿、覺醒以及愛。

認清缺乏自我價值感的迷惘

　　想要解脫自在，第一步就是去辨認那助長「缺乏自我價值感之迷惘」的信念與恐懼。停頓幾分鐘，細細思維自己有什麼是自己會習慣性排斥推拒的，這可能會相當有助益。

● **我是否如實接受自己身體的原貌？**
  ・生病時我是否會自責？
  ・我是否覺得自己不夠有魅力？
  ・我是否對自己的髮型不滿意？
  ・我是否對自己臉部和身體的老化感到難堪？
  ・我是否批評自己過胖？過瘦？身材不夠好？

● **我是否如實接受自己心的原貌？**
  ・我是否批評自己不夠聰明？不夠幽默？不夠吸引人？
  ・我是否會因為心裡產生執著不斷的念頭，而批判自己？批判自己絮絮叨叨又乏味的心念？
  ・我是否會因為心裡生起了惡念，比如卑鄙、批判或好色的念頭，而感到羞愧？
  ・我是否會因為自己妄念紛飛，而自認是差勁的修行者？

● **我是否如實接受自己情感與情緒的原貌？**
  ・我可以哭泣嗎？可以有不安全感和脆弱感嗎？
  ・感到沮喪時，我是否會因此而自責？
  ・我是否以嫉妒心為恥？

- 我是否批判自己沒耐性？易怒？不夠寬容？
- 我是否認為，自己的憤怒或焦慮是心靈修持沒有進步的徵兆？

● 我是否因為自己的種種表現，而自認是個糟糕的人？

- 當我行事過份自我中心或傷人時，我是否會痛恨自己？
- 我是否會因為勃然大怒而感到羞愧？
- 當我失控地大吃大喝時，我是否會厭惡自己？當我抽煙或酗酒時是否也會如此？
- 我是否會因為自私，沒有優先考慮他人的需求，而覺得自己的心靈修持沒有長進？
- 我是否總是覺得自己跟家人和朋友的相處不盡理想？
- 我是否因為無法跟他人建立親密關係，而覺得自己有毛病？
- 我是否會因為自己沒能有所成就——工作表現不夠傑出或特別，就對自己感到失望？

覺察自己究竟希望他人如何看待我們，以及不想讓他人看到哪些部分，往往最能讓我們看清自己的迷惘所在。回想最近跟你相處的某個人——某個你欣賞、尊敬但交情還不深的人。

你最想要這個人從你身上看到什麼？（比如說，你很有愛心、慷慨大方、魅力十足？）

你最不想要這個人從你身上看到什麼？（比如說，你很自私、沒安全感、醋桶子一個？）

在一天之中，偶爾停下來，問問自己：「此刻，我是否如實接納自己的本來面目？」不要批判自己，只要清楚察覺自己如何對待自己的身體、情感、念頭和行為表現就好。只要你愈來愈意識到自己確實有缺乏自我價值感的迷惘，它就會逐漸失去對我們生命的掌控。

第二章

從迷惘中覺醒：
　　徹底接納之道

昨夜，在睡夢中，

我夢見了——令人驚奇非常的錯誤——

我夢見了有個蜂巢

就在我心中。

那些金黃色的蜜蜂

正在製造白色的蜂巢

以及甜美的蜂蜜

而材料竟然是我過去的錯誤呢

　　——安東尼奧‧馬查多（Antonio Machado）①

奇怪的矛盾是，當我如實接納

自己的本來面目時，我反倒能有所改變了。

　　——卡爾‧羅傑斯（Carl Rogers）②

威武的白老虎摩希妮，住在華盛頓特區國家動物園已經很多年了，大部分時間，她的家就位於一處老舊的獅子豢養區，一個制式十二尺見方的獸籠，周遭有著鐵閘圍欄，地面則是水泥地。日復一日，摩希妮在狹小的豢養區焦躁不安地來回踱步；最後，生物學家和動物園員工終於攜手合作，為她打造了一座自然的棲息地，占地數英畝，有山有樹、有個池塘、還有各式各樣的植物。他們興奮、期待地將摩希妮放養到這個新建好的廣闊環境中，不過，已經太遲了，老虎立即在棲息地的一處角落找到棲身之地，終其一生待在那兒。摩希妮在這個角落來回踱步，直到踏出一塊寸草不生、光禿禿的十二尺見方區域。

或許，生命中最大的悲劇就是，明明有可能得到自由，我們卻把自己困在相同的舊有模式中，讓時光從指縫中流逝。由於糾葛於缺乏自我價值的迷惘之中，我們逐漸習慣把自己禁錮在自我批判、憂慮、不安、不滿足的牢籠裡；就像摩希妮，我們漸漸變得無法進入解脫自由與寂靜安樂的境界，但這卻是我們與生俱來的權利啊！也許我們希望能毫不保留地愛別人，希望能覺得自己很真實，希望能吸納周遭的美，能唱歌，能跳舞；只可惜，我們仍舊日復一日地，聽從內在的聲音而使生命窄化。即使，我們能贏得數百萬樂透彩金，或是跟一個完美的對象結婚，但是只要覺得自己不夠好，我們根本就無法享受眼前的無限可能。幸好，我們不像摩希妮，我們可以學習去察覺，自己是否劃地自限，困在信念與恐懼中，我們可以看清，自己是如何虛擲自己寶貴的生命。

若想破繭而出，就要從徹底接納自己以及生命的一切開始，以覺醒心和關愛心去擁抱時刻相續的生命經驗。我所說的徹底接納一切，指的是要無時不刻覺察自己身體與心靈的變化，不企圖操控、批判或抽身逃離。這並不是說，我們可以容許自己跟他人的傷害性

行為；而是說，這是接納自己當下之確實經驗的內在過程，也就是說，毫不抗拒地去感受悲傷與痛苦，去感受自己對其他人事物的渴望或厭惡，而不去批判自己的感受，也不為之驅使而採取行動。

　　清楚辨認自己內在發生的一切，並且以開放、寬容且充滿愛心的態度來看待這一切，這就是我所說的「徹底接納」。倘若我們抽身逃離自己經驗的任何一部分，倘若我們封閉自己的心，拒絕接受自己的任何一部分、拒絕接受自己的感受，那麼，我們就在助長恐懼與分離感，而它們正是缺乏自我價值感之迷惘持續不斷的原因。「徹底接納」直接瓦解了迷惘的基地。

　　徹底接納使我們得以擺脫自己受制約的習性。當生理或情緒的痛苦生起時，我們的本能回應就是抗拒，我們的身體緊繃、肌肉收縮，甚至連心都感到緊縮；我們迷亂地臆測到底那裡出了差錯，這種情況會持續多久，我們又應該如何處理善後，並且不斷想著這痛苦反映自己有多麼沒價值。生理的疼痛，比方說背痛或偏頭痛，可能會演變為責怪自己多麼拙於自我照顧、飲食習慣多麼不佳、疏於運動等等評判；這些痛苦可能會讓我們感覺像個受害者，可能意味著我們的身體是不可倚賴的，或一切終究都會出差錯。我們也以同樣的模式，透過批判和編造種種情節，來誇大自己情緒的痛苦；在我們眼中，恐懼、瞋恨或嫉妒的感覺，只是意味著自己有毛病、很懦弱或者很差勁。

　　倘若迷失在自己編織的情節妄想中，我們就會跟實際經驗脫節。無論是貿然衝向未來，或一再老調重彈，都會使我們脫離當下活生生的經驗。當我們為種種想法所驅使，例如：「我必須做更多才會變得更好」、「我是不完整的，我需要更多才會快樂」，以這樣的動機來過生活，我們的迷惘就會加深。因為，這些「咒語」強化了「生活必須有所不同」的迷惘信念。

當諸事順利時，我們質疑自己是否收受得起，抑或杞人憂天，擔心壞事就要發生了。才剛吃第一口我們最愛口味的冰淇淋，心中馬上盤算著還可以再吃多少，才不會產生罪惡感或者害自己增加體重；身處美麗的景色中，我們卻因爲底片用完了而懊惱發愁，或開始思索著，眞該搬到鄉間來；禪修的時候，我們體驗到禪定與寂靜安樂的美妙時光，但接著就開始想著，要如何將這個體驗延續下去。亟欲維持當前所有而產生的焦慮感，以及不由自主的需求無度，在在污染了我們的歡樂。

展開接納的雙翼

當我們受困於缺乏自我價值感的迷惘時，不僅無法看清內在的狀態，也無法仁慈寬容。我們對自己的觀感變得扭曲、褊狹，對生命也感到麻木冷漠；但是，隨著不斷接納當下的經驗——放下自己編織的情節妄想、溫柔地對待我們的痛苦或欲望——徹底接納的過程於是就此開展。眞正的接納包括兩個部分，一是清晰覺察（明見）我們的經驗，二是慈悲對待這些經驗，這兩個部分是相互依存的；猶如大鵬鳥的雙翼，這雙翅膀讓我們得以遨遊天際，解脫自在。

在佛法修持中，明見之翼被稱爲「正念」（mindfulness）。這即是覺性的特質，也就是能夠明確辨認每一刻的當下經驗。例如，當我們對恐懼保持正念，就會意識到自己的念頭紛飛、身體緊繃且顫抖不已、更恨不得抽身逃離——這時，要以正念覺察這一切，但卻不試圖操控這些經驗，也不企圖逃離。當下這關注的態度是無條件且開放的——我們樂意跟當下生起的一切相伴，即使，我們還是希望這些痛苦會結束，還是希望是否能改做其他事，而這樣的希望和念頭同時也是我們當下接納的一部分。由於我們並沒有篡改自己的

經驗,正念便使我們得以如實認清生命的真實面貌。如此對自我經驗之真諦的覺察辨認,即是徹底接納的真正精髓:倘若不去看清所要接納的一切,我們就無法如實接納這些經驗。

徹底接納的另一翼,慈悲,指的是一種能力,能夠以柔軟心與同理心來看待我們所感受的一切。我們非僅不抗拒恐懼或傷痛,反而以母親擁抱孩子一般的仁慈來擁抱自己的痛苦;我們既不妄加評斷,也不沈迷於關注他人、巧克力以及對性的欲望中,反而溫柔關愛地看待自己的執著。慈悲能讓我們敬重自己的經驗,使我們得以如實親近當下的生命,慈悲也令我們全心全意且徹底接納一切。

明見與慈悲的雙翼彼此密不可分,倘若我們想從迷惘中解脫自在,這兩者是不可或缺的;它們既相輔相成,又相得益彰。當我們為愛慕的人拒絕時,缺乏自我價值感的迷惘可能會誘使我們陷入執迷的妄想中,一面責怪傷害我們的人,一面又認為我們之所以遭到拋棄,是因為自己有缺陷;我們在一觸即發的怒火、心如刀割的悲痛和羞愧感之間擺盪不休。但徹底接納的雙翼卻能使我們從慣性回應的迷亂漩渦中解脫,幫助我們找到平衡與清明,而平衡與清明則能引導我們選擇該說的話,以及該做的事。

在進行徹底接納的過程中,如果只引用了正念之翼,那麼,我們也許能夠清楚覺察心中的創痛和臉上的滿腔怒火,對自己編織的情節妄想也一清二楚——知道自己自認為是受害者、永遠孤單寂寞、得不到愛;然而,我們也有可能落井下石,加深自己的痛苦,怨恨自己為何一開始就陷入那樣的情境中。這時,慈悲之翼就堪為大用了;在正念之中加入慈悲心,創造了真正具療癒力的態度。與其像以前一樣,排拒或批判自己的憤怒和消沈,慈悲使我們得以溫柔地善待自己的創傷。

同樣地,正念也可以平衡慈悲,倘若誠摯的關愛由於憐憫過度

而淪爲自艾自憐，使我們又開始編織另一套情節妄想，比方說：我們竭心盡力、全力以赴，卻功敗垂成，得不到夢寐以求的人事物，這時，正念便使我們得以看出自己正在落入某種陷阱中。

這密不可分的雙翼協助我們如實安住在當下的經驗中，當我們真正如是實行，有些狀態便會逐漸有所不同——我們變得更自在，前途充滿了可能性，而且更清楚自己想要走的方向。徹底接納協助我們從傷痛中痊癒，再接再厲邁向未來，也使我們擺脫自我憎恨與自責等不自覺的習性。

徹底接納的基礎點就是當下每刻的經驗，因此我們同樣可以把這清明且仁慈寬容的覺照，運用在心念與感受的模式中，運用在形成我們生命經驗的行爲和事件中。如此，我們就能更清楚覺察自己行爲背後的起心動念，也更清楚行爲的後果，清楚這後果影響的不僅是自己，還包括他人。佛教心理學中，在接納覺知中納入這樣的宏觀，就稱爲「明覺」。

假設我們逐漸察覺到自己常常發脾氣，用輕蔑不尊重的態度對待自己的孩子；這時就應開始檢視自己的動機，而這樣做的同時，也要以接納的態度來看待過程中生起的一切心念與感受。也許我們會發現，自己之所以推開孩子，是因爲自己也已精疲力竭、無力應付他們的需求：「我自己都泥菩薩過江，自身難保了。」這樣的念頭也許會讓我們覺得腹部的緊繃感像浪潮般一波波擴散出去，並緊緊掐住喉頭不放。我們也可以觀察自己的行爲對孩子的實際影響：他們是否害怕接近我們？當我們發現，孩子在我們身邊變得遮遮掩掩、擔心害怕，這時，我們胸中可能會油然生出一股憂傷；我們還注意到憤怒的行爲對自己身心的影響，在怒不可遏地大發雷霆之後，感覺自己有多麼孤立、差勁。

隨明覺呈現的宏觀，使我們無可避免地回到自己最深沈的意圖

上；我們自己不想受苦，也不想製造痛苦。我們可能也會發現，自己多麼希望孩子知道，我們是這麼深愛他們，遠超過其他一切，而這樣的渴望，也同樣跟明見與仁慈寬容接合交會。像這樣，透過徹底接納的心，來看待自己所有境遇的來龍去脈，我們於是變得愈來愈能心行合一。

既然「不接納」即是迷惘的本質，我們不免納悶，在最無法自拔的時刻，究竟要如何踏出第一步，邁向徹底接納？若能謹記以下這點，就會帶給我們信心：無論自己有多麼迷失，自身的本性「佛性」仍舊是完好無瑕的。我們覺性的本質就是能夠知曉正在發生的一切，而心的本質則是能夠關愛。我們就像浩瀚無垠的大海，當生命的浪潮洶湧翻騰之際，我們當然有能力容納懷抱之；即使大海被自我懷疑之風所擾動，我們依然找得到回家的路；在這波濤洶湧之中，我們依然能夠找到自己寬廣且覺醒的覺性。

陷入批判、抗拒或執著的習性時，假使我們能清楚認知自己正在陷入，並且看清楚，我們不斷企圖控制自己痛苦或愉悅的程度，這樣，就打下了徹底接納的良好基礎；當我們看清楚，折磨、苛責自己只會製造痛苦，接著憶起我們熱愛生命的初衷，這樣，也打下了徹底接納的良好基礎。隨著不斷放下「自己有毛病」的情節妄想，我們於是逐漸能夠以清明且仁慈寬容的觀照，去接觸當下真實發生的一切；我們於是逐漸擺脫自己的長計遠慮和虛妄幻想，坦蕩大肚地經歷當下的一切。無論是喜樂或痛苦，接納之翼使我們得以尊重並珍惜無常生命的本來面貌。

勇於面對迷惘的痛苦

剛開始練習瑜伽和禪修時，我並不知道心靈生活的重點就在於

所謂的「接納」，我只是粗淺地覺知到，總覺得自己不夠好的感覺使得我無法獲得夢寐以求的寂靜與解脫；最後，某個突發事件讓我情緒崩潰之後，我才從多年積習的狀態中覺醒。雖然我個人經歷的這些外在事件非比尋常，但是很多人告訴我，對於這些內在的心路歷程，他們也很能感同身受。

大學畢業之後，我加入了某個靈修社區，住了八年之久，那時我已近三十而立了。除了固定在社區裡教瑜伽與禪修課程，我還兼修心理學臨床診療博士學位，並且是個全職的心理諮詢師；這意味著，外在世俗世界與靈修道場的忙碌生活，常常讓我感到身心交瘁。道場的老師有時會斥責我對社區不夠盡力，而無法面面俱到也常讓我很有罪惡感；然而，這兩種生活都是我所珍視的，我實在無法放棄任何一個。

當時我已經跟靈修社區的一位同修結婚多年，這椿婚姻是我的老師建議、撮合的，打從相處的第一天開始，我們就渴望擁有一個孩子。雖然生活有如多頭馬車，當我發現自己懷孕時，這個好消息還是令我們感到雀躍不已，因為多年夢想就要成眞了！當時我們都認為我應該停止手邊的心理治療工作，好好休息一個月，讓精神也得到滋養，於是我決定到老師在南加州沙漠主持的一個瑜伽與禪修中心去。

閉關兩個星期後，我開始嚴重出血，好友趕緊帶我去附近的醫院就診，結果是，我的母子天倫夢因流產而破滅。失去了寶寶讓我悲傷不已，我躺在醫院病床上，胡亂臆測流產的原因——是因為我承受不了激烈的瑜伽和酷暑嗎？回到閉關中心之後，我打電話留言給我的老師，告訴他事情的經過，並提到了我的疑慮，但是他並沒有回我的電話。

接下來兩天，我只能躺在床上等待復原、陷入悲傷、不斷祈

禱。第三天，我決定去參加每日聚會，老師通常都會在那時做開示，他的啓發應該會有所助益，而且跟靈修家庭的同修在一起，應該也會好過一點。

那是個炎熱的沙漠傍晚，幾百個同修一起坐在巨大的開放式帳棚下，安靜地禪修，等待老師到來。他的座車終於出現了，大家都站起來，低聲唱誦虔信之歌，他身後的隨行人員都是身著長袍的瑜伽行者；然後，老師走進帳棚，在輝映著夕陽光彩的橘紅與粉紅的坐墊前緩緩安坐。吟唱結束之後，大家席地而坐，靜靜地望著老師從精心準備的餐盤中，挑了一塊餅乾和幾顆葡萄；吃完之後，他的眼神掃過面前幾百張仰望的臉龐，每一個人都屏息等待他的啓迪。突然間，我發現他正凝視著我；然後，他的聲音劃破寂靜，叫喚了我的名字，那是多年前我決心獻身追隨他的教誨時，他為我取的梵文名字；這時，他要我站起身，他的聲音還在我耳中嗡嗡作響。

在這種聚會中，他有時會在大庭廣眾之下對特定的學生講講話，因此我以爲他可能想看看我情況可好，然而，出乎我意料之外，他竟然以嚴厲的語調，開始抨擊我，說我的世俗野心和自我中心害死了自己的寶寶。我感覺彷彿被踢中要害一般，錐心刺骨的痛苦在體內糾結成一團，我的四肢僵硬，覺得全身都麻痺了，老師則繼續他的譴責，殘酷地侮辱我，說我只想享受性愛，並不是真心希望懷孕生子。我則告訴自己，這一定是場惡夢。他私下早就責備過我在道場外的世俗生活，但是從來不曾像今天這樣，充滿了敵意、憤怒與輕蔑。

坐下來之後，羞愧使我全身發燙；這幾年來，我對他的疑慮與日遽增，如今連我的信任感都完全被出賣了，一種赤裸裸的、深不可測的痛苦，開始把我內心的一切吞噬淹沒，我劇烈顫抖著，茫然聽著老師的聲音隆隆作響，像是從遠處傳來一樣。

談話結束，他的座車離開之後，幾個朋友上前來擁抱我，尷尬地想說些什麼，我看得出他們眼中的困惑：老師用這種模式來開示，必定有某種靈修的目的，我們的老師不可能是錯的……不過，哪裡好像不太對勁。我很感謝他們的安慰，但是現下的我只想消失不見。多年前我曾讀過一個故事，說到一個受傷的年輕士兵從戰場返鄉，謠傳說他是叛國賊而遭村人驅逐。當他跛著腳一拐一拐地拖著一小袋隨身物品及食糧走出村莊時，他知道大家都在看著他，甚至也有人同情他。那就是我現下的感覺，備受羞辱的我，試圖迴避其他瑜伽行者的眼光，困難地，努力想走到人群邊緣。我感覺彷彿在場的一百五十人，要不就坐在那裡批判我，不然就是在可憐我，我迫切地想要獨處——我的心情如此悲慘，怎麼可能跟他人相處？

淚眼模糊地，我終於找到坐落在短葉絲蘭樹叢中的一處聖殿。坐在硬梆梆的地板上，我嚎啕大哭、淚如雨下，就這樣哭了好幾個鐘頭。怎麼會發生這種事？我已經失去了寶寶，老師還苛責我。他這樣做是對的嗎？我全身上下的感覺分明在說，對於寶寶這件事，他是錯到底了；但是，我到底哪裡出了問題，讓他選擇在我顯然極為脆弱的時候，這樣勃然大怒地斥責我？也許是因為我的電話留言觸怒了他，讓他以為我在質疑他的課程與開示的智慧。也許他已經知道我對他有所懷疑，並不全然信賴他。但是，為什麼要這麼惡毒又充滿憎恨？我真的像他講的那麼壞嗎？

我的心在恐懼和悲傷之中碎裂了，我覺得我和我的世界之間的聯繫完全切斷了，也和自己的存在分離了。我選擇的靈修之途正確嗎？這個團契對這種老師如此虔誠愛戴，我怎麼可能繼續歸屬其中？如果我再也無法遵循這條道路，會不會影響我的婚姻呢？如果我選擇離開，失去我的靈修家庭和整個生活模式，我受得了嗎？

在這封閉的時刻，舊日熟悉的絕望感又佔據了我。他的話不僅

使我陷入自覺醜惡的深淵，現下，自己內在的聲音也附和著確認，我根本就是有問題。自從我懂事以來，我就一直企圖證明自己的價值；我記得自己在青少年時期，晚餐時，有時會跟當律師的爸爸在餐桌上辯論，他總是非常以我為傲，而當我舉出具說服力的論點，令他印象深刻時，他更是寬慰。回想過去，我也不斷用同樣的模式面對所有的老師或其他威權人士，我的心直往下沈。腦海中接著又浮現了媽媽的影像——她躺在床上看推理小說，床頭放著琴酒加汽水——她跟憂鬱症和焦慮搏鬥的情境，不禁排山倒海而來；也許，我不由自主地想表現得既堅強又沈穩，只是某種避免重蹈母親覆轍的模式。我究竟是不是個充滿愛心的人？或許，協助案主或朋友，只是我尋求他人感激與肯定的模式罷了。我所有的努力奮鬥——修博士學位、做個優秀的瑜伽行者、做個好人……都吻合一個缺乏安全感、有缺陷的人所編織的故事。我實在找不到自己有哪些部分是清淨可靠的。

在極度悲痛與絕望之中，我像以前一樣，向我稱之為「摯愛」的存在求援，長久以來，這個無條件關愛且覺醒的覺性一直都是我的翼庇者。當我輕聲低語著「摯愛」，感受渴求歸屬於這個充滿愛的覺性，這時，變化就發生了。起初，這個變化非常細微，只是一種不再那麼迷失或孤獨的感覺，我不再覺得飽受痛苦煎熬，而是開始感覺自己內心和周遭變得開闊、變得仁慈溫柔，我的世界逐漸變得愈來愈寬廣了。

漫漫長夜中，我擺盪在創傷的痛楚，與這愈來愈強的開闊性之間。我發現，每次內心譴責的聲音企圖控制我時，只要我憶起那關愛的存在，就可以聽著這些批判，卻不會再相信它們。當往事浮現心頭，想到有時我很自私，有時還得偽裝自己的真正意圖，我已經可以放下這些念頭，單純地感受那痛楚直搗心中。隨著敞開心胸接

納痛苦，不再抗拒，我經驗中的一切逐漸變得柔軟而流暢。

　　我心中生起了一個新的聲音：即使我真的像是老師所說的那麼糟糕，我也要全然接納自己。即使，我的努力和缺乏安全感意味著，我被「我執」所擒縛，我也要溫暖地對待自己、敬重自己、停止苛責自己；即使我以前很自私又吹毛求疵，我也要無條件地接納自己這些層面。我要停止這些永無止息的監控和批判。

　　然後我發現自己開始祈禱：「祈願我愛自己、接納自己原來的面貌。」我漸漸感覺自己在溫柔地呵護自己，生命的每一波浪潮向我穿透而過，全都有所歸屬，也都為我所接納；甚至是內心恐懼的聲音，那不斷說著「我一定哪裡有毛病」的聲音，也被接納了，並且無法染污這深刻、真正的關愛。

苦難使我們敞開心胸徹底接納

　　我母親與其他幾位校友，曾因傑出終身成就獲邀至柏納學院（Bernard College），向畢業班發表演說。就在七十五歲生日之前的某天，她接到了一通受指派來訪問她的學生的來電。年輕的記者首先讚美她的成就，說她帶領的這個大型非營利機構，幫助了許多受酗酒所苦的人們，貢獻非凡。「後來當她問到，究竟是什麼讓我踏入這個吸引人的領域，」母親後來告訴我這段話時，挖苦自己說：「我告訴這位認真的大學生，『親愛的芭芭拉，我一路喝酒喝進去的。』」

　　我童年的時候，媽媽常常用酒精麻痺自己痛苦的情緒。逐漸高漲的焦慮和悲傷，使她只能從對家人的愛之中找到人生的意義和目的。然而，到我十六歲時，她已經無法逃避事實，也就是，我們這些最親近的人對她的酗酒感到十分憂傷。她過去慣用的否認、偷偷

摸摸或試圖取悅他人的模式，都已經不管用了。她的生活完全失控，她已完全跌落谷底。

戒酒無名會（Alcoholics Anonymous，簡稱AA）③的十二階段療程中，把「跌落谷底」視為上癮症狀真正開始康復的轉捩點。透過戒酒無名會的支持協助，我母親得以承認自己的病，並採取具體行動。由於直接面對了自己的痛苦，對自己的不安全感及羞愧感予以接納並保持開放態度，她重新連結上自己生命的意義。經過多年的康復療程，她逐漸超越了過去的身分，不再是那個不真實、不值得關注的小女孩；她學到了，歸屬感並非依賴於努力取悅他人。如今，她的工作和對待他人的模式，都出自於深刻而純正的關愛。不過，若想從迷惘中覺醒，她就得停止逃避，並接納自己的痛苦。

詩人魯米清楚看出了我們所受的創傷與覺醒之間的關係。他勸告我們：「別逃避，看著傷口包紮之處，那也是光進入你之處。」當我們直觀傷口包紮之處，毫不否認、毫不迴避，我們就會更溫柔地對待人性脆弱面。而我們的觀照使得智慧與慈悲之光得以進入。

透過這樣的模式，劇烈痛苦的時刻就能轉化為甚深的心靈洞察力與開放性。幾乎所有人都曾面臨生命的一切崩潰瓦解的時候，在這樣的時刻，我們建構生命的一切信念被迫離開停泊處；我們原以為自己很了解如何過生活，然而如今卻迷失在暴風豪雨的大海中。當暴風雨逐漸平息，我們就能夠以一種清新的眼光、驚人的明覺來看待生命。

好幾年之後，那次沙漠閉關的經驗，我逐漸不再視之為老師出賣我，而是視之為一扇窗，使我得以看到，其實是自己出賣了自己。在面對老師的抨擊時，我的慣性防禦策略完全崩毀，因而跌落了谷底。我陷入難以忍受的痛苦中，而這揭露了相隨多年的缺乏自我價值感的創痛；我迷惘的根源，就是害怕自己終究是個有缺陷的

人，而多年來，爲了證明自己的價值，我已浪費好多時間了。就像老虎摩希妮，我住在自我建構的牢籠中，使得自己無法全然地生活。因此，徹底接納認爲自己不圓滿的感覺和恐懼，是使我解脫自己的唯一之途。藉由關注傷口包紮之處，擁抱總是在逃避的痛苦，我逐漸開始信任自己以及我的生命。

對徹底接納的普遍性誤解

由於跟我們「不接納」的文化完全南轅北轍，因此我們可能難以理解到底什麼是徹底接納。我所談論的，表面上聽起來可能像是放任不管、自我放縱，或者爲自己惡劣的行爲找藉口：「我正在練習徹底接納，所以，別怪我工作不負責任、別怪我對家人不好或不體恤。」由於徹底接納是如此具有威力的修持，我想更仔細地來檢視可能引起混淆的部分。

徹底接納不是放任不管。對徹底接納最大的誤解就是，以爲我們如果就這樣接受了自己的原貌，就會喪失改變或成長的動機。「接納」可能會遭曲解爲積習不改的藉口：「我就是這副德行，你要嘛接受，要不拉倒。」又或許，我們本想正面積極地改進，但最後結論卻是：「我就只能是這個樣兒，永遠也不可能改變了。」接納也可能讓人以爲做原來的自己就行，但原來的自己常常意味著「不夠好」。然而，正如心理學家卡爾‧羅傑斯的創見所言：「奇怪的矛盾是，當我如實接納自己的本來面目時，我反倒能有所改變了。」我們最深刻的本質就是能夠覺醒與成熟。我自己也曾一再發現，以徹底接納的態度來面對自身經驗的所有層面，就能造成基本的轉化，開啓通往純正持久的改變之道。本書提供了許多案例，說明了當我們以徹底接納的態度，去面對看起來似乎十分棘手的狀況

或頑強的積習時，改變就會自此開展。

徹底接納並非以短缺的能力來否定自己，我們不能以此當作退縮的藉口。比方說，我們雖然很想得到某個工作，卻又告訴自己，我沒有符合這項工作的文憑或經驗，因此，連應徵機會都懶得爭取了。又或者，根據過去的經驗，我們就斷定自己天生不適合發展親密關係，因此，乾脆保持單身算了。儘管我們的評估或許有部分是事實，然而，徹底接納也意味著，用一種清明寬容的關注來看待我們的能力和局限性，而不是任由恐懼感所生的情節妄想封閉我們的生活。

這個道理也同樣適用於生理的異狀。如果我們發生車禍，腰部以下半身癱瘓呢？如果我們被告知，從此可能再也無法行走，那麼，接納是否意味著我們應該絕望地聽天由命？我們是否該就此放棄擁有福祉與美滿生活的機會？徹底接納並不代表去否認因失去行動自由而產生莫大的悲痛，而是全然尊重自己的感受和回應。我們也應該誠實地評估這新的限制對我們的工作、性行為、養兒育女和家事所造成的立即效應。不過，徹底接納也意味著不去忽略另一個重要的事實：生活中存在無限的創造力和可能性。由於接納了這個改變的事實，由於接納了我們無從得知未來生活的發展，因此，我們敞開心胸、希望無窮，如此，我們便得以充滿活力與決心地繼續向前邁進。因落馬意外而全身癱瘓的美國著名演員克里斯多福‧李維 （Christopher Reeve）④正是箇中典範，他的奮鬥過程告訴我們，我們也可以全心全意投入康復之道──我們可以「放手一搏」，做物理治療，跟他人維持豐富多元的關係，並從所有的經驗中成長學習；事實上，透過自己的努力，李維先生竟然達到了先前視為不可能的康復程度。以徹底接納的清明與仁慈寬容去面對實際的經驗，我們就會發現，無論遭遇什麼境遇，我們都可以自在地、

充滿創造力地活著，並全然去愛。

徹底接納並非自我放縱。它並不是說：「我接納自己就是有這樣的愛欲或貪求，因此我就付諸行動。」儘管不去否認或壓抑欲望是異常重要的，但是我們更要注意自己的動機和行為的後果。例如，假設我們對尼古丁上癮，徹底接納並非叫你每次癮頭來了，就罔顧一切地點根菸來抽。而是說，當我們覺得「非得吸兩口不行」的時候，就應該以明見與慈悲來對待這個渴望和壓力；我們也注意到自己編織藉口企圖說服自己，現下壓力很大，我得想辦法紓解一下，我們還感覺到體內的煩躁感、回憶口中有根菸的滋味。我們看著菸盒上的警示，不去否認抽菸的確傷害健康；假使最後果真抽了下一根菸，我們也不耽溺在辯解或罪惡感中，而是注視著它們的生起，並以正念接納之。以徹底接納的醒覺和慈悲來經歷抽菸的整個過程，終會讓我們漸趨明智的抉擇。

徹底接納並不會讓我們消極。我的一個朋友是環保人士，最近告訴我，如果接受環境的惡化，她就不會再是謀求改善之道的活躍人士了；一位接受我心理治療的受虐婦女向我透露，如果她接受丈夫對待她的模式，那麼，她就會失去照顧自己的能力。很多學生也常常向我提出質疑：徹底接納不就意味著，要接受希特勒的大屠殺，容許種族歧視、戰爭和飢荒存在這世界中？徹底接納是否表示我們不去解決世界上的痛苦？

當我們對人類的暴行感到深惡痛絕，或者對環境惡化感到灰心絕望之際，我們強烈地感到自己必須有所行動，而這樣的回應也是再正當不過。當我們看到自己或他人的行為造成苦痛的結果，這自然而然迫使我們去做某些改變。終其一生，這些劇烈的回應引領著我們去追求心靈修持及心理治療，也決定了我們對政黨的選擇、要跟哪些人相處、要接哪些案子，以及教養兒女的方法。然而，出於

徹底接納所做的行為和決定，和基於攀執某些特定結果、恐懼某些特定後果的本能回應而引發的行為和決定，兩者其實是截然不同的。

　　所謂的徹底接納，就是首先認清我們當下的經驗，這才是明智行為的第一步。然後，在付諸行動或採取回應之前，我們先讓自己體驗並接納自己的感受，比如，對環境污染的哀慟、對野生動物遭趕盡殺絕的憤怒、自己被他人錯待的羞辱、他人到底用何種眼光看待我們的恐懼、由於自己不夠敏銳不夠體恤而引發的罪惡感等等。無論是哪種情況，我們當下的個人經驗即是徹底接納的基礎領域，而這就是我們培養真正的覺醒和仁慈之處，有了覺醒與仁慈，才會產生具影響力的行持。

　　全球最受推崇的社會運動家，都以徹底接納的態度作為其行動之基礎。比如印度的甘地、緬甸的翁山蘇姬⑤，以及非洲的曼德拉⑥，他們全都遭遇過囚禁之苦，都曾面對過受壓迫的無力感、寂寞和不適。但是，憑著清晰的理解力，他們看出憤怒的回應背後所潛藏的痛苦，並且持續保持著利他的意願；他們不試圖否決自己的痛苦、不對之回應，反而全盤接納之，使自己得以解脫自在地為和平與公義奮鬥，毫不自艾自憐，也不怨天尤人。他們以及其他許多榜樣在在示範了，以徹底接納作為解除痛苦之力的核心所產生的威力。

　　徹底接納並不表示接受「自我」的存在。有時當我跟學佛的學生談到要接納自己、愛自己時，他們就會問我，這怎麼符合佛法有關「無我」的教示，自我接納的理念不就肯定了自我存在的錯誤概念？正如佛陀所教導的，我們慣性的自我感，其實是心念建構的概念——認為有一個實體能引發事物、是個犧牲者、或是人生舞台的主角。當我們說：「我如實接納自己」，指的並非是去接納一個善或惡的虛幻自我；而是去接納我們認為是自我、發生在當下的心念和感官經驗。我們將熟悉的希望與恐懼、批判和計畫的種種想法都

視為生命之流的一部分；以如此模式來接納它們，事實上反而讓我們得以認清，經驗其實與個人無關，也使我們得以從「視自己為有缺陷且受限的自我」的陷阱中解脫出來。

我想提醒學生的是，「徹底」（radical）這個字出自於拉丁文radix，意指「追根究底」。徹底接納使我們得以回到自己本來面貌的起源，回到我們存在的根源；當我們可以無條件地仁慈，並處於當下，我們就能直接消融缺乏自我價值感與分離感的迷惘。由於接納這些不斷生起與消逝的念頭與感受的波濤，我們終能了悟，自己最深的本質、最初的本性其實就是汪洋浩瀚、無遠弗屆的覺性與慈愛。

行於成佛之道：發現徹底接納後的自在解脫

傳統觀念要我們力爭上游，不斷追求完美的境界，但心理學家榮格（Carl Jung）⑦卻告訴我們，心靈之道是邁向健全完整的逐步開展過程，與傳統觀念相反的是，我們不企圖征服情緒的波濤，也不企圖擺脫某個天生不清淨的自我，而是轉而擁抱此生的所有真實面貌——破碎的、混亂的、神祕或充滿活力的一切層面。由於培養了一種無條件且具接納性的態度，我們不再與自己為敵，不再把那個狂野、不完美的自我囚禁在批判與不信任的牢籠中，相反地，我們開始找到使自己變得真實、且全然活著的解脫自在。

儘管，在沙漠聖殿中稍有體會的接納經驗，戲劇性地加深了我對自己的信任，但是整合這個經驗卻是一個漸進的過程。回到位於美國東岸的道場之「家」後，我感覺自己彷彿能透過更清明的眼光來看待生命了，但直到兩年後，我才真正準備好離開這個地方，這些男女老少是我靈修的家人，捨棄這個社區無疑是個巨大的損失。

隨著逐漸減少參與道場事務，我愈能清楚地看到，那裡的生活

強化了我攀爬向上追求完美、以及隱藏缺陷的習性。同時，由於不再像以前那麼懷疑自己或不斷在事後批判自己，我於是能夠不再否認，道場的確隱藏了一些問題，這是過去我所不願意面對的。我先生早就對道場的生活不再抱著幻想，因此我們最後終於決定，是該離開的時候了。當我正式向老師告別時，他警告我，假使我離他而去，背棄這條靈修之道，那麼我就會終生不孕；但是命運的安排卻是，向大家宣佈我們的決定並放棄靈修長袍之後幾天，我竟然懷孕了。引頸企望兒子納拉揚的誕生，使我欣喜若狂，而且也從沒懷疑過離開道場的決定，但是，還是有好幾年的時間我備嚐「失去」的痛苦。

回首過去，我才了解佛陀的教法引導我度過那段備受扭曲的過渡時期。當我逐漸脫離道場時，就已經開始閱讀其他靈修傳統的書籍了；當時我特別受到佛法的吸引，並且開始嘗試佛法稱之為「內觀」（Vipassana）的正念禪修方法，以佛陀使用的語言巴利文而言，意指「清楚地見到」。這個修持所依循的教法，教我們明白坦承自己所感受的痛苦，並且提供了從中覺醒之道。

在先前的道場裡，我們的禪修主要專注在培養寧靜祥和、充滿能量感和狂喜的狀態，我們通常以專注入出息或一句神聖的梵文咒語來靜心。雖然，這也是非常寶貴的訓練，但我發現，在經歷情緒起伏時，這些禪修頂多只能暫時掩蓋我的苦惱罷了，我其實是在強行操控自己的內在經驗，而不是與實際發生的一切同在。而另一方面，佛教的正念練習卻教導我，只要保持開放性、允許經驗的變化之流穿透我，當嚴苛的自我批評出現時，我只要認出這僅是一閃即逝的念頭即可。這念頭也許是個死打爛纏、定期造訪的來客，但是，當我們了解它並非真相時，這是多麼棒的自在解脫啊！每當我迷失在缺乏安全感或寂寞的感覺中，我發現，慈心與悲心的禪修每

每引領我回到當時在沙漠聖殿中所感受到的仁慈溫柔，我不再極力想要排除自己的創痛，而是學會了以關愛心來對待我所感受的痛苦。從那之後，這些修持逐漸帶領我到達慈愛、開闊、具接納性的覺性，這感覺起來就像是我的真實本性。

獨修了幾年之後，我去參加麻州內觀禪修協會的禁語閉關。我立即知道自己終於回到了家。某天晚課開示尾聲，老師說的一些話深深打動了我，他一語道出長久以來我不斷在掙扎對抗的痛苦的核心，我記得他說的是：「我們所能接納的範圍，也就是我們解脫的範圍。」接下來一段靜默中，種種回憶襲上心頭，我才發現，竟然有那麼多生命經驗是我過去極力抗拒排斥的。我感覺到自己過去築起的高牆，好隔開那些與我不同的人、脅迫我的人，以及對我予取予求的人；我察覺到自己對生理不適、恐懼感和寂寞感的憎惡；我也發現，當我傷害他人、過於批判、執著或自私時，有多麼無法原諒自己。

老師和大部分學生離開會堂之後，我留下來繼續靜坐，我想要知道，一切邊界都消融之後，讓生命單純地穿流過自己，到底會是何等光景。逐漸敞開放鬆之際，我心中對以往感到痛苦、認為罪大惡極的一切，開始充滿了仁慈溫柔，我了解到，以往對生命的抗爭——從細微的自我批評乃至羞愧難耐的極度痛楚，在在使我遠離慈愛與覺性，而它們才是我真正的家。

自此之後，特別是陷入壓力或自我批判時，我都會停下來問自己：「假設我能如實接納生命，接納當下這一刻，會是什麼樣的光景？」隨著對穿流過我的經驗之波愈來愈熟悉，那川流不息的批判也鬆開了魔掌，體內緊張的壓力也逐漸消融了。每次我再度開始覺醒地容許生命如實呈現，就會體驗到「當前到來（arriving）」以及「重新進入（reentering）」經驗變化之流的鮮明感受。這「如實呈現」

即是使自己充滿奇蹟與充分活力的途徑。正如作家史托姆·詹姆森（Storm Jameson）所說的：

> 世界只有一個，就是當下此刻壓迫著你的這個，你也只在
> 這一分鐘活著，就是當下此刻的這一分鐘；而唯一的生命
> 之道，就是接納每一分鐘，視之爲獨一無二的奇蹟。

我們每一個人都有能力學習徹底接納。因爲，清晰覺察與慈悲的態度兩者，就是我們與生固有之本質的表現。不過，由於我們往往很容易在迷惘中迷失自己，因此，我們需要誠摯的決心與有效的練習，才能使心靈覺醒。本書所提供的教法和禪修，來自一個豐富的精神遺產，數世紀以來，不斷引領那些尋求真正寂靜與解脫的人。在這條徹底接納的神聖道路上，我們不再奮力追尋所謂的完美，而是學習如何愛自己，進而健全完整。

正念的修持

在佛法修持中，開展「正念」的修持即稱為「內觀」，以佛陀的語言巴利文而言，意指「清楚地見到」或「洞見」。以下是這個練習的簡單介紹，你可以自己念出來，用錄音機錄下，也可以請別人念給你聽，直到熟悉這個練習為止。

選一個能讓你保持警覺的坐姿，脊椎挺直但不要太僵硬，同時要很放鬆。閉上雙眼，雙手輕鬆不費力地放下。以你的覺性掃瞄全身，盡量將明顯感到緊繃的部位放柔軟、使之鬆弛。

我們是如此容易迷失在雜念之中，因此，「內觀」的練習就從專注入出息（呼吸）開始。以入出息作為正念主要的重心，能幫助我們靜下心來，如此我們就能夠覺察到向自己湧來的生命之流。

先深呼吸幾次，然後回到自然的呼吸。注意一下自己最容易察覺呼吸的部位，也許你比較感覺得到鼻腔的氣息進出，也許是鼻孔周遭或上嘴唇對氣息的觸覺，又或許是胸腔或腹部的起伏。將覺照專注在其中一個有明顯感觸之部位的感覺上。

毋須控制、攀執或固著於呼吸，因為，並沒有所謂「正確的」呼吸法，只要保持鬆緩的覺性，將之視為不斷變化的感受經驗，體會呼吸究竟像什麼。

你將會發現，心自然而然會迷失在紛飛的妄念中。念頭並非敵人，而你也不需要把心中的種種妄念去除。相反地，你是在發展一種能力，以便能認清正在生起的種種念頭，而不至於迷失在虛幻的情節妄想中。察覺到想法生起時，你可以柔和友善地在心裡提醒自己：「想法，想法。」然後，不帶批判色彩地，輕輕回到呼吸的當

下；以呼吸做為你的根據地，一個全然當下存在之處。在這同時，你可能也會注意到其他的經驗：過往車輛的聲音、溫暖或涼爽的感覺、飢餓感等；讓它們只是背景的一部分，別讓自己分神。

如果過程中有某些感受變得很強烈，引起你特別注意，那麼，就讓這些感受取代入出息成為正念觀照的主體。你可能會覺得熱或冷、酥麻感、疼痛、扭曲感、刺痛、顫動等，這時，就以柔軟開放的覺性，如實體驗這些感受的原貌。這些感覺舒不舒服？當你專注地觀照它們時，它們是變得更激烈？抑或消散了？注意它們到底如何變化。當感受不再強烈時，就回到入出息的正念觀照。或者，若這些感覺真讓你覺得很不舒服，以至於你無法平靜調和、無法以平等心看待之時，大可將覺照重新放回入出息。

同理，你也可以把正念觀照用在強烈的情緒，包括恐懼、憂傷、快樂、興奮、悲痛等。以仁慈寬容且清明的態度看待每一個經驗，既不執著也不抗拒當下發生的一切。這情緒在你體內造成什麼樣的感受？感覺最強烈的是哪一個部位？感覺是靜止不動的？抑或是變化移動的？有多強烈呢？你的念頭是否擾動不安且鮮明？這些感受是否反覆不停且單調乏味？你的心感覺緊繃還是開闊？持續地觀照，注意這些情緒如何變化，到底是愈來愈強烈還是逐漸減弱了？或者轉變成另一種不同的狀態？比如說，瞋恨變成悲痛？快樂變成祥和寂靜？一旦情緒不再那麼迫切，就再度把覺照放回呼吸上。假使這情緒實在太難以忍受，或者你搞不清楚應該把覺照放在何處，那麼就放輕鬆，再回到呼吸上。

做正念修持時生起的某些覺受、情緒或想法念頭並不重要，重要的是，我們樂意平靜下來，觀照自己的任何經驗，而這就種下了徹底接納的種子。假以時日，我們就會發展一種能力，得以在禪修或日常生活中，以深刻的清明仁慈之心來面對穿流而過的經驗。

第三章

神聖的停歇時刻：
安住在菩提樹下

夠了，這幾個字就夠了。

若不是這幾個字，這呼吸也就夠了。

若不是這呼吸，那麼，安坐於此也就夠了。

這個對生命的敞開態度

我們曾一再

拒絕

直到現下。

直到現下。

——大衛·懷特（David Whyte）①

在一九五〇年代，一批受過嚴格訓練的美國空軍飛行員受指派出任一項攸關生死的任務，他們必須在前所未見的高度中飛行。飛越地球大氣層之後，他們驚恐地發現，一般的空氣動力法則竟然不再管用，湯姆‧伍夫（Tom Wolfe）②在所著的《太空先鋒》（*The Right Stuff*）中描述道：「飛機可能會滑行，進入平面螺旋的狀態，就好像麥片碗在光滑的美耐板上打轉一樣，然後就開始翻滾──不是打轉或俯衝，而是像翻筋斗一樣不斷地翻滾而下。」

第一批接受挑戰的飛行員，他們的回應是狂亂地企圖穩住機身，不斷地調整矯正，但他們愈急於控制操縱杆，飛機就翻滾得愈嚴重。他們無助地向地面塔台人員大喊：「現在怎麼辦？」然後俯衝墜地而亡。

這樣的悲劇發生了好幾次，直到其中一名飛行員查克‧葉格（Chuck Yeager）意外地發現解決之道。當葉格駕駛的飛機開始翻滾時，他因為在機艙中被猛烈地拋來拋去而不省人事，失去意識的他向著地球筆直下墜。下降七哩之後，飛機又重回濃濃的地球大氣層，這時標準導航策略又管用了；葉格這時醒了過來，重新穩住飛機，最後安全著陸。他發現，在這種危急險惡的狀態中，唯一可能的救命之道就是：什麼也別做，只消把手從操縱杆上放下即可。就如同伍夫所說的，這個辦法是「你唯一的選擇。」雖然這違反了所有的訓練，甚或基本的求生法則，但是卻非常有效。

在日常生活當中，我們也時常遭遇自己無法掌控的狀態，面對這些狀態時，我們所有的策略顯然都失效。哭天不應、叫地不靈，我們感到無助極了，手忙腳亂地企圖控制當下發生的一切。也許孩子學業退步了，於是我們不斷對孩子恫嚇脅迫，希望他們收心上進；有人出言傷害我們時，我們就立刻反擊，或者退縮躲避；工作出紕漏時，我們就倉皇地想隱瞞掩蓋，或額外花很多心力試圖彌

補。我們一頭鑽進情緒高張的衝突中，緊張兮兮地演練、思索對策，愈是害怕失敗，身心就愈發狂似地運轉。我們不斷地活動來填滿每一天：內心不斷計畫或擔憂、習慣性的談話、修理東西、搔癢、調整、打電話、吃零食、丟棄、購物、照鏡子。

　　想像一下，假設在正忙的時刻，我們突然刻意放下所有的操控，會是什麼光景？恰克・葉格失去了意識才得以暫停想控制的衝動，如果我們也刻意暫停自己內心的算計、匆促忙碌，單純地暫停一兩分鐘，注意一下自己的內心經驗，又會如何呢？

　　學習停歇一下，就是徹底接納的第一步。所謂的停歇，就是暫停一切活動、不再朝目標前進的一個暫時空閒的時刻。跟倉皇狂亂的飛行員不同的是，我們不再問：「現在怎麼辦？」這個停歇的時刻幾乎可以在所有的活動中發生，可以只維持一瞬間或幾個小時，甚至經年累月地持續下去。我們可以在執行日常生活的責任之間，藉由靜坐禪修來停歇一下；也可以在禪修當中停歇一下，放下種種念頭並再度把覺照放在入出息上；抑或暫時走出日常生活，參加靜坐閉關、親近大自然、或休個長假。我們也可以在談話之中停歇一下，放下我們想說的話，以便真正地傾聽並陪伴對方；突然覺得很感動、很歡喜、很悲傷的時刻，我們也可以停歇一下，讓這些感覺浸淫、透過我們的心。在停歇的時刻，我們只要暫時中止現下正在做的事，比方說，思考、說話、走路、寫東西、計畫、擔憂、飲食等，全心投入當下，全心地觀照，通常，這時身體也是處於靜止的狀態。你現下就可以試試看：先暫停閱讀，坐在此處，然後「什麼也別做」，只要簡單地注意自己內心正在經歷什麼。

　　停歇時刻應該要有時間限制，之後再重新展開我們的活動，但以一種愈來愈當下的態度來進行，而且我們也會更有能力善加抉擇。在牙齒咬下第一口巧克力之前，停歇一下，我們可能會察覺期

待的興奮激動，也許還暗暗感到罪惡和自我批判。之後我們可能會選擇吃下這巧克力，徹底品嚐味覺的感官刺激；或者，我們也可能決定放下巧克力，改為外出跑步。停歇的時刻，我們並不知道下一刻會發生什麼事，但是由於中斷習慣性行為，我們得以開展嶄新且具創造力的模式，對自己的需求和恐懼予以適當回應。

當然，有的時候顯然不適合暫停下來。假使我們的孩子正朝著車水馬龍的街上跑去，我們當然不能暫停；有人要傷害我們的時候，別呆呆杵在那兒當下「歇息」，反而要盡快尋求自我保護之道；快趕不上飛機的時候，當然要一個箭步向登機門飛奔而去。不過，我們日常生活中大部分的緊迫忙碌和習慣性控制，實際上對我們的生存並無助益，當然也無法使我們茁壯。這是因為它們其實出自於飄忽不定的焦慮感，時時都在擔憂總是有什麼不對勁或不足。即使恐懼的起因源自於面對實際的挫敗、損失，或如前述飛行員一樣面臨死亡，我們本能性的緊張和努力往往是徒勞無功且不智的。

放手不再控制，停歇一下，我們就有機會認清在背後驅使自己的欲求和恐懼。在這停歇的瞬間，我們逐漸意識到，這種欠缺感和錯差感使我們逸出原本應行的道路，不斷地衝向未來。這樣的覺察帶我們回到該如何回應的基本抉擇：我們可以繼續徒勞地掌控我們的經驗，或者，我們也可以選擇用徹底接納的智慧來面對自己的脆弱之處。

在沙漠聖殿中經歷的停歇時刻，讓我開始看清，自己有多麼深陷迷惘之虛幻情節與痛苦中。但是由於當時我讓自己停駐原處，停止參與其他活動，於是得以面對自己逃避多年的羞愧感與恐懼。事實上，停歇下來並接納痛苦所導致的壓力，是讓我得以解開迷惘之桎梏的唯一之道。

通常，最需要停歇下來的時刻，剛好卻是我們最無法忍受的時

候。在怒火中燒、在哀傷淹沒、在欲望高張的時刻，要叫我們停歇下來，可能是我們最不願意的。就像那些高空中的飛行員，放下操縱杆似乎與我們平常想要獲得某些事的本能完全背道而馳。停歇的時刻可能會覺得像是從空中無助地墜落一樣，完全不知道接下來會發生什麼事。我們害怕自己會被赤裸裸呈現的盛怒、悲痛或欲望所吞沒，然而，如果不去接納當下的實際經驗，徹底接納就不可能發生。

禪學老師暨作家夏綠蒂・淨香・貝克（Charlotte Joko Beck）③教導我們，心靈之道的「秘訣」就在於「回到我們一生都在逃避的所在，安住在當下的親身經歷之中，哪怕是備受羞辱、感到落沒、遭到拋棄，或遭遇不平等待遇。」藉由神聖的停歇藝術，我們發展了一種能力，停止閃躲、停止逃避自身經驗。我們開始信賴自己稟性的智慧，信賴我們與生俱來的明慧之心，信賴我們對萬事萬物敞開心胸的能力。就像大夢初醒般，在停歇的時刻，我們的迷惘消退了，而徹底接納的可能性便開始了。

逃避只會加深迷惘

有個傳統的民間故事說到，一名男子由於非常害怕自己的影子，於是企圖逃開。他堅信，只要甩掉他的影子，生活就會快樂。當他發現，無論自己跑得再怎麼快，他的影子都「如影隨形」，這時，他愈發沮喪了。但他仍然不願放棄，愈跑愈快、愈跑愈快，到最後，他終於精疲力竭、倒地身亡。其實，他只消踏進影子裡，坐下來安歇一會兒，影子就會消失了。

同理，我們自身的陰影就是那些自己覺得無法接受的部分。我們的家庭和文化從小就不斷教導我們，人性的哪些品德是有價值的，而哪一些又令人鄙視不屑。由於我們多麼希望有人愛有人接

納，於是我們不斷改變、打造自己，企圖呈現一個能吸引他人的自我，以確保自己有所歸屬。但是我們不免還是會表現自己原本的侵略性、貧乏或恐懼——這些是情緒的部分元素，通常被視爲禁忌——而我們生命中的重要人物就會對之有所回應。無論是輕微的斥責、忽視或劇烈排斥，在某種程度上我們都會受傷、感到被拒絕。

由於我們習慣排除可能會引發他人排斥的情緒，因此，這陰影逐漸在心靈中醞釀成一股強大的力量。我們可能會埋藏或遺忘自己如孩子般的興奮情緒；不理會自己的怒氣，以至於憤怒凝結成體內緊繃的結；或者，以永無止盡的自我批判和自責來掩飾自己的恐懼。我們陰影的根源就在於羞愧感，並受縛於自覺根本有所殘缺的感覺。

我們愈自覺有瑕疵、不討人喜愛，就愈是拚命想逃離這陰影的魔掌。然而，我們愈想逃離所恐懼的一切，就愈助長了內在的黑暗陰影。每次排拒自身存在的一部分時，我們無疑在自我確認，自己根本一點價值都沒有。在「我實在不應該這麼生氣」底下，其實是「一定是我有問題才會有憤怒感。」就像陷入流沙之中，手忙腳亂地企圖逃離自己的「壞」，只會讓我們更深陷其中；愈奮力想要逃避陰影，那個自認害怕、有缺陷的「自我感」就愈加堅實。

羅拉來找我做心理治療時，她用來逃避陰影的模式幾乎葬送了婚姻。當時她已變成丈夫菲爾口中「我一不小心就會隨時爆炸的地雷」。當初剛開始約會時，她的敏感和戲劇化的感受力令他大爲心動；羅拉是個護士，而菲爾，跟她大部分的患者一樣，都非常喜愛她令人感到慰藉的關懷，也很感動她處處爲他設想；羅拉跟菲爾在一起時很快樂，她很欣賞菲爾的聰明機智。但是結婚幾個月後，他敏銳的心和尖刻的幽默，卻開始讓她感覺像是在直接攻擊她一樣。每當菲爾批評她的開車技術或收拾碗盤的模式時，她就會覺得很受

傷很羞辱；這使得她內在開始崩毀，到最後覺得自己根本就一無是處。被批判之後她的怒氣會開始翻騰醞釀，然後，毫無預警地就惱羞成怒，向菲爾咆哮如雷。大發雷霆是羅拉逃避羞恥感的主要策略。

　　就任何層面而言，他們婚姻的親密感幾乎已全面瓦解——連話都很少說了。任職律師的菲爾辯才無礙，因此什麼事都可以解釋成她的錯，每當這種情形發生的時候，羅拉到最後就會對他大吼大叫，然後氣呼呼地跑掉。等到她來找我做心理治療時，早就痛下結論：「溝通根本就沒用，他是理性先生，我只會被打爛打敗而已。」

　　事實上，就在我們第一次協談的前一個晚上，他們又發生了典型的衝突。白天時羅拉跟醫院的上司發生了嚴重口角，她當場就請辭了。晚餐時，她告訴菲爾事情發生經過，菲爾顯得很不耐煩。這時電話鈴響了，菲爾接了電話，轉頭衝向他的辦公間，羅拉跟在他身後，橫在門口等他辦完事。菲爾一掛上電話，馬上打開電視看，羅拉於是以嘲諷的語氣說道：「你對其他新聞都有興趣，就是對我的沒興趣！」菲爾惱怒地反擊：「剛剛是納森，他叫我一定要看福斯第五頻道的節目，你為什麼非得把我的一舉一動都解讀成輕視你呢？如果你都是用這種態度對待你的上司，我想她一定很高興看到你走人！」她面紅耳赤、雙眼圓睜，回吼：「我知道你在想什麼，你乾脆直說不就得了，菲爾，你巴不得我離開，對不對？一定是這樣，不是嗎？」她從書架上隨手拿了一本法律的書，往電視砸過去，尖叫：「你就是想要擺脫我！我會讓你如願以償！」下一本書幾乎砸到他的頭，那天晚上，他們又分房睡了。

　　在成長過程當中，羅拉學會了保護自己，免受情緒反覆且吹毛求疵的母親所傷害。前一分鐘母女倆還相處愉快，下一分鐘母親就開始斥責她，說她從來不打掃自己的房間，或嫌她的瀏海蓋在臉上醜死了。羅拉進入青春期之後，賀爾蒙和體內化學分泌的劇烈變

化，使她再也無法壓制自己的傷痛和怒氣。當媽媽苛責她的打扮、委靡不振的姿態、老是跟窩囊廢做朋友、笨得要死考不上像樣的四年制大學時，她就會大聲頂嘴，回罵她，然後跑到朋友家過夜。實際上，她也盡其可能地遠離這個家，就為了避免聽到媽媽不斷指責自己「什麼事都做不好」。羅拉有時回家，兩人又開始吵架時，她對自己的怒氣騰騰也覺得很驚訝。她覺得心裡好像有個惡魔，一逮到機會就大開殺戒。等到羅拉長大離家時，大聲咆哮已經變成一種生活模式了。

頭幾次治療期間，羅拉告訴我，她在大部分人際關係中都相當有防備心，也很容易受到傷害，無論是朋友、家人或工作同仁。無論在哪兒，同樣的戲碼總是一再上演。如果她覺得有人批評她，她就避開他們，或乾脆大發雷霆攻擊對方，使彼此的關係降到冰點，甚至斷絕來往。當羅拉的上司請她進辦公室，詢問她和工作站另一位護士之間的緊張關係等尖銳問題時，羅拉就以明顯的敵意來防衛自己；當上司建議她平靜下來，以便兩人可以真正交談時，羅拉就口頭請辭並離開辦公室。

無論處於何種狀態，當那「自覺不夠好」的赤裸裸感受被激起時，羅拉彷彿又被丟回童年，除了試圖保護自己以外，完全無能為力。我們每個人也是一樣，當特定的不安全感或傷痛被觸著了，就很容易退回全然的迷惘之中。在這些時刻，我們的感受、思考、說話和所作所為似乎別無選擇，只能進入「自動導航」的回應模式，以自己最習慣的方式來保護自己，來掩蓋赤裸裸的傷痛感受。

跟任何上癮症狀一樣，我們用來躲避痛苦的行為只會使自己受苦更深。這不僅是因為我們的逃兵策略更強化了自覺殘缺的感受，並且還害得我們無法覺察、陪伴當下那一部分的自我，而這時候卻是最需要全力觀照以求療癒的時刻。正如心理學家榮格於其重要洞

見中所述：我們心靈未予面對、未予體驗的部分，正是一切精神官能症與苦痛的起源。羅拉的大聲咆哮使她無法體驗自己內心有多麼羞愧受傷，而這樣的「防禦」模式又只會讓她為自己的失控感到更加懊悔。在這樣的惡性循環中，她愈是覺得羞愧難耐，就愈發驅使她想要攻擊他人來保護自己，隱藏自己的羞愧感。只有當我們學習面對、並體驗自己習慣逃避的恐懼與羞愧感，我們才得以從迷惘中覺醒。然後，我們就能夠以帶來真正寂靜安樂的模式，解脫自在地去對應我們面對的一切處境。

當我們停止逃脫：活在當下的生命中

即將成佛的悉達多·喬達摩是富裕的國王之子，這個國王統治著喜馬拉雅山下的一個美麗國度。王子誕生的時候，國王的參師就預言說，這個孩子未來要不就看破紅塵，成為聖人，要不就成為一個偉大的國王與統治者。悉達多的父親決意要他的皇子繼承王位，他知道王子若看到世間苦難，就會轉而追求心靈修持，於是，國王盡其所能地在王子身邊安排美麗的可人兒，一切榮華富貴的景象，日夜笙歌不斷，只有和善美麗的人才有資格去服侍王子。

想當然爾，國王意圖保護王子免於見到生命之苦的計畫失敗了。根據佛陀本生故事描述道，悉達多王子二十九歲時，有好幾次堅持要和馬夫車匿到皇宮外出遊。國王知道王子的意圖之後，便下令臣民為王子的出遊大肆準備，不但清洗、美化街道，還蓄意把貧窮和病苦的景象隱藏起來。不過天神知道這是讓悉達多覺醒的大好時機，也別有打算，他們化現為病患、老人和屍體，出現在王子面前。悉達多目睹此景，明白了這些苦痛都是生命必經的歷程，原先以為生命都是美好圓滿的觀點就此瓦解。他決心要找到解決之道，

使人們在面對這些苦痛時，都能尋獲真正的喜樂與自在解脫，於是毅然決然地離開了豪華的皇宮、父母、妻兒；悉達多在漆黑的夜裡啟程，展開真理追尋之旅，尋求心靈解脫之道。

大部分人長年地把自己隔絕在皇宮牆內，忙著追逐歡樂和安全感，還期待這些能帶給我們永遠的快樂。然而，無論我們曾經有多麼快樂，生命中免不了會出現危機——離婚、摯愛的人死去、重病等等。由於企圖逃避這些痛苦，企圖操控我們的經驗，使得我們與自身強烈的感受脫節，因而往往忽視或否認了真正的生理或心理需求。

由於悉達多曾長久沈醉歡愉之中，因此一開始，克己的苦行看起來就像是通往解脫之道。他加入一群苦行僧，開始修持嚴苛的苦行，剝奪自己的飲食和睡眠，遵循刻苦的瑜伽戒訓。數年後，悉達多發現自己形容枯槁又病奄奄的，卻一點也沒有更接近自己憧憬的心靈解脫，於是，他離開了那些苦行僧，逕往附近的一條河流岸邊走去。虛弱地躺在岸邊，奄奄一息的悉達多不禁吶喊：「一定還有其他覺悟之道！」他閉上雙眼，如夢的記憶湧上心頭。

那是個春耕的年度慶典，他的僕婦把他留在田埂邊的一棵蒲桃樹下歇息。這孩子坐在涼爽的樹蔭下，望著人們辛勤地工作著，汗珠從他們的臉龐上滑落，也看到了牛隻正在奮力犁田，新割的青草和剛翻過的土壤中，昆蟲正在經歷垂死前的掙扎，蟲卵散落了一地。看著萬物生靈所經歷的痛苦，悉達多心中的哀憐之心不禁油然而生，在這慈悲的溫柔之中，悉達多覺得心胸全然開闊，他仰望著天空，為天空的湛藍美妙所震撼，鳥兒自在優雅地俯衝、昂揚遨翔，空氣中彌漫著蘋果花甜美的香氣。在這流動的、生命的神聖與神祕之中，有著能夠容納無盡喜悅與憂傷的空間，然後，他感到全然地寂靜祥和。

憶起這個經驗，使悉達多對解脫之道有了完全不同的深刻領

悟，假使一個年幼未受過訓練的孩子，都能用這種全然不費力且自然的方式嚐到解脫自在的滋味，那麼，這樣的狀態一定是人類天生具有的一部分；也許，停止一切努力，像小時候一樣，以一種仁慈開放的態度來面對生命的一切，就能自此覺醒。

是什麼樣的條件，才能讓兒時全然活在當下的經驗再次呈現？假使我們仔細看看自己的生活，就可以知道，這類活在當下的時刻往往都發生在我們靜止或獨處的時候；我們踏出平時庸庸碌碌的生活，進入「超越時間的時光」的開闊與清明之中。倘若那時悉達多身邊圍繞著喋喋不休的僕婦，或者在跟其他孩子玩耍，他也不可能如此專注開放地體會這個深刻的經驗。在這個停歇的時刻，這個蒲桃樹下安歇的時刻，他既沒有追逐歡樂，也沒有抗拒世間的苦痛，透過停歇的時刻，他放鬆地進入了自然覺醒的內在解脫。

受到兒時記憶啟發的悉達多，展開了追尋恆常解脫的最後一個階段。在河中沐浴之後，他接受了一位村姑供養的乳粥，接著睡了一個好覺，夢境奇妙極了。醒來後神清氣爽，活力十足，於是他又到畢缽羅樹——也就是現今眾所周知的菩提樹下靜坐，決定若未體悟到圓滿解脫，絕不起身。

佛陀靜坐菩提樹下的景象，是最為偉大神祕的象徵之一，體現了停歇的威力。悉達多不再執著於欲樂，也不再逃避自身經驗的任何一部分，而是讓自己全然地活在千變萬化的生命之流中。這種既不執取、也不排拒任何經驗的態度，就是我們所熟知的「中道」，也就是從停歇中覺醒、專一活在當下的特性。在停歇的時刻，我們也可以像悉達多王子一樣，面對生命帶來的一切，包括以往我們心靈未予面對、未予感受的部分。

即將成佛的悉達多決心在菩提樹下停歇安住之後，他終於跟人性黑暗面所化現的魔王波旬（Mara，亦作「魔羅」）短兵相接。梵

文Mara，意指「疑迷」，也就是讓我們糾纏在貪欲和恐懼之中、蒙蔽我們覺悟本性的如夢無明。傳統故事說到，魔王波旬化現成種種不同的形象出現在佛陀眼前——暴風雨、誘人的美女、暴怒的惡魔、大軍等。當誘惑者現身時，悉達多心中當然清楚察覺那誘惑的巨大魔力，然而，他依然如如不動，既不攀執追逐，也不排拒身心生起的渴望。當魔王變成巨爪獠牙的惡魔，從空中向他飛撲而來，企圖攻擊他時，悉達多勇敢地保持著正念，敞開接納自己的恐懼，既不逃避，也不企圖反擊。透過如此觀照，而非回應，他超越了認為有獨立存在之自我的疑迷，就是這樣的疑迷將我們禁錮在苦痛中。

悉達多徹夜遭到魔羅大軍的襲擊，貪與瞋的利箭如豪雨般直撲而來，當他以開放、柔和的心迎接每枝箭時，箭就化成一朵花，輕輕飄落足下。隨著時間的流逝，成堆芳香的花瓣愈來愈多，悉達多也愈來愈寧靜清明。

黎明將近，魔王向悉達多提出最重大的挑戰，他質問悉達多，憑什麼坐在解脫的寶座上。即將成佛的悉達多以手觸地回應道，這是因為他已千劫累世修持慈悲的緣故，大地可為明證。是時，大地為之震動明證其心，空中日月無光、雷電交加；魔王驚恐萬分，落荒而逃，而悉達多最後一絲疑迷也隨之消失了。就這樣，地平線上生起了一顆如鑽石般璀璨閃耀的晨星，悉達多終於獲得解脫自在，他了悟了自己的清淨本性——燦爛閃耀、充滿愛的覺性，成為「佛陀」，即「覺者」。

徹底接納的練習，就從我們自己菩提樹下的停歇時刻開始。就如同佛陀欣然敞開自己，與魔王面對面的接觸，我們同樣也能利用停歇時刻，接受生命每一個當下的境遇。越南的一行禪師④也告訴我們：「遵守自己與生命的約定。」

在魔王面前暫停

接受協談治療期間，羅拉開始稱母親為「龍」，因為從母親嘴裡吐出來的話就像火一樣灼熱惡毒。某一次協談中，我們談完她的母親之後，就開始進行引導式視覺觀想。在羅拉的意象中，她發現自己在跟一隻真正的龍纏鬥，她看到自己在地面上匍匐前進，躲在岩石後，又爬到樹上躲起來，但那隻惡毒的大爬蟲總是有辦法找到她的藏身之處。羅拉不敢直視牠的雙眼，繼續抱頭鼠竄以求逃開惡龍嘴裡噴出來的火焰。全神貫注在這齣幻想劇的羅拉終於告訴我，這麼奮力掙扎竄逃，她的個頭又太小無力反擊，她感到好虛弱，真的精疲力竭了。於是我問她想怎麼辦。

「放棄，不想逃了。」

「這樣做會發生什麼事？」

「不知道，也許會死吧，因為會太痛苦。」

「什麼會太痛苦？」

羅拉靜靜坐了一兩分鐘，然後回答道：「我會發現我再也沒有媽媽了，這是真的——她真的是一條惡龍。根本沒有人愛我……我太差勁了，不值得有人來愛。」羅拉恍然大悟，原來她一直希望能有一個真正的母親來取代那隻惡龍，一個真正關心她的母親，想到這裡她便哽咽啜泣了。逃跑總比被真相燒死好多了，她寧願逃跑，也不要覺得自己很差勁、沒有人愛。但現下希望落空，羅拉終得回頭面對自己終其一生都在逃避的感受。

除非停下內心的庸庸碌碌、停止從不間斷的活動，否則我們絕對無法理解自己實際經驗的究竟是什麼；就像羅拉一樣，我們都只知道如何逃避而已。不過，停下來可能是很嚇人的一件事。坐在菩

提樹下，面對魔王萬箭齊發的攻擊，這的確需要很大的勇氣和決心。兩者都是羅拉需要的，這才足以讓她擺脫正在毀滅她生命的重複模式。協談結束前，我問她清不清楚那隻龍的長相，覺得自己受到攻擊時，是否曾經停止反擊或逃避，停下來直視惡龍的雙眼？

接下來的一次協談中，我告訴羅拉，她可以藉著我所說的「停歇的藝術」得到內在的力量，學習如何去面對惡龍。當恐懼或憤怒洶湧來襲時，她可以停下外在的一切活動，簡單地觀照注意當下內心所經歷的一切。我讓她明白，如果她可以停歇下來，而不是大吼大叫或者因痛苦而憤然離去，那麼，假以時日，她就可以找到內在力量，足以指引她用智慧來回應一切。之後，我們就開始在協談治療中練習停歇的藝術。

我請羅拉閉上雙眼，回想最近在醫院發生的衝突，當上司暗示是她的錯時，她有什麼感覺，回憶愈鮮明清楚愈好。當我建議她不妨想像一下，在這強烈緊張的時刻，如果停歇一下、什麼都不要說，結果會怎樣，這時，她的嘴唇緊繃，下巴也開始發抖。我注意到她身體有僵硬的現象，於是輕聲告訴她可以深呼吸，「你現下正在想什麼，羅拉？」毫不遲疑地，羅拉立即答道：「這個臭婆娘，她憑什麼斷定是我惹的禍？她連事情的真正經過都不知道！」靜默了一下，她悲苦地補充道：「她讓我覺得又是我搞砸的，就像我媽對我一樣……我又做錯了。」

我問她現在體內有什麼感覺，她答道：「臉上好燙……胸口壓力好大，好像要爆炸一樣。」我問她是否可以持續這停歇時刻，繼續體驗這些感受。她突然大叫：「這根本不對！到底要我怎麼樣！就在那兒坐以待斃，容許他們繼續羞辱我嗎？」羅拉張開眼睛，眼淚潰了堤一樣流下來。「塔拉，每當別人批評我時，我真的承受不了，只會失控而已……我覺得自己好像必須抗爭反擊才行，如果暫

停下來，我怕我只會崩潰。」她啜泣著，把自己的臉埋進雙手中，說道：「我覺得好羞愧，我也不想變成現在這個樣子。」

剛開始練習停歇的藝術時，那些支配我們行為多年的原始感受還是很容易把我們淹沒，因此，逐步放鬆是很重要的，可能的話，最好有人在一旁支持協助。回想一個最近發生的事件或類似的狀態來練習，會非常有幫助，就像羅拉在協談時所做的一樣。不過，處於緊張激烈的情境中時，最好是先「喊卡」，再找一個靜謐安全的地方來練習；先做幾次深呼吸總是有幫助，要刻意讓自己的身心都放鬆下來。

在我們的協談過程中，羅拉一開始的幾次停歇練習，時間都不超過一分鐘，到後來，她逐漸學會了如何在劇烈情緒洶湧而來時，依然活在當下，任由那逃避多年的不安全感盡情浮現。不過，羅拉要經過好幾次協談，那停歇的時刻才會逐漸感覺像是真正的庇護——是個她可以清楚覺察自身痛苦的所在，既不會覺得被痛苦所控制，也不會為之吞沒。到最後，這停歇時刻就會讓她以一種親密且誠摯的模式，回歸自己。

鬥牛場有一個很有意思的地方，跟停歇時刻非常類似，那是個提供庇護和恢復活力的角落。據說，在鬥牛賽中，鬥牛會在競技場中找到屬於自己的安全地帶，在那兒，牠可以重新獲得力量和動能，這個角落和內心的狀態，就稱為最愛之處、滋養之地。只要鬥牛保持受激怒的狀態，並且會反擊，那麼鬥牛士就占了上風；然而，一旦鬥牛找到了牠的滋養之地，就能重拾力量、拋開恐懼。就鬥牛士而言，這時鬥牛真的危險極了，因為牠已經開發了自己的動能。每次羅拉覺得被敵人激怒而情緒激動時，就會變得更失控失衡，因而被誘入更深的恐懼與羞愧之中；這時，羅拉的鬥牛士，魔羅，它的力量就掌控了全局。但是當她藉由停歇而找到自己的滋養之

地時，她就開始能以更平衡、更有效的模式來回應自己的情境了。

有一天，羅拉走進來，告訴我，改變眞的發生了。在她弟弟的生日晚餐會上，媽媽又開始找她麻煩了，咄咄逼人地質問她，到底什麼時候才要開始再找一份護士的工作。羅拉還來不及回應，母親就向前靠了過來，用尖銳嘲諷的聲音說道：「不用說我也知道，你在等工作從天上掉下來……等著白吃的午餐！」羅拉的沈默像是在鼓勵母親繼續說下去一樣，於是她又擴大攻擊面：「那，你是打算叫菲爾養你一輩子嗎？」

羅拉的心怦怦亂跳，大聲得好像連自己都聽得到，她停歇了一下，深呼吸了好幾次，感覺胸口灼痛不堪，彷彿被刺了一刀似的，氣得只想大吼大叫。不過，這次她反而只簡單說了：「媽，我也不知道。」然後就坐回自己的座位上，「是喔。」她母親回道，也許是因爲自己猛開火卻得不到多大的回應，而感到有點訝異，接著就轉身和羅拉的弟弟說話了。

羅拉不知道接下來會發生什麼事，她繼續保持這停歇的狀態，感覺自己的身體猛烈地顫抖搖晃，胸口覺得好像要向外炸開一樣；她也注意到腦海中不斷盤旋的迷惑念頭：「羅拉總是搞砸一切。」「羅拉是個暴躁的神經病。」在一片混亂中，她聽到內心有一個聲音小聲地說：「這感覺好可怕……但我可以處理得很好。」在幾次協談治療中，她已經體驗過這激動的感覺好多次了，她很清楚自己承受得了，也知道這種感覺不會一直持續下去。羅拉放鬆下來以後，從胸口和喉嚨開始，逐漸感受到一種寬廣性，尖銳的痛楚也開始消融，取而代之的，是一種深深的憂傷，容許這一切感受盡情抒發之後，她感覺彷彿自己在溫柔地撫慰自己內在的傷痛。

不再深陷迷惘之後，羅拉現下終於可以考慮幾個選擇，她可以繼續待下去，也可以回家；她可以跟媽媽面對面溝通，告訴她爲什

麼自己還沒找到工作，或者，她也可以讓這個事件就此煙消雲散。無論她選擇哪一種模式回應媽媽，她的選擇都來自於自己能先以一種嶄新的模式回應自己。停歇時刻使得羅拉能夠接納當下感受的一切，而且也因此體驗到令人驚喜的溫暖與友善。當羅拉再回頭看著媽媽時，心中突然油然生起一股溫柔，她看到的是一個深陷不安全感的女人，不由自主地吐出失控的話語，雙手也緊張地握著拳。等到那天晚上道別的時候，她已經可以直視著媽媽，不僅握著她的手，臉上還帶著微笑呢。

　　羅拉已經勇敢面對那條惡龍了，那條存在媽媽心中，也存在她心中的惡龍。在媽媽火爆嚇人的外表之下，她也看到了一個受傷的人；同樣的，羅拉的惡龍一直以來都在捍衛著自己的脆弱、覺得自己很差勁的那股恐懼以及羞愧感。在層層硬殼之下，她終於找到了自己柔軟寬容的一面。對於我們每一個人都需要面對的惡龍，詩人里爾克（Rainer Maria Rilke）⑤表達了他深刻的理解：「我們怎能遺忘在人類種族起源之初，就出現的古老神話呢——神話裡的惡龍總是在最後一刻轉而變成了公主。或許，我們生命中所有的惡龍，都是等待著我們去拯救的公主，等待我們展現那麼一次的美與勇氣；或許，所有脅迫威嚇我們的一切，其內在都萬般無助地、渴求得到我們的愛。」

神聖的停歇時刻——智慧行動的豐饒基礎

　　羅拉學會如何停歇之後，已經準備好去探究，在停歇之後還有什麼策略可以修補她的婚姻。我和她都知道，想要真正革除反擊的習性，還要花上一段時日；不過，協談的時候，我們也探索了當她受到菲爾的批評時，可能出現的幾個場景。如果她感覺自己快爆發

了，她可以停歇一下，告訴菲爾她需要暫停休息，並建議稍後再談；然後，她可以到另一個房間去，觀察一下自己又陷入了什麼虛幻的情節、想法，還有自己的感受。假使她真的回應反擊了，兩人又開始爭吵，她可以選擇用停歇時刻來打斷口角，稍後一會兒再試著告訴菲爾自己心裡的感觸，她也可以問問他的感受如何。我們甚至想像過，如果在停歇之後，覺得自己夠自在了，也許還可以靜默地握著菲爾的手一會兒。

她第一次嘗試在停歇之後，告訴菲爾自己的感受時，菲爾還沒準備好，因為他早已習慣她一交談就演變為怫然咆哮，因此，羅拉才說沒幾句他就打斷了她的話：「羅拉，我對妳永無止盡的戲劇性反應真的感到很厭煩了，我們還要再重演一次嗎？」講完也不等她回應什麼，抓了報紙就離開房間了。那個星期，羅拉問我：「塔拉，如果只有我一個人在努力，怎麼可能有用？」要改變婚姻中的相處模式，當然不可能只靠羅拉就行，但是，她卻可以是那個推動者。

在兩人關係中，即使只有其中一方在練習停歇自己，以徹底接納的態度敞開心胸，這樣也是有潛力將兩人從痛苦的僵局中解脫的。停歇時刻能中斷原本根深蒂固的互動模式，當批判與誤解的惡性循環停止了，那怕只有一會兒，雙方就會有機會辨認隱藏在問題背後的潛意識信念和感受。而這樣的洞察力自然又會促使雙方更加智慧地抉擇。當一方選擇避免出言傷人，或仔細聆聽，那麼，另一方可能就會變得更放鬆，逐漸卸下心防。雖然停歇時刻未必能挽救陷入癱瘓的關係，但是卻必定有助於找出改善之道。

對羅拉而言，停歇時刻無疑開啟了她與丈夫之間真正的溝通大門，而轉捩點就發生在某天晚上。菲爾說，他無法休假一整個星期跟她去度假，然後，兩人又陷入典型的口角，吵到一半時，羅拉突然想起要停歇一下。於是，她和緩平靜地說道：「我又有同樣的恐

懼感了，總覺得你不想跟我在一起，當我有這種感覺時，我只是需要你給我一點暗示，說你還是很在乎我就行了。」

　　起先，菲爾還是很火：「羅拉，妳知道嗎，我若不忍讓三步，好讓妳脆弱的自我『維持原樣』，妳就會暴跳如雷，我實在不想再被妳的憤怒控制了！」他的話還餘音蕩漾，羅拉竟沒有跳出來為自己辯護，菲爾內心卻有所轉變了。過了一會兒，他低聲補充道：「別人硬要我表達感情時，我實在很難刻意這樣做；每當妳要我向妳再三保證，或要我收回我的批評時，我只覺得被人操縱了，但是，羅拉，我敢對天發誓，我也很恨自己對妳這麼惡劣。」最後這一段實在出乎羅拉意料之外，然後她試著告訴他，每次對他大發雷霆之後，自己心裡也感到羞愧異常，一陣很長的靜默之後，她又說道：「菲爾，我真不敢相信這些日子有多麼難過……我們是如此地有距離。」當晚，他們就一起決定，去接受婚姻諮商對他們或許會有所幫助。

　　逐漸地，菲爾和羅拉開始重溫彼此溫馨的情意，又開始打情罵俏了。羅拉解除了對菲爾的怒氣所引發的緊繃束縛，覺得自己的情欲都被喚醒了，夫妻於是得以重享愉悅的魚水之歡。羅拉將婚姻的重生歸功於停歇時刻的力量，停歇時刻所創造的氣氛非常宜人——因此，隨著放緩自己的習慣性反應，菲爾也開始注意並接納了自己真正的感受。對他們兩人而言，停歇所帶來的開闊性，使兩人的話語和行動都展露了愈來愈高的溫柔和信任。

解脫自在的珍貴時光

　　透過不斷的練習，我們才能學會徹底接納，正要大發雷霆、口出惡言之際，我們就立刻住口；感到焦慮不安時，與其打開電視、

打電話或胡思亂想，不如靜靜坐著，體會一下難受或心神不寧的感覺。在這停歇的當下，我們放下想法、停止一切作為，跟身體和心靈所經歷的一切保持親密的接觸。

我們或許還不是很熟悉停歇的技巧，總覺得自己很不靈巧，或覺得跟我們平常生活的方式截然不同，但實際上，生活中有很多時候，比如說：淋浴、行走、開車，其實都會放鬆原先全神貫注的思緒，只是單純地覺察當下，讓生命自然呈現。我們可能會在看到春天嫩綠新芽的瞬間，停歇一下；可能會在超市暫停下來，凝視嬰兒的清新面孔；或者長久對某個問題百思不得其解，而那停歇時刻就發生在恍然大悟時，身心放鬆而深深長嘆之際；抑或，漫長的一天結束後，我們終於躺在床上，放下白日的一切時，也會體驗到那自然發生的停歇時刻。

我們也可以在日常活動之中刻意停歇一下。我自己常常在步出車外之前暫停一下，單純地感受一下自己內在正在經歷什麼；有時候掛完電話，我會坐在書桌前，呼吸、聆聽，不急著去做下一件事；或者在做家事時，暫停一下手邊的工作，單純地聽一下陪伴我做家事的音樂。我們也可以在山頂上暫停一下，在地鐵中暫停一下，跟別人相處時或獨自禪修時，都可以暫停一下。

佛使比丘稱這種自然或刻意的停歇時刻為「暫時涅槃」。當我們不再執著或抗拒我們的經驗時，就可能在任何一個當下體會到自在解脫。他在書中寫道，如果沒有這類的停歇時刻，「生靈將非死即瘋。我們之所以能夠存活，就是因為有這類自然發生的平靜時刻、完滿時刻、自在時刻。事實上，它們遠比攀執與恐懼之火還要持久，而這才是支撐我們活下去的主因。」

生命中所有的停歇時刻，使我們的經驗更完整、更有意義。有人曾經這樣詢問著名的鋼琴家亞瑟‧魯賓斯坦（Arthur

Rubinstein）：「你如何將音符處理得如此美妙？」他毫不遲疑地答道：「我處理音符的方法其實並沒有比別人更高明，只不過，暫停的部分──啊！那才是藝術的精髓所在。」就像樂譜上的休止符一樣，這停歇時刻的純然靜止形成背景，使前景隨著清明與清新之心而活躍鮮明。從停歇時刻生起的時光，就像美妙的音符一般，能夠反映出我們本來面目的眞實性、完整性和眞諦。

　　停歇時刻是通往徹底接納的途徑，在停歇時刻之中，我們對總是匆匆流逝的生命、對我們習慣忽略的生命，給予更多空間與觀照。就是這樣在菩提樹下安住的時刻，我們才會了悟自心與覺性的自然解脫。就像佛陀一樣，我們不但不逃之夭夭，反而只需以全心全意的態度，讓自己活在當下。

神聖的停歇時刻

神聖的停歇時刻幫助我們重回當下，特別是在陷入苦幹、執著或拼命設想未來時，它讓我們重回只能在當下找到的神祕與活力。

選一個時間，一個有目標的活動，比如說，閱讀、打電腦、打掃、飲食，然後探索一下停歇時刻。首先，我們先停下手邊一切活動，舒適的坐著，閉上雙眼。深呼吸幾次，每次呼氣的時候，就放下接著該做什麼事的憂慮和念頭，放下身體的任何緊繃感。

現在，注意一下自己安住在停歇之中時，經歷了什麼？你的體內有什麼感覺？當你試圖走出虛幻的想法情節時，是否感到焦慮不安？你是否很想恢復剛剛的活動？此刻，你是否能夠容許內在發生的一切自然地發生？

你可以將神聖的停歇時刻融入日常生活中，比方說，每小時停歇一下子，或者在活動的開始和結束時停歇一下。坐著、站著或躺下時，都可以停歇一下。甚至在行動之間也行，比方說，散步或開車時。你可以在雙眼睜開感官覺醒時，在內心停歇一下。每當發現自己感到困頓，或跟自心失去連結時，藉由停歇，放鬆並觀照當時的經驗，於是，生命便在當下重新展開了。

你可以先做個實驗，選一個每天都會做的例行公事，連續一個星期的時間，要開始做這件事之前都停歇一下；也許是刷牙、打電話、從車裡拿東西、每喝一口茶或者開電腦時。每次都停歇片刻，放鬆並察覺自己內心正在發生的狀態；停歇結束之後，再開始做這件事時，觀察一下是否有任何變化產生。

全然接受這樣的 我

第四章

無條件的友善之情：
　　徹底接納的精神

這人身　即是一間旅舍，
　　　每天早晨都有新面孔住進來。
喜悅、憂鬱、惡劣、
還有一閃及逝的覺知，
　　　每個都是不速之客。

歡迎並招待他們每一個！

陰暗愚昧的念頭、羞愧感、惡意，
　　　要在門口笑著迎接他們，
　　　快快邀請他們進來吧。

要感謝所有前來的人，
　　　因為，每一個都是
　　　從彼處派來此地作為嚮導的。

　　　　　　　　　　　　　──魯米

雅各，近七十歲，患有中度老年癡呆症。過去的二十幾年，他是專業的心理學家，也是個禪修者，他其實很清楚，自己的感官功能正在急速退化。有時，腦中只覺一片空白，好幾分鐘說不出一句話，而且完全失去方向感。他時常忘了自己正在做什麼，需要有人從旁協助照料基本生活瑣事，例如：用餐、穿衣、沐浴、外出等等。

在太太的協助之下，雅各參加了我主持的十日禪修閉關。課程開始後幾天，雅各和我進行了第一次會談。學員跟老師進行的這類會談，是便於學員在練習之間，有一對一的機會得到諮詢以及適合個人的指導。雅各和我會談時，我們分別談到了這個閉關以及家中的情況。面對自己的疾病，他的態度是覺得既有趣又哀傷，但是也很感激，甚至帶著一點幽默。我對他心性的彈性感到非常好奇，於是問他，為何能夠如此接納自己的病情。他回答：「我根本不覺得哪裡出了差錯。這一路走來，我的確感到有些悲傷，也會害怕，但是，這感覺起來就像是真實的生命。」他也分享了一個發病初期的經驗。

雅各有時會應當地團體的邀請，發表有關佛法的談話。有次他接獲邀約，要對一百多名禪修學員演說。抵達現場時，他神清氣爽且滿懷熱誠，想跟大家分享自己最喜愛的教義。坐上大廳正前方的座位之後，雅各凝視著面前滿心期待的臉龐……突然間，完全不知道自己應該說什麼或做什麼，也不知道自己身在何處，不知道自己為何在那裡；他只知道自己的心臟狂亂地跳著，腦中一片迷惑。於是他合掌胸前，大聲說出自己正在經歷的一切：「害怕、尷尬、迷惑、覺得自己失敗了、無力感、顫抖、快死了的感覺、下沈、迷失。」接下來的幾分鐘，他坐在那裡，頭微微前傾作鞠躬狀，繼續說出他的體驗。隨著身體逐漸地放鬆，他的心也愈發平靜了，他也

一樣把這些變化大聲說出來。最後，雅各抬起頭，緩緩地環顧眼前的學員，並向大家道歉。

許多學員都熱淚盈眶，其中一位說道：「從來沒有人這樣教導過我們，您體現了最深刻的教義。」雅各並未排拒自己的經驗，因為如此只會使焦慮更加深，相反地，他的勇氣和訓練，使他得以直接說出自己覺察的一切，更重要的是，他還對自己的經驗鞠躬致敬。他並未因為自己恐懼與迷惑的感受，而製造某個假想敵，他並沒有將這一切視為錯誤。

我們就是要像這樣，透過停歇時刻來練習徹底接納，以這種無條件的友善之情，面對自己內在發生的一切情境。與其將我們的嫉妒或瞋恨之念轉向外在的敵人，我們反而觀照自己，使自己能夠以關愛之心去辨認所有的經驗，與這些經驗進行真正的接觸。沒有什麼所謂的錯誤、毛病，無論發生了什麼事，都只是「真實的生命」罷了，這樣無條件的友善之情，就是徹底接納的精神。

佛陀本生故事中，我最喜愛的其中一則，示現了覺醒、友善之心的威力。在佛陀證悟的那天早上，魔王落荒而逃了，但是他似乎只是暫時受挫而已；即使到後來，佛陀受到全印度的景仰尊崇之時，魔王依然像個不速之客一樣，不請自來。佛陀最忠誠的僕徒阿難尊者，總是隨時警戒著，避免讓他的老師受到任何傷害，每次他都會垂頭喪氣地報告說「邪惡的人」又來了。佛陀既不忽視魔王，也不企圖趕他走，只是平靜地認知魔王的到來，並說：「我看到你了，魔王。」然後邀請他留下來喝喝茶，奉之為上賓。他先為魔王捧上一塊坐墊，好讓他舒適地坐著，然後倒茶到兩只陶杯中，放在兩人之間的矮几上，這時自己才坐下。魔王會暫留一會兒，然後離開。在整個過程中，佛陀都保持著解脫自在，如如不動。

當魔王前來拜訪我們，無論是化現為形形色色的混亂情緒，或

是令人害怕的虛幻想法情節，我們都可以說：「我看到你了，魔王。」然後分分明明地，認清駐足每個人心中那貪欲和恐懼的實相；我們以慈悲心的溫暖來接納這些經驗，爲魔王奉上一杯茶，而不是驚恐地將他驅趕摒除。已見到了那眞實的，於是能仁慈寬厚地擁抱所見。這就是雅各向自己的迷惑鞠躬致敬時，以一顆勇敢的心所獻上的、無條件的友善之情。每一次認清並擁抱自己的創痛與恐懼時，我們就展現了這樣的覺醒之心。

我們通常只當自己的酒肉朋友，無法患難與共，這是個根深蒂固的習性，只會一昧排拒或忽視自己的黑暗面。然而，所謂的好朋友就是彼此之間有著體諒與慈悲，而我們也可以將相同的特質帶進內心世界。美國籍比丘尼佩瑪‧丘卓（Pema Chödrön）①，是藏傳佛教相當受到推崇的一位老師，她說透過心靈練習，「我們正在學習如何當自己和生命的好朋友，一個推心置腹、深交的好友。」當我們不再抗拒自己的經驗，反而敞開心胸、欣然樂意地邀請魔王留下來喝喝茶的時候，我們就是自己的好朋友了。

魔王，我看見你了——詢問與列舉描述的練習

卡爾是我的一個好朋友，在事業遭逢失敗時，也曾與魔王交戰過，那八個月只能說是遍體鱗傷、慘不忍睹。擁有長春藤名校企管碩士學位的他，披荊斬棘、胼手胝足多年，才成功打造出一家生意興隆的電腦軟體公司。後來有兩位共事多年的老同事告訴他，正在蓬勃發展的網路事業是個賺錢的大好機會，於是卡爾變換公司資產、抵押資產淨值，全心投入這個事業。經營這零售商品網頁的頭三年，幾個合夥人淨賺了兩千多萬，但是到了第四年，股市突然重挫，公司因此一蹶不振倒閉了。年值四十五歲，已婚的卡爾，家裡

還有兩個嗷嗷待哺的孩子，大筆抵押借款尚未還清，卻發現自己已淪落到聲請破產的地步。

雖然卡爾心裡很清楚，還有很多人因市場波動而垮台失敗，但是他卻覺得這慘重的損失完全是他個人的錯；有很多人都看到經濟即將崩潰，網路事業存在著很大的風險，爲什麼他就沒發現呢？難道是貪婪蒙蔽了他的眼光？現在還有誰會尊敬他？在他生命最低潮的時期，他實在很難想像自己的妻子和朋友依舊愛他不變。

當我們小心經營的生活在一夕之間崩毀，就像卡爾的例子一樣，我們折磨自己背叛自己，不斷編織各種想法說自己是個窩囊廢、自己應該可以更盡力、現在大概沒有人關心我們了。這些反應無疑地只是讓我們更深陷迷惘之中罷了，我們因自己的批判而分心，反而無法認清情緒原始的痛楚。爲了展開覺醒的過程，我們應該深入觀照，體會自己眞實的經驗。

有個正念的工具非常有助於克服我們麻木的迷惘，那就是——詢問，在詢問有關自身經驗的問題時，我們就啓動了觀照的心。我們可以先檢視自己的身體，看看自己有什麼感覺，特別是喉嚨、胸口、腹部和胃部，然後問自己：「現在發生了什麼事？」也可以問：「到底是什麼在要求我去關注？」或者：「是什麼在請求我的接納？」然後，以眞正感興趣且關愛的心，我們去觀照、傾聽自己的身體和心靈。

詢問並非窮追猛打、追根究底——因爲，我們並不是要搞清楚「爲什麼我覺得這麼悲傷？」這只會引發更多想法罷了，以西方心理學的門徑，我們可能會不斷鑽研自己的想法故事，以求了解造成現今局面的原因；相反地，我們之所以詢問，是爲了在當下如實地於自身經驗中覺醒。雖然在詢問的過程中，我們可能會批判或覺得自己的感覺很不應該，但是，這裡的重點是：專注在我們當下的感

受和感覺。

　　如果納拉揚在我工作時不斷來打擾我，讓我忍不住對他大發雷霆，我可能會覺得自己是個壞媽媽；但當我停歇下來問自己，到底是什麼在要求我接納，那麼我就會停止自我批判，而深入探看疲勞和焦慮的感受。我可以感覺到自己胃部緊縮，臉上也緊繃著，這種感覺好熟悉——恐懼。我繼續與它相處，開始察覺，我很怕沒有足夠的力氣把工作繼續完成，很怕前功盡棄。這個讓我的心變得緊繃堅硬的恐懼，就是現在需要我去關心的。一旦我察覺魔王的存在，那恐懼感的力量就立刻削減不少，而自我批判也隨之減少；我不再認同自己是那個假想出來的既緊張又努力掙扎、有潛在缺陷的自我。也許我的憂慮仍在，而納拉揚若膽敢再出現在我面前，我也比較能柔情地對待他，而不是報之以惱怒。

　　以一種真正無條件的友善之情來練習如何詢問，是很重要的態度。倘若我問自己到底是什麼需要我的關注，卻帶著任何一絲一毫的嫌惡憤怒，那麼，我只會加深自我批判而已。要像對待有困難的朋友一樣，以仁慈寬容和關愛之情來對待自己，這是需要多加練習的。

　　有一天，我去拜訪卡爾，看看他情況如何。只見他消瘦的身子深陷椅中，話裡帶著濃重的厭世與嘲諷。我聽他說了一會兒，看到他困在過去的悲苦和對未來的恐懼中，於是輕聲地問道：「卡爾，當下發生的是什麼？你內在最需要關注的是什麼？」他眼皮抬了一下，看了我一眼，或許有點訝異，但是他馬上簡單清楚地說：「我覺得自己是個徹頭徹尾的失敗者。」他繼續描述那交纏身心的焦慮——思緒翻騰、冷汗直流、胸口突然緊縮等。「塔拉，這些感覺甩都甩不掉。每天晚上我總會驚醒，覺得整個人百結纏身，現在大概連腸子都打結了。」聊了幾分鐘之後，他謝謝我的關心，「能大聲

說出來，對我真的很有幫助。」

當我們感到迷失時，「列舉描述」或「察覺指出」是傳統正念修持另一個可供運用的有力工具，就像卡爾所做的一般。在內心列舉描述，就像詢問一樣，能幫助我們以關心和溫柔的態度，認清穿流不絕的思緒、感覺和感受。例如，從前，若我在演講之前覺得有焦慮和分離感，那麼，我通常都會停歇一下，問自己，當下到底發生了什麼事，或者，到底是什麼需要我的關注。我會在內心列舉描述自己察覺到的一切：「害怕、害怕、緊繃感、緊繃感。」假使我注意到，自己在憂慮待會兒的演講會很乏味無趣或徹底失敗，我就繼續列舉：「覺得會搞砸的想法、害怕遭到排斥，」然後是「批判、批判。」倘若我沒有這樣察覺指出，而是試圖忽略這暗潮洶湧的恐懼，那麼，恐懼就會隨著我上台，然後我就會講得一點也不自然、不真誠。在演講前先列舉描述自己的焦慮過程，這樣簡單的動作，幫助我開啟自己的覺性。焦慮也許還是存在，但是在覺察指出的過程中，所培養的關愛和覺知，就足以讓我對自己感到更自在。

跟詢問的作用一樣，「察覺指出」自己的感受，就是給自己一個機會，向自己內心傳達無條件的友善之情。不過，當恐懼生起時，假使我們立刻安上口實猛撲其上：「恐懼，逮到你了！」這樣只會製造更多緊張感。將經驗列舉描述出來，並非企圖「逮捕」不悅的經驗，或者要強迫它消失，而是以一種柔軟溫和的方式說：「魔王，我看見你了。」這種徹底接納的心態，讓我們內在驚恐脆弱的部分覺得很有安全感，而願意站在陽光下。

在許多傳統文化裡，「列舉描述」扮演了療癒過程異常重要的角色。他們相信，無論造成疾病的鬼怪法力有多強大，只要巫醫將它們一一列名說出，這些可怕的鬼怪就會被降伏，無法再控制受害者，這治療的過程於焉展開。同樣的道理，西方心理學家也認為，

心靈中那些形而上且無以名狀的層面，在在控制了我們的生命。當這些魔羅的力量生起時，只要能夠將之列舉描述出來，我們就不會再受到控制與驅策，即使只是友善地對待它們，不再害怕，也會削減它們的力量。

事實上，「詢問」與「察覺指出」的練習其實是要讓我們覺醒，真正意識自己正在受苦的事實。由於時常深陷自己編造的情節妄想中，因此，我們很容易否認自身經驗的真相。以我自己為例，有時我會一連好幾天對自己很不耐煩，或陷入自我批判之中，直到自己終於停下來，專注觀照那些讓我跟自心分離的感覺和信念。當我真的停歇下來，看著內心正在發生的一切，這時才意識到，自己早已陷入焦慮和自我懷疑的痛苦之中。

我的許多案主和學生，最終意識到自己有多麼痛苦時，可說是達到了重要的關鍵點。這個重要關頭的體驗跟自怨自艾或怨天尤人是截然不同的，也並非對生活的難題窮追猛打；而是清楚看到、感受到自己在生活中所承受的痛苦程度，好讓我們得以跟自心重新連結。

在我拜訪卡爾的當天，我看得出來他經歷了這些過程。當他描述完自己被頑強的焦慮苦苦糾纏之後，我就告訴他我的看法：「卡爾，換做是我，我一定難以承受你現在所經歷的痛苦，換做是別人也一樣。你的身體被焦慮緊緊綑綁著，你心中充滿了無以復加的挫敗感與羞愧，你甚至無法從家人身上得到慰藉。這個痛苦是多麼強烈啊！我明白這有多麼痛徹心扉。」他眼眶含淚、泫然欲滴，然後開始容許自己坦承自己痛苦之深，「真的，」他悄聲說道：「我真的覺得心如刀割。」然後，卡爾悲從中來，淚如泉湧，這是幾個月來他頭一次哭泣。

認清自己正在受苦，也是一種解脫——自我批判消失了，而我們得以仁慈地對待自己。卡爾哭完之後，他的臉龐柔和，身體放鬆

了，原先聲音中的悲苦都不見蹤影：「我氣自己的失敗氣了好久。我完全忽略了，自己其實很在乎成功，而且很難承受失敗。」

當我們能夠用對待朋友那樣無條件的友善來對待自己時，我們就會停止否認自己的痛苦。當我們就像朋友一樣坐在自己身邊，詢問、聆聽、描述自己的經驗時，我們就能夠看清魔王的面目，並且以柔軟的心來接納眼前的苦痛。

請魔王喝喝茶：練習說「來吧」

多年以前，我去參加為期一週的內觀禪修閉關，結果，發現自己被負面想法所吞沒。周遭發生的一切我都看不順眼，一下嫌老師們話太多，一下覺得又陰又冷的天氣真是掃興，還有同修壓根兒不顧別人，逕往我這個方向打噴嚏，而我自己本來就有惱人的鼻竇炎了。真是諸事不順，尤其是我自己。到後來，自己也厭煩了這些嫌惡的感覺，於是我決定接受一切，不再抗拒。我開始在內心說「來吧」，以回應覺性中生起的所有感覺。我對自己的腿痛說「來吧」，對怪東怪西的念頭說「來吧」，對噴嚏、對惱怒、對陰鬱灰暗的天空都說「來吧」。

一開始，我只是機械式地說「來吧」，心不甘情不願的，一點誠意也沒有；然而即使如此，每次說「來吧」的時候，我還是可以感覺到內心開始放鬆不少。沒多久，我就能輕鬆地運用自如了。我思考著，就像佛陀一樣，我也可以邀請魔王來喝喝茶。我期許自己不僅能夠接納自己的感受，甚至還要主動歡迎它的來訪；到後來，我漸漸能夠以更柔和更友善的語調說「來吧」，偶爾還會心一笑呢，畢業這戲碼真是有點傻。我的身體和心逐漸變得更輕安、更開闊，連鼻腔裡的壓力都開始減輕了。「不要」的烏雲已經被「來吧」

的廣闊天空所取代，那無盡的空間懷抱了所有的牢騷和不滿。儘管，批評的念頭還是不斷生起，但是隨著那一聲「來吧」，它們也都成爲過往雲煙了。雖然我的心提醒著我，這一招也用不了多久了，但是，對內心的想法情境說「來吧」，的確使得念頭都消融了。我並沒有抗拒或緊抓著任何東西，只是讓情緒、感受和念頭在徹底接納的友善天空中飄過。對生命無條件的接納，使我感受到內在的解脫——我正在請魔王喝茶呢！

與其抗拒情感的痛苦，當我們可以對各種經驗說「來吧」的時候，就喚醒了徹底接納的精神。派特·羅德迦斯（Pat Rodegast）②在書中寫道：「就與你的沈重同行吧，對它說『來吧』，對悲傷說『來吧』，對呢喃的渴望說『來吧』，對恐懼說『來吧』。愛，意味著拋棄所有的城牆圍籬，打開門，對一切說『來吧』……只要對當下時刻說『來吧』，我們就得以置身天堂之中。」當我們願意去感受恐懼或脆弱、貪婪或煩躁的那一瞬間，就是以無條件的友善之心懷抱自己的生命了。

我向學生介紹「來吧」的練習法時，往往引起大家的反對或迷惑。這不就只是「正面思考」的另一種簡易版而已？這不過是在粉飾太平，掩飾生命苦痛之眞相的方法罷了，不是嗎？他們反對的理由是，我們當然不可以對所有的經驗都說「來吧」，要是我們想傷害別人呢？要是我們正在經歷嚴重的憂鬱呢？說「來吧」，難道不會助長這些狀態嗎？

說「來吧」並不代表贊許憤怒的念頭或者耽溺在我們的感受中，說「來吧」並非將傷害人的衝動付諸行動，說「來吧」也不是容許外力來傷害我們——假使有人惡意對待我們，我們當然要堅決地說「不」，並且劃出明智的界線，保護自己在未來不致受到侵犯。然而，即使是在那個當下，我們還是可以對內在的恐懼、憤怒

或傷害的體驗說「來吧」。這個「來吧」的練習，指的是內在的接納，也就是說，我們樂意容許自己的念頭和感覺自然地生起、自然地流逝。

有時學生會問我：「如果心中充滿了自我仇恨的念頭，那麼，所謂友善地接納不也只是一種企圖，只會掩蓋我們真正的感覺而已嗎？」這真是個好問題。我們都有跟他人相處的經驗，因此很清楚在心懷強烈批判和厭惡時，還是可以表現得好像很友善的樣子。這個時候，真正的挑戰就是，我們能否友善地注意到自己的不友善？我們能否看清自己正在經歷什麼，並對這強大的力量說「來吧」？假使我們做不到，至少還可以表示友善的意願。

另一個誤解就是，將「來吧」誤認為是排除不悅感受的技巧，以便讓自己覺得好過一點。說「來吧」並非去操控我們的經驗，而是一種幫助我們如實對生命敞開的輔助之道，雖然說「來吧」也有可能讓我們感到愈來愈輕安快樂，就像我在閉關時所體驗的一樣，但是這卻不是必然的結果。例如，倘若我們對哀傷說「來吧」，這感覺也有可能會突然高漲為悲痛欲絕；然而，無論我們的感覺將如何發展下去，透過承認當下的一切，我們就提供了空間，讓一切得以呈現，並從我們身上流過。

不過，我的確也告誡過學生，對內在經驗說「來吧」不一定都是明智的選擇。假使我們過去曾經受過重大創傷，這樣做可能會導致往昔驚恐的感覺再度洶湧而至。那時如果我們內心不夠平穩，或恢復力不夠，就無法以無條件的友善之情去面對自己的經驗，而這個「來吧」的努力，最終可能會讓我們淹沒在恐懼之中。這時，最好是想辦法減輕恐懼，也許可以向朋友尋求慰藉，做些能消耗體力的運動，或者服用處方藥物。在這段期間，對自己最慈悲的回應則是，對高漲的感覺說「不」，而對能夠保持心情穩定的方法說「來

吧」。

我們可以利用許多方式向內心世界傳達「來吧」的訊息。當我們感到痛苦時，可以輕聲說「沒關係」，或者是打招呼歡迎：「哈囉！」在心裡說，或輕聲說出來都可以。或者，也可以利用影像或手勢代表「來吧」。我的一個朋友選擇在心裡想像自己雙手合十，向當時發生的經驗鞠躬致敬，每當她覺得焦慮、憤怒或罪惡感纏身時，她也想像自己滿懷真誠敬意地向這些感覺鞠躬致敬。我自己有時則會把手輕輕放在胸口，向內在當下的感受發出接納與關愛的訊息。

一行禪師則將自己的練習稱為「微笑瑜伽」，他建議我們，無論是在禪修中或只是在等紅綠燈，每天都盡可能地多多微笑，「嘴角輕輕綻放的微笑花苞，」他在書中如此寫道，「不僅滋養了覺性，也奇蹟似地令你感到平靜⋯⋯你的微笑將把喜樂帶給自己和周遭的人們。」而現代科學也證實了，微笑的力量的確能夠讓我們敞開心胸、鬆弛身心。慣於微笑的肌肉確實能夠發送生物化學訊息，知會神經系統，可以放下潰退、爭鬥或僵住的反應，這是安全的。微笑就是無條件的友善之情，使我們得以無畏地迎接任何經驗。

一行禪師當年曾經造訪舊金山禪學中心，發現中心的學員對嚴格的精神訓練都非常投入。拜訪行程即將結束之前，學員們齊聚一堂，請求禪師針對大家的修行指點迷津，他面帶微笑，說道：「你們每天應該晚一點起床⋯⋯還應該多多微笑。」

對我們的生命說「來吧」

這個「來吧」的練習，並不止於當下的經驗而已，我們也可以對整個生命說「來吧」，對我們的友誼、養兒育女、外貌、個性、工作，以及我們的靈修之道都說「來吧」。不過，由於我們是如此

慣於追求完美，當我們退後一步，看看自己「到底做得好不好」時，通常還是會覺得生命不如預期般圓滿。這時魔王又現身了，在我們生命中的良善與價值上蒙上一層陰影。

禪學老師艾德·布朗（Ed Brown）是位傑出的廚師，也是舊金山葛林斯餐廳（Greens Restaurant）的創始人，以天然食材料理的佳餚而遠近馳名。但是早年當他還在塔薩賈拉山禪修中心（Tassajara mountain）擔任大廚的時候，也曾面對棘手的難題。艾德一直想要做出自己夢想中的餅乾，但是無論嘗試哪種食譜，或不斷變換材料，他就是覺得味道「不對」。後來他發現，原來那難以達到的高標準，是自己多年前設定的──從小到大，他就對貝氏堡餅乾（Pillsbury biscuits）情有獨鍾，他腦海中早已「製作」這種餅乾千萬次了。

> 終於有一天，轉變發生了，那是個覺醒：我在跟什麼比較而覺得味道「不對」？天啊，我一直想做的，竟然是罐裝貝氏堡餅乾！然後，那精彩的時刻到來了，我真心品嚐了自己做的餅乾，不跟（之前潛藏的）其他標準比較；餅乾有著麥香、薄脆且奶油味十足，「充滿了陽光和大地氣息，口感實在」（就像里爾克的十四行詩所說的）③，真是無與倫比、活力十足、既當下又生氣勃勃，事實上，這是我印象中最滿意的一次。

這些時刻可能會令人感到無比震驚、無比解脫；在這些時刻，當你明白了自己的生命原本就很美好時，感謝自己吧！只有在跟製作精緻、包裝精美的產品比較時，它才會顯得有所不足。想要製作餅乾──或者生命──卻不想要弄髒碗、不想要混亂的感覺、不要沮喪、不要憤怒，的

確很容易讓人感到挫折。接下來就是品嚐時刻了，親自品味當下的經驗——有多麼錯綜複雜且層層疊疊，如此深不可測……

　　能夠對我們那既不圓滿、又雜亂無章的生命說「來吧」，實在蠻大膽的，但也令人如釋重負；那怕只有一刹那的可能性，我們也能立即與喜悅相逢。但是，倘若我們這輩子一直不斷努力想做出「貝氏堡餅乾」，那麼，追求完美的習性就不會輕易放過我們。每當不信任和懷疑悄悄爬上心頭，我們一不小心可能又會走回頭路，停止無條件地擁抱自己的生命。這是需要善加練習的，每當「哪裡出差錯」的感覺又把我們拖下水時，我們一定要學習如何再度振作。再者，正如艾德所指出的，當我們停止用某種完美的標準來跟自己比較時，才能真正品嚐、玩味、尊敬並欣賞我們的「今日餅乾」，也就是當下的生命。假使能夠放下「生命該怎樣怎樣」的概念，我們就能全心自在地對生命的本來面貌說，「來吧！」

「來吧」的力量

　　靜靜地坐著，閉上雙眼，深呼吸幾次。回想一個最近發生的情境，曾引發你憤怒、恐懼或悲傷的感覺；或許是伴侶關係出現了裂痕、摯愛的人離開人世、跟孩子爭奪發號施令的主控權、慢性疾病、後悔傷害了他人等等。若愈深入碰觸故事的中心，你就愈能夠欣然深入心中的感覺和整個身體的感受。這個情境為什麼會激起如此強烈的感覺？你心中可能會浮現某個景象、聽到那些說過的話，或察覺你對這整個情境的概念，想著這對你的未來有何意義。要特別注意一下胃部、胸口和喉嚨的感覺。

　　為了看清楚，抗拒自己的經驗時到底是什麼反應，因此，我們先說「不」來實驗看看；當你對自己選定的情境感到痛苦時，心裡先對這感覺發出「不」的訊息。對恐懼的不悅感、憤怒、羞愧、哀傷都說「不」，讓這個字真的帶著「不」的能量──拒絕、排斥你現在的感受。說「不」的時候，注意一下這種抗拒感在體內形成什麼樣的感受，你是不是覺得全身緊繃，壓力很大？說「不」之後，原先那個痛苦的感受發生什麼變化？你的心有什麼變化？想像一下，如果接下來的幾個小時、幾個星期或幾個月，你都得帶著「不」的念頭和感覺來過生活，會是怎樣的光景？

　　現在，深呼吸幾次，放下一切，你可以讓身體慢慢放鬆，或睜開眼睛，或稍微移動一下姿勢。花一點時間再回想一下你剛剛選的痛苦情境，想著跟這情境有關的影像、言語、想法、感覺。現在，想像你自己就是菩提樹下的佛陀，邀請魔王喝茶的佛陀，對你的經驗發出「來吧」的訊息，用「來吧」去認可你的經驗。讓種種感覺漂浮、流動，悠遊在「來吧」的氛圍中。即使「不」有時仍暗濤洶

湧──包括從痛苦情境，甚至是練習時生起的恐懼、憤怒──都沒有關係。讓「來吧」這更為廣大的氛圍全盤接收這些自然的反應；痛苦，來吧！想要痛苦退開的我，來吧！無論有什麼感覺或想法，都來吧！注意一下說「來吧」之後的體驗；體內是否有柔軟開闊或移動的感覺？心中是否有了更多空間和開闊性？說「來吧」的時候，那些不悅感發生了什麼變化？變得更強烈嗎？還是擴散開來？說「來吧」的時候，你的心又發生了什麼變化？假使你能將「來吧」的精神帶進生命中無可避免的種種難關和憂傷，那麼，接下來的幾個小時、幾個星期，甚至幾個月中，你又會有什麼樣的經驗呢？

現在繼續靜坐，釋放一切思緒，並安住在覺知且放鬆的覺性中，不要干擾你的心，對任何在覺性中生起的感受、情緒、聲音或影像都輕柔地說聲「來吧」。

面對困境並列舉描述真相

在內心指出當下的狀態，能加深我們的觀照，使我們更覺醒、更具療癒力，更有能力去面對痛苦的情緒和強烈的覺受。

以舒適的姿勢坐著，閉上眼睛，深呼吸幾次。你是否正在與生命中的某些情境或事件纏鬥不休？你可以把焦點鎖定在人際關係的衝突，或財務或工作的壓力上，問自己：「我對這件事有什麼感覺？」並以接納的態度觀察自己的身體，要特別注意一下喉嚨、胸口和胃部，有任何緊繃、壓力或發熱的情形嗎？有沒有哪些字眼能夠形容你的經驗，比如說，悲傷、心神不寧、顫抖或害怕？不過，我們不必絞盡腦汁，像在查字典一樣搜尋「正確」的詞語，只要注意一下覺性中自然浮現的字眼，然後輕輕在心裡對自己複述即可。有時會找不到適當的標籤、字眼來形容當下那五味雜陳的感覺，如果是這樣，只要點出混雜感受中最主要的那一個就好。重點並不是要精確形容才能揪出那個感覺，而是持續地觀照此時此刻真切感受的一切。

點出自己的經驗之後，一面仔細觀察體內的覺受，一面問自己：「這是真的嗎？這個字眼是否適切形容了我現在的感覺？如果沒有，還有其他更貼切的字眼嗎？」繼續在內心點出逐漸醞釀的經驗，並檢視自己的身體，看看當下覺得最真實的是什麼。

你也許會在念頭中迷失好一會兒，當察覺這樣的情形時，就輕輕點出：「計畫、執著、幻想」，然後將覺照放回身體上，再一次感受並列舉你覺察的任何強烈情緒或知覺。

要記得，貼標籤只是背景資料而已（百分之五），要以大部分的覺性（百分之九十五）來觀照實際的體驗。如果能用柔緩放鬆的心態來練習，那麼，「察覺指出」就能夠創造溫柔、接納的心情。

全然接受這樣的 我

以微笑擁抱生命

在各式佛像和法相中，我們常常可以看到大慈大悲的佛陀嘴角帶著一抹微笑，容納了眾生的萬千喜悅與哀愁。假使我們也能以微笑的精神來禪修，我們便能喚醒自己接納無條件友善之情的自然能力。

以舒適的姿勢坐著，閉上雙眼，呼吸的自然節奏幫助你舒緩鬆弛，花點時間釋放明顯的緊繃和壓力。接下來，聆聽四周的聲音，覺知周遭的空間，讓彎彎微笑的影像浮現你心頭，注意觀察溫柔、仁慈、開放且輕鬆的感覺，如何隨著微笑的概念而生起。體會一下輕鬆的彎彎微笑盈滿心中，並向外延展到外在的空間。

現在，想像兩眼眼角處各有一個微笑的影像，感覺一下在此處生起的覺受，眉毛保持溫婉平和，眼睛四周的肌肉也盡量柔緩放鬆。你或許會覺得眼睛像在溫水中輕輕漂浮似的，繼續這樣讓眼周部分逐漸柔軟、放鬆，你是否感覺到了一種放鬆的明亮感？

接下來，讓你的嘴唇真的微笑起來，像佛陀一樣彎彎的微笑，然後，讓這樣的感覺放鬆整個臉部的肌肉。下巴保持舒緩、鬆弛，舌尖輕輕抵住上顎，現在感覺一下，雙眼如何在微笑……嘴角也在微笑……

現在把微笑往下帶到喉嚨，看看會如何。也許會有舒緩開闊的感覺，如果喉嚨很緊繃，那麼就讓微笑的感覺將這緊繃感擁抱著。再感覺一下眼角在微笑，嘴角在微笑，你的喉嚨也在微笑。

讓微笑游移到胸口，想像微笑的影像和感覺在心口周圍往外擴散，無論有什麼感覺，讓它們都飄盪在微笑的寬廣與慈善之中。繼續放鬆自己，體驗一下心口的微笑正發出自在的漣漪，擴散到全身

上下——透過雙肩，沿著手臂，一直往下到軀幹和雙腿。你是否也在肚臍、生殖器官和脊椎底部，感覺到了微笑的開闊感與活力呢？

讓自己安住在微笑所啓發的寬廣慈善之覺性中，當形形色色的念頭、覺受或情緒生起時，你能否感受到它們都被無條件的友善之情懷抱其中？假使你開始心不在焉，或發現自己又緊繃起來，就在腦海、眼睛、嘴巴和胸口再度輕柔地生起微笑。

透過練習，你就會發現，微笑的確是個簡單卻威力十足的方法，隨時隨地都能重新喚醒我們的心。除了上述「全身微笑」的練習之外，你也可以試試看，一想到就像佛陀一樣，嘴角半揚輕柔微笑。

第五章

回到身體回到家：
　　徹底接納的基礎地

有件事，若加以培養並規律地練習，就會導向深度的靈性之心、平和、正念與正知、洞察力、知識、當下的喜樂人生，乃至於究竟的智慧與覺醒。這件事到底是什麼？亦即以身體為中心的正念。

——佛陀，摘自《念處經》(*Satipatthana Sutta*)

兒子納拉揚八年級學期中時，我們母子倆陷入了既痛苦又憤怒的僵局中。當時他的成績大幅退步，我們每天都在為電腦遊戲、家庭作業、打電話時間長短和上床時間等規定而爭執不休；我愈是監控他、提醒他、責罵他，他就愈當成耳邊風、防備心愈強、也愈乖戾。假使我讓步，把拴住他的繩子放鬆點，反倒讓他把自己害慘；他的房間不久就成了深夜影片出租店，以及朋友的聚會場所。不過，至少我不用擔心他交了壞朋友——我很喜歡他們，而且他們大部分是品學兼優的好學生，但這點反而讓我對納拉揚更加失望。

我的怒氣很快地擴散到日常生活的瑣事。到他朋友家去接他時，如果他膽敢讓我多等一會兒，我坐在車裡就開始生悶氣了；如果他忘了餵狗或倒貓砂，我就會馬上斥責他，說他沒責任感；他問我可不可以叫披薩時，我就會報復地回答說：「喔，你又沒有打掃自己的房間，我憑什麼要幫你叫披薩？」

我整個人都耽溺在是非對錯的情節妄想中，每次只要納拉揚違反了我定下的規矩，我就會氣呼呼地衝進他房裡；這個劇本中出現的要求和威脅，只令我們母子倆更加疏遠罷了。顯然地，我的方法根本是欲益反損。

有一天晚上，我躺在床上輾轉反側，開始想到，歲月如流水，一轉眼間，我的兒子可能就快離開這個家了；我想像著自己未來回想著他青春期的這段時光，才發現我們之間的誤解和怒氣把僅有的相處時光都吞噬毀滅了。一想到這兒，我的心不禁感到一陣痛楚，我得想想別的法子才行。雖然我經常運用停歇的技巧，但是過去這幾週來，我深陷在慣性反應之中，竟然忘了去運用它。我決定下一次跟納拉揚產生衝突之前，一定要練習一下停歇，希望我們相處時，我能夠更覺察當下，心胸更開敞。

全然接受這樣的我

隔天晚上，我們約定的作業時間過半小時之後，我走到他房門外，隔著房門隱約聽到了納拉揚最愛的電腦遊戲「無盡的任務」（Everquest）的聲音。隔著門我彷彿看到他眼睛死盯著發光的螢幕，手指機靈地打著鍵盤，我開始感到怒火上升。我知道他已經玩了好幾個鐘頭，完全把我們的約定拋在腦後，我還想像著自己揮舞著巨石把電腦螢幕砸毀，這一幕在我心裡不知重演多少遍了。

不過，我只是停在那兒，在停歇之際，我開始注意到體內的感受和知覺。憤怒在胸口和喉嚨形成愈來愈高的壓力，肩膀和雙手也很緊繃，下巴咬得緊緊的，我的心怦怦亂跳，臉上發熱，這真的很難受——氣得咆哮如雷、直接衝進他房裡可好過多了。

所有我們企圖用指責或退縮去掌控生命的策略，目的都是為了讓自己遠離那個當下的原始感覺。然而在停歇的時刻，與其像以前一樣，迷失在慣性反應的念頭和行動中，不如直接去覺察體內發生的一切經驗；這時候，我們才得以看清自己的心和身體之間的相互關連。由於憤怒，我們的身體緊繃，胸口充滿了即將爆發的壓力；由於恐懼，我們可能會覺得胃部糾結成一團，胸口或喉嚨緊縮；感到羞愧的時候，我們的臉頰發熱，雙肩下垂，身體也會有種想退縮躲藏的衝動。身體的知覺就像大樓的底層，也是我們直接體驗生命戲碼的演出現場。

那天晚上我站在納拉揚房門外，讓自己盡情感受「順其自然、不干擾」內在發生的一切，於是，這些覺受開始轉變了。胸口那股想要隨著怒氣爆發的壓力，微妙地轉變為深深痛心的感受，好似有人一把攫住我的心一樣，我突然明白「我在害怕什麼」，即刻，心中浮現了這些話：「我很害怕納拉揚會遭受生命的挫敗，變成不快樂的人；他會沈迷於電視、影片和電腦，都是我的錯。我辜負了他，我沒有引導他、啟發他以健康的方式過生活。」

以往擔心自己扮演失敗母親角色的熟悉想法，又開始佔據了我心頭。換做是以前，我一定會在這迷惘中輕易地迷失自我；但是這次，我下定決心要保持身體的覺醒。就在我幾乎快能夠觀照胸口像是被插了一刀的羞愧感時，另一個想法又說了：「我已經盡力去規範他、引導他了，可他就是不聽，我現在的感受都是他的錯。」一波波高熱和壓力像海潮一樣往下衝到我的手臂，我氣得幾乎快衝進納拉揚房裡，但我還是堅持下去，繼續把覺照轉向體內種種混亂的感覺。

我的心愈來愈沈重，心痛在胸口蔓延開來壓迫著心臟，隨著痛楚愈來愈強烈，我也開始熱淚盈眶，我不再去思考到底是他還是我出了差錯，而是注意到我們母子之間發生的變化；他因為受到荷爾蒙的影響，沈迷在充滿暴力的電玩和電影中，而我對這狀態的不滿與厭惡，在母子倆之間劃下了代溝。隨著敞開心胸去接納不斷增強的哀傷，我注意到心中苛責和挫敗的想法情節漸漸消退。取而代之的，是心靈中愈來愈增長的仁慈溫柔，我理解到，愛他才是最重要的一件事。我並不知道打開門之後會發生什麼事，但是我希望將這覺性，這開闊溫柔的態度，帶進我和納拉揚相處時光裡，我希望以接納的心來面對他。

我敲敲門，聽到門後咕噥了一聲「請進」之後，慢慢走進他房裡時，他竟然還在電腦螢幕前埋頭苦幹，不過當他發現我只是站在哪兒看著他時，抬頭看看我，眼裡藏著罪惡感，說道：「媽，我正要關機呢，現在到底幾點了？」我告訴他時間，明顯看到他的手錶沒戴在手腕上，而是丟在衣櫃上。我仍然不說話，現在他可一臉疑惑了：「妳在生氣嗎？對不起，我一時沒注意，但我一定會完成功課的，我保證，今天的功課真的不多。」

我拉了一張椅子，在他身邊坐下，「沒關係，寶貝，不過我們應該談談。」接下來我跟他說的話其實早就說過了──包括他的讀

書習慣、尊重我們之間的約定等等；但是這次，我的感覺卻大不相同。我覺察到自己的呼吸、姿勢、手放在哪裡；當他看起來有點心不在焉時，我也注意到自己的臉部緊繃起來。他發表意見時，我就仔細傾聽，我聽他說自己從電玩之中得到了多大的收穫，而當他說，有時關燈時間一到，自己一點也不累，卻得被迫上床睡覺時，我也能以同理心感受他的挫折感了。安住在我的身體，這讓我得以活在當下，真正與納拉揚相處，並且心懷尊重。當我親親他的額頭走出房間時，我們兩個都感受到一股美好溫馨的感覺。

想要將徹底接納運用在生活中，就要從這個最基本的層面開始——要先能察覺身體中不斷出現的種種覺受。亨利・大衛・梭羅（Henry David Thoreau）①曾寫道：「要安住在最靠近生命流動的脈道之處。」透過覺性，安住在身體之中，我逐漸發現自己慣性反應的根源，原來我一直都在逃避種種不悅感，而這些都是構成恐懼與悲傷的元素；由於以覺察力接納了覺受的變化活動，我的憤怒和想法便自然鬆開了它們的魔掌。

這就是「當下時刻的體現」把我們從迷惘中喚醒的方式：慣性反應使苦痛恆常存在，那麼，我們就從最基層把自己解脫出來。當我們徹底接納了種種覺受的生起時，便不會在攀執與抗拒之中迷失自我，於是，自我解脫的過程就啟動了，我們也從自我分離感的情節妄想中解脫了。然後，我們就會嚐到全然活在當下的喜悅，感到生氣勃勃，並且與生命中的一切緊緊相連。這就是佛陀的肺腑之言：對身體的正念覺察會導向此生的喜樂，以及圓滿的心靈覺醒。

學習在身體中安住

無論自己意識到與否，我們都透過身體來體驗自己的生命。然

而，我們卻時常被自己對世界所抱持的觀感所催眠迷惑，而錯過了絕大部分的直接感官體驗。即使真的察覺到一陣強風、雨滴打在屋頂的聲音、空氣中的香味，我們也很少在這體驗中浸淫得夠久、全然活在其中。大部分時間，我們心中總是覆蓋著層層對白，不斷批判著正在發生的一切，並計畫著下一步該如何進行。跟朋友見面相互擁抱時，腦中卻想著應該擁抱多久，或待會兒要說些什麼話，這身體接觸的當下，就這樣被種種籌謀計算的想法所污染了。我們匆匆忙忙地擁抱，而不是全然地活在當下。

週末定期研討會的一名年長學員形容自己「只有脖子以上活著」。有許多人因為長久與自己的身體失去接觸，因而完全活在內在想法的世界中。他們可能很難相信，身體和心彼此之間有多麼息息相關。我在一個婦女感化中心主持的課程，有一名收容者告訴我，她的身體只有在痛苦或盛怒時才會有感覺。除非感覺很痛苦惱人，或者像性愛一樣愉悅強烈，否則，生理的知覺有時似乎很捉摸不定、難以察覺。這就是陷入迷惘的基本特性——我們只是局部地活在當下的經驗中。

當代作家暨心靈導師哈米德・阿里（Hameed Ali）②提醒我們，假使我們沒有覺知身體的感受而盲目過生活，那麼，我們就不是全然地活著：

> 真心地探索一下自己，你真的在這兒嗎？你活在身體之中，還是遺忘了身體，抑或只覺知了部分？當我說：「你活在身體之中嗎？」我說的是，「你是否完全充滿了自己的身體？」我想知道的是，你究竟是「活在雙腳中」，或者只是「擁有雙腳」。你真的活在其中，還是它們只是你用來走路的東西？你活在你的腹部，或者你只是依稀知道

自己有腹部？或者它只是你用來裝食物的東西？

你真的活在你的雙手中嗎？或者你只是在「遙控」它們做事？你活在你的細胞中、真的安住並充滿了你的身體嗎？倘若沒有活在身體中，那麼，你當下的體驗有什麼意義？你是不是正在為未來做萬全準備，以便可以在未來「活在當下」？你是否設定了某些條件，並告訴自己：「當這個或那個都發生了之後，我就會有時間了，我就會活在當下了。」倘若你當下不在這裡，那麼，你辛苦保留自己是為了未來要用在哪裡？

我大二時上過初級瑜伽，那是我生平第一次發現，自己的身體是個充滿感官知覺的宇宙，是個活生生的宇宙。我記得瑜伽課程快結束時，老師要我們盤腿在地板上靜坐，並注意自己的雙手是否輕鬆舒適地放在大腿或腿部。她要我們深呼吸幾次，並解釋說，呼吸提供我們一個走出心智、進入身體的自然管道。

然後，她便引導我們去探索身體活生生的存在，「把你整個覺性放在雙手上，」她說，「放輕鬆，保持柔緩，從內在去感受你的雙手。」然後引導我們慢慢去感覺，從每一根手指內部、手心、手的最上方，最後是手腕。我開始先察覺到麻麻的感覺，然後是壓力和灼熱感的陣陣脈衝，當我逐漸放鬆，深入雙手的覺受時，我發現，其實我的手並沒有明確的界限，也沒有特定形狀的感覺。我所覺察到的，是一種不斷變化的能量場，感覺就像夜空中游移的光點。我赫然發現，雖然平常我並沒有意識到它，但是這生氣勃勃的能量其實一直都在。原來我已經錯過生命中那麼多的狀態。

接下來，老師請我們繼續在全身上下體驗這樣的存在感和活力感。我發現只消觀照一下子，我肩膀的硬結便因此鬆開了；我也感

覺到一股麻熱感從手臂往下擴散，然後，當我把覺知帶到胃部時，胃部僵硬緊繃的部位也隨即柔軟、鬆弛下來。我感受到能量往上在胸腔流竄，往下衝到雙腿，我整個身體就是個活生生、會呼吸的能量場。一股感恩之心油然生起——這麼短短幾分鐘之內，我的世界確實變大了，且燦爛發光生氣勃勃。我的老師實際上已教了我們如何禪修，只是當時我毫不知情罷了。

　　所有傳統的禪修練習，通常都會運用姿勢以便讓身體更穩定平靜，比如說我們在瑜伽課的盤腿坐姿。當我們平靜下來時，就更易於察覺經驗的變換之流：震動、脈動、壓力、灼熱、輕安、味道、影像及聲音等。然而，閉上眼睛禪修時，我們很快就會發現，這個內在世界往往被情緒的浪潮所淹沒覆蓋——興奮或焦慮、心神不寧或瞋恨，再加上永無止盡的評論、批判、回憶、編織有關未來的故事、憂慮和計畫。

　　佛陀把我們反覆頑強的情緒與思緒反應稱為「瀑布」，因為，這些慣性反應的強大威力，多麼容易就能把我們沖離當下的經驗。佛教以及西方心理學都告訴我們這個道理：我們的心智會即刻且下意識地將所經歷的一切評估為愉悅的樂受、不愉悅的苦受，以及不苦不樂中性的捨受。令人歡喜的念頭或者酥麻的感覺——樂受；惡臭或突然的劇烈聲響——苦受；注意到呼吸——通常是一種捨受。當樂受生起，我們立即的反應就是去攀執追逐，企圖緊抓不放，我們往往為此善加計畫，其中也伴隨著興奮與渴望的情緒能量。經歷苦受時，我們就會感到緊縮，試圖逃避，整個過程也是換湯不換藥——我們感到擔憂並開始籌謀計畫，而且驚恐害怕、惱怒不已。捨受則是一種使感受脫離、且將注意力轉向的訊號，但這往往意味著轉向到更緊張刺激的體驗上。

　　我們對外在的人事物、腦中念頭的各種反應動作，事實上都是

在反應自己體內生起的種種感受。當我們死盯著某人的笨拙無能，充滿了不耐，其實只是在對自己的苦受起反應；當我們迷戀某人，心中充滿了憧憬和幻想，我們也只是在對自己的樂受起反應而已。我們所有縈繞迂迴的慣性反應、情緒和行為，都是源自於對種種感受所起的回應。如果沒有認出這些感受，我們的生活就會迷失在種種慣性反應的瀑布中——我們會跟活在當下、全然的覺性以及自己的心，都斷絕了聯繫。

為了從這迷惘中覺醒，佛陀提出了「以身體為中心的正念」。他之所以將生理感受稱為正念的第一基礎，是因為它們是感覺和思緒的內在本質，也是意識成形的基礎。由於我們的樂受和苦受在轉瞬間就引發層層疊疊的連鎖反應，包括情緒反應以及種種情節妄想，因此，我們的主要訓練便在於認出自己的起心動念，並一再回歸到當下的覺受上。我們可能會覺得下背很不舒服，聽到內在一個憂慮的聲音說著：「這到底還會持續多久？我要怎樣才能讓它消失？」或者，我們也許會感到一股愉悅的酥麻感，胸口有著放鬆開闊的感覺，然後就渴望地思索著：「我當初做了什麼才到達這種狀態？真希望可以再來一次。」我們要如此練習：看清這些情節妄想，放下它們、穿透它們，深入我們身體中活生生的覺受。

假使對覺受毫無正念覺察，那麼，我們就無法斬斷慣性反應的鎖鍊。當代內觀禪修大師葛印卡（S.N. Goenka）③告誡我們，不能光只專注在流逝而過的念頭上，例如，「在內心深處，心的某個部分仍持續反應，因為念頭生起時，還有一個覺受，你絕不能錯過這個覺受。」

佛陀開示的這個基本禪修口訣，是要我們覺察覺受的變換之流，不試圖留住任何感受、不改變、也不抗拒。然而佛陀也明白指示，所謂對覺受保持正念覺察，並非像個旁觀者一樣，站得遠遠地

袖手旁觀，而是直接去體驗身體內發生的一切。例如，與其把手視為外在的物體，不如在任何時刻都仔細地深入感受形成手的這個能量，我們要訓練自己由內往外體驗這個身體。

與其直接體驗覺受，我們反倒可能會有一種「我背痛」的概念，或許我們腦海中有張身體的地圖，而其中某個部位我們稱為「背部」；但是，到底什麼是「背部」？假使我們放下這張圖像，充滿覺知直接深入身體的那個部位，又會如何呢？同樣的，假使我們不再把「痛苦」標籤為「痛苦」，又會如何呢？

運用正念覺察，我們就能深入探究，發現當下每一刻痛苦經驗的實際面貌。也許我們在某個部位感覺到壓力和疼痛，假使深入觀照，我們可能會發現灼熱或緊繃感，或許還注意到悸動、突然出現的強烈陣痛、抽拉、扭曲等。這些感受也可能不再侷限於一處，而是開始擴散放鬆；假使持續觀照，我們可能會察覺到流動的感受不斷生起、各各不同、彼此融合、消逝、在其他部位浮現。

當我們能清楚察覺種種的覺受時，就得以親見經驗的流動性，而這就是其中最深邃、最確切之體悟了。我們體認自己的經驗根本沒有堅實的存在，也不是靜止不變的，反而，覺受之境正不停地變換著——感受浮現又消逝，其強度、質地和所在部位一直在轉變。隨著仔細觀照自己的生理經驗，我們發現這些經驗沒有任何片刻是靜止不動的。一開始，這可能令人難受非常，甚至驚恐萬分。

隨著一次次放下自己的情節妄想，我們終於明白了，根本沒有可立基的基礎、沒有指引的方向，且再也無法隱藏或逃避生起的一切感覺。有次禪修閉關時，一個學生告訴我：「我才剛開始正念覺察各種感受幾秒鐘，馬上就覺得焦躁不安，總覺得自己忘了什麼重要的事，應該要再仔細思索一下。」我們的確很容易杞人憂天，總覺得不保持思考、批判和計畫的警覺習性，就有什麼壞事要發生了

似的；然而，就是這樣的習性，讓我們不斷地無謂抗拒生命。只有當我們了悟我們根本無法抓住任何事物，這時我們才能夠放鬆自己，不再奮力操控自身的經驗。

覺受不斷地在變換移動，假使我們依著習性，抗拒它們或企圖緊抓不放，緊縮身體以束縛它們，或絮絮叨叨地編織情節妄想，企圖中斷或壓制它們開展與轉變的自然過程，那麼，這就像是攔阻河道或使之改道一樣。當我們感覺很愉悅的時候，允許河流自然流動是極為輕而易舉的；反之，處於身心痛苦之中時，我們就會緊繃、抽身而退。要看清楚這樣的狀態，並學習以徹底接納的心態來面對痛苦，這即是最具挑戰性、卻最能令人解脫自在的修持。

以恐懼回應痛苦：「一定是哪裡出問題了」

懷第一胎時，我和我先生都一致決定要在家裡生產，不施打任何藥物，由助產士來接生。我們認為，分娩是個自然過程，既然我不是高危險群，因此，我想要在溫馨又熟悉的家中生孩子，不要在醫院生。我希望能在分娩的過程中盡量保持覺醒、活在當下；儘管我也知道到時會劇痛難耐，但是我相信禪修和瑜伽的練習應該可以幫助我「隨遇而安」。

陣痛開始時，我已經休息足夠，也準備好了。我知道抗拒陣痛只會更糟，因此便輕鬆以待、呼吸、自然地讓聲音叫出來，不去抑制它，完全放下，讓身體的智慧接管一切。就像任何動物一樣，我完全不去思考，全然浸淫其中，本能地回應我身上開演的戲碼，承受這過程中自然發生的痛苦。

突然間，轉變發生了，當我兒子的頭進入產道要出來時，痛楚一瞬間迅速加劇，這疼痛遠遠超越我能以自然呼吸來承受，或任由

疼痛通過我身體的程度，我心想，這麼痛一定表示哪裡出差錯了，我全身緊繃，原本深長的呼吸因爲驚慌而變得淺快，所有的信心消失殆盡，而原本想要在陣痛中放鬆的決心也一併拋諸腦後。

就像生物進化設計的其他層面一樣，我們稱爲疼痛的不愉快感，其實是求生功能相當聰明的一個設計：疼痛表示我們的身體在呼求關注，要我們照顧自己。強・卡巴辛（Jon Kabat-Zinn）④博士在麻州大學主持的舒壓診所（Stress Reduction Clinic）舉世聞名，他將正念覺察的技巧傳授給那些慢性及劇烈疼痛患者，他寫道：

> 疾病或悲痛的症狀，還有自己對這些症候的感覺，都可以視之爲信差，它們的任務是來告知你有關身心的重大訊息。古時候，如果國王不喜歡派來的信差，有時就會把信差處死；這就好比只是因爲自己不喜歡，就硬是壓抑自己的症狀或感覺一樣。把信差殺死、否認傳遞給你的訊息、或者因之怒火攻心，都不是走向療癒的明智之舉。我們不應該忽略或破壞這個能完成重大生物訊息反饋、有助於恢復自我調整與自我均衡的重要聯繫。這些症狀出現的時候，眞正的挑戰就是，我們是否能傾聽它們發出的訊息，眞正聽到它們的聲音，並放在心上，也就是說，跟它們完全地連結上。

有時候，我們接收的訊息是爲了即時反應，比方說：灼熱的高溫——趕緊把手從火焰中抽離；感到虛弱和頭痛——去吃點東西；劇烈胸痛與呼吸困難——趕緊打一一九叫救護車。還有其他時候，疼痛會要我們休息、停止一切活動，以保護自己免於更多的傷害。生孩子的時候，疼痛讓我們保持高度專注，本能地全心投入分娩的

艱鉅過程。經歷死亡的時候，就像動物般尋求僻靜處等待死亡，疼痛也可以引導我們找到內在祥和寂靜的聖殿；如果我們能夠無懼地接納痛苦，毫不迷惑，那麼，我們就得以明白疼痛所要傳達的訊息，並以清明的心給予回應。

然而，我在分娩時所經歷的強烈痛楚，即使似乎是分娩過程中很自然健康的一部分，但還是不免讓人大吃一驚。我一開始以恐懼回應之，「一定是哪裡出了差錯」的感覺和意念又加諸其上；與其練習徹底接納，我的身心反倒開始抗拒、排斥痛苦。

儘管害怕痛苦是人類自然的本能反應，不過西方文化更是將痛苦視為不好的、錯誤的。由於不信任自己的身體，因此我們企圖控制這個身體，就好像我們企圖控制自然界一樣。我們服用止痛藥，以為只要把痛苦解除就對了；這其中包括了所有的痛苦——生產痛、經痛、感冒和疾病、老化與死亡。西方社會的文化迷思之一就是，不把痛苦視為自然的現象，反而視之為敵人。痛苦成了我們亟欲處死的信差，而不是受到我們容許與接納的人。

生產的痛楚到達最劇烈程度之際，我完全處於作戰狀態，全力對抗著痛苦。我的助產士早已習慣看到產婦因痛苦而感到恐懼、排斥，她立即安慰我說：「親愛的，沒什麼不對勁，一切都很自然，只是會很痛而已。」她一連說了好幾次，我才開始有辦法聽得進去，也才得以在這灼烈的痛苦、爆炸似的壓力、撕裂感與精疲力竭之中，再度憶起要深呼吸並放鬆自己。只是會很痛而已，不是哪裡出了問題，然後我又開始能敞開自己並接納一切。

活在世上也表示要經歷痛苦，有時是極為劇烈的痛苦。我們都知道，痛苦的最後一幕並不一定是迎接新生健康寶寶的喜悅，有時，痛苦甚至根本就了無終期。若這痛苦是受傷的徵兆，那麼，這可能意味著我們會失去自由活動身體的能力，也可能意味著死亡。

由於痛苦和損失之間的關連是如此真實，難怪我們總是在痛苦之餘再加上一個標籤信念：「一定是哪裡出了問題」，難怪我們總是以恐懼來反應，不由自主地想要操控或消除我們的痛苦。

　　然而，我從生產的經驗學到，痛苦的結局並不一定是受苦。佛陀教導我們，我們之所以受苦，是因為執著或抗拒經驗，因為我們想要生命跟現下有所不同。俗話說：「痛苦無可避免，受苦可不一定。」當痛苦的感受生起時，假使以清明之心、活在當下的態度來面對，我們就可以看清楚，痛苦也只是痛苦罷了。當我們以正念覺察痛苦，而不是盲目地反應，我們就不會把自己窄化為一個受害且受苦的自我。倘若我們心懷恐懼來回應種種感受，視之為「錯誤的」，就會因此而引發迷惘。就像佛陀所教導的，當我們攀執或抗拒自身經驗的最基層，就會啟動強大的情緒「瀑布」。恐懼，亦是由種種苦受所組成，只會讓痛苦加劇罷了——結果我們現在不止想要逃離原來的痛苦，還加上恐懼的痛苦。事實上，痛苦所引發的恐懼往往是痛苦經驗中最難受的一部分。正如強·卡巴辛博士所說的：「當你見到並感覺到，當下的覺受也只是覺受而已，如此地清淨單純，那麼，你逐漸就會知道，加諸感受之上的念頭，在當下對你其實毫無用處可言，只會讓情況更糟而已，大可不必這樣。」倘若將生理痛楚視為一件恐怖的事，那麼，痛苦就不再只是痛苦，而是錯誤的、不好的、必須拚命逃避的一件事。

　　我們的恐懼通常都會不斷繁衍增生，變成錯綜複雜的妄想情節。有四年的時間，我深受慢性疾病所苦，其中令我最難受的一部分就是，生病的事實等於是在批評我個人、我沒有能力「好好照顧」自己。每次只要我感到疲憊或消化不良，種種妄想情節和解釋就會排山倒海而來：「一定是哪裡出問題了！也許我的病情很嚴重。」然後反覆思索著自己可能是始作俑者，「我的免疫系統出了問題，

我太逞強了，導致睡眠不足⋯⋯可能是我喝了太多紅茶，酸性一定影響到我的胃了。」突如其來的一陣疲累和胃痛，會讓我覺得自己很沒用、很羞恥。痛苦是不好的，由於痛苦的是我，這一定象徵著我有某種瑕疵。

習慣性地耽溺在自己因痛苦而編造的情節妄想中，使我們無法如實地體驗，痛苦其實只是感受的變換之流。出現這些感受的部位周圍的肌肉緊繃收縮時，我們腦海就開始編造種種想法，視之為敵人，痛苦於是固化為一種自我造作、固定不動的一團東西。我們的抗拒的確會導致新的症狀與受苦的狀態；或許是對痛苦的批判和憂慮讓我肌肉緊繃，使我更加疲累。當我們離棄自己的身體，因內心的恐懼、痛苦而不斷編造妄想情節，那麼，我們就會把痛苦禁錮在身體中。

在劇烈痛楚的當下，我們的恐懼迅速升高，然後，「一定是哪裡出了問題」的感覺就會馬上急迫地對痛苦宣戰。我的一個朋友椎間盤突出，開始壓迫到脊椎時，讓他感到實在痛苦萬分：「就像是有人把汽油倒在我左腳上，然後放火點燃一樣。」這痛楚從不停歇，而且十分強烈，他想盡各種辦法逃避這劇烈的痛苦，有段時間，他必須服用兩顆麻醉劑、類固醇、消炎藥和兩顆具鎮定效果的肌肉鬆弛劑。這些藥劑會讓他昏沈一段時間，但是等他醒來，劇痛又會來襲，一直到下一次服藥為止。「痛苦有種獨特的性質，」他寫信給我時如此說道，「痛苦愈劇烈，你對周遭世界的覺察就愈少，如果這痛苦夠強烈，到最後，就只剩下你和痛苦陷入一場微妙的決鬥。」

面臨生理的痛楚時，若我們的第一反應不是徹底接納，而是恐懼和抗拒，那麼，接踵而來的連鎖反應可能會令我們耗盡心力；一旦我們相信哪裡出了差錯，我們的世界馬上隨之縮小，我們就會在

對抗痛苦的掙扎努力中迷失自我。相同的過程也發生在面對心理痛苦時；我們總是抗拒寂寞、悲傷和憤怒等等不愉快的感受。無論是生理或心理，假使以恐懼來回應痛苦，我們就會把自己從具體而現的當下拉開，陷入迷惘的痛苦之中。

當痛苦的創傷過劇，迷惘可能會變得非常嚴重且持續很久。受害者因極度恐懼而抽離生理的痛苦，導致身心之間的意識連結被硬生生地截斷，這就是所謂的「分裂」。所有的人多多少少都有這種與身體分離的現象，但是假使我們活在一種持續感覺自己身陷險境的恐懼束縛中，要找到回頭的路可能會是段漫長且棘手的過程。

創傷性恐懼：身心分裂

羅莎莉小時候曾遭到父親嚴重侵害。父親喝醉酒的時候，就會把手伸進她內褲上下其手，並在夜晚時爬上她的床，用身體磨蹭她，直到自己高潮爲止。假使她試圖抗拒，他就會毆打她，並出言威脅；如果她試圖逃跑或躲起來，他就會大發雷霆，追著她跑，並冷酷地毆打她。在父母親離婚前那年，羅莎莉的父親曾兩度強迫與她性交。這類嚴重創傷會造成身體與心理雙重衝擊，並且可能會持續一輩子。羅莎莉來找我的時候已經三十五歲了，仍然小姑獨處，而且患有輕度厭食症。她之前已經接受過好幾種心理治療，但還是不時想要節食，而且焦慮症經常發作。她的身子很消瘦、僵硬且緊繃，而且不信任所有認識的人。

羅莎莉覺得那些表面上似乎很喜歡她的人，骨子裡都只是想佔她便宜而已。她告訴我，她認爲有個朋友之所以常跟她在一起，只不過是因爲那女孩不想單獨去參加派對；而另一個迷人又受歡迎的女性朋友，喜歡跟她在一起的原因一定是因爲這能「提高她的自

信」。儘管羅莎莉不難找到約會對象，但是她的親密關係總是無法長久，由於不想面對被拋棄的羞辱，她通常會在看到兩人關係走下坡的蛛絲馬跡時，就提出分手的要求；即使是面對認識很久的老朋友，羅莎莉也會盡量保持一定的距離。而每當焦慮症又發作時，她不是表現得「一切都很好」，不然就是消失一陣子不見人影。

能跟他人較自在相處的時光，往往是她吸食毒品之後，大麻讓相處的當下暫時變得很美好。不過她也說，她現在每晚上床前都非得吸毒才能一覺到天亮，如果她沒抽根大麻，或服用安眠藥，就會在半夜驚醒，夢境千篇一律——她躲在一個小小黑暗的角落，有個野蠻可惡瘋狂的人就快找到她了。

根據神經心理學的說法，創傷性傷害會影響我們的生理機能、神經系統和腦中化學物，因而導致永久性的變化。在記憶成形的正常過程中，我們通常會依據自己過去組成的某種整合的世界觀，去評估每一個新的情境，但是在創傷發生時，這樣的認知過程就會因劇烈痛苦刺激的洶湧來襲，而發生短路的現象。與其「處理事件的過程」，用理智來認知世界如何運作，並從中學習，我們反而會回復到一種較為原始的編碼方式——也就是透過生理感受與影像的方式。未經消化且深鎖在體內的創傷，有時會不請自來，出現在我們的意識中，甚至在危險事件發生過許多年之後，受害者心裡還是會重新經歷那些痛苦，就好像這些痛苦歷年來都持續存在一樣。

未經處理的痛苦，會讓我們的自衛系統處於隨時警戒的狀態，除了突如其來的記憶之外，各式各樣的情境，即便是毫無威脅性，都可能會啟動儲存在身體內極高度的痛苦和恐懼；我們的伴侶可能只是因為心煩提高嗓門而已，但是我們過去的傷痛——住在我們體內所有的驚恐、盛怒或傷痛——可能會在一瞬間如脫韁野馬般奔騰而出；無論當時是否有立即性的危險，我們感覺彷彿自己處於絕對

的險境，非得想辦法逃離這痛苦不可。

　　為了熬過這些劇烈的痛苦，創傷受害者與自己的身體分離，麻木自己的生理感受；有些人會感覺「很不真實」，彷彿抽離了自己的身體，從遠距離經歷自己的生命一樣，他們盡其所能避免去感覺體內恐懼與痛苦的原始感受；他們可能會大肆侵犯他人，或在沮喪與困惑之中鑽牛角尖；他們可能也會有自殺的念頭，或用酒精麻醉自己；有些人會暴飲暴食、濫用藥物，或迷失在種種執著沈迷的意念中，然而，痛苦並未因此消失，而是蟄伏在暗處，三不五時就會出現，控制人的身心。

　　「分裂」的現象雖然有某種保護作用，但是也導致受苦，當我們背離自己的身體，我們就背離了真正的「家」。由於排斥痛苦、從我們生命存在的基礎中抽離，我們於是經驗一種分離感的不安之疾──寂寞、焦慮和羞愧等。艾莉絲・米勒（Alice Miller）⑤告訴我們，身體內發生的一切是根本無法迴避的，我們應該要付出關注，否則就會自食惡果：

　　我們童年的真相全都儲存在身體裡，雖然我們可以壓抑它，卻不可能改變它。我們的聰明才智總會被欺瞞，感覺可以被操控，概念可以被迷惑，身體也會為藥物所哄騙戲弄；但是，總有一天，我們的身體會要我們付出代價。因為，我們的身體就像個心靈健全的孩子，無法收買，不會妥協或接受任何藉口，它會不斷地折磨我們，直到我們停止逃避事實為止。

　　當羅莎莉跟我開始共同面對一切時，顯然的，這個重大時刻已到來──她的身體開始要她付出代價了。頭幾次協談她就全盤托出

自己一生的經歷，她非常聰明，能清楚表達自己的問題所在以及問題成因，但她的態度卻像是在談論別人的生命一樣。她也讓我知道，在協談時，她無法察覺自己身體的感受，但是治療結束之後，有時她卻會馬上陷入恐慌或無名怒火之中，這種情形發生時，體內的感覺是如此強烈，讓她只想一死了之。

我則建議她，我們可以一起合作，讓她逐漸對自己的身體產生安全感，也告訴她，這樣的方式跟她之前所接受的治療不同，會有不同的功效，她一口就答應了。接下來的幾週，我們從基礎打起，我得盡可能深入了解羅莎莉的一切，她也得對我產生安全感和自在感。當她準備就緒時，我建議我們先進行一段引導式心靈之旅，探索她意識上有可能忽略的部分內心世界。

進行這段心靈之旅當天，我請羅莎莉舒適地坐著，閉上雙眼，我用來引導她的催眠式影像，是請她緩緩走下蜿蜒的長階梯，階梯盡頭面對著一扇緊閉的門。我建議她每踏出一步就拋下一些散亂的念頭，讓自己愈來愈放鬆、充滿好奇，等她走到階梯最底層時，身體已經變得非常平靜，她的眼皮跳動著，臉頰微微潮紅，我問她是否看到了一扇門，她點點頭，然後我就告訴她，在那扇門後面，她將會發現能夠療癒心靈的一些重要事物，是來自她潛意識的禮物。我提醒她，無論她經驗到什麼，她的安全無虞，不必擔心，我們兩個在一起，只要她願意，隨時都可以停止，然後我告訴她，她一準備就緒，隨時都可以打開那一扇門。

突然，羅莎莉整個人僵住了，「你看到什麼？」我柔聲問道，她的聲音小得幾乎聽不到：「一個小女孩，躲在……衣櫥裡。」

我問她小女孩在躲什麼，她輕輕地搖搖頭。好一會兒之後，我又問她小女孩幾歲，「七歲」，她回答，很快又說：「她在躲她爸爸，她怕爸爸找到她之後會傷害她。」我再度跟她保證，小女孩現

在安全無虞，並建議她保持放鬆，只要專心注意接下來會發生的事，就可能會找到幫助小女孩的方法。等她呼吸較為平順之後，我又問她小女孩在做什麼，「她在祈禱，她說，這實在太痛苦了，她再也受不了了。」

我又等了一會兒，輕輕問道：「羅莎莉，什麼才能幫助小女孩紓解痛苦？」

她皺皺眉頭，「她孤伶伶的一個人⋯⋯沒人陪在她身邊。」然後緩緩說道：「她需要有人照顧她。」

「那麼，誰最能做好這工作呢？」我問道，她又停頓了一下，熱切而專注，突然間，她臉上洋溢著驚喜與歡愉：「有個好心的仙女！我看到她跟小女孩在一起⋯⋯她們兩個都在衣櫥裡。」羅莎莉等了一會兒又說：「閃亮的藍光包圍著仙女，她手裡揮舞著一根金色的仙杖。」

「羅莎莉，仙女是否想傳達什麼訊息給小女孩，她想說什麼呢？」

她點點頭，「她告訴小女孩，她可以幫助她，她有辦法讓小女孩暫時遺忘這些可怕的遭遇，讓她能順利長大，等到她更堅強時，再來處理這些事。」

我停頓了一下，然後柔聲問道仙女準備怎麼做。羅莎莉的聲音鎮靜而從容：「她說，她要用仙杖碰觸小女孩身上不同的部位，這些部位就會起變化，變得能夠替她承受所有可怕的感受。」她停了一停，往內仔細傾聽，繼續說道：「好仙女說道，雖然這種束縛的感受很不好受，但是這能讓她生存下去，讓她靜默不語，並能控制她內在發生的一切。」

沈默良久之後，我問羅莎莉發生了什麼事。「嗯，仙女把小女孩的憤怒和恐懼全都放在她的肚子裡，然後綁好，要它們好好待在

全然接受這樣的我

那兒，之後，又在小女孩的骨盆和陰道裝上了神鎖，這樣她的性欲就不會讓她惹來任何麻煩了。」羅莎莉呼吸開始有點急促，我輕聲問道：「還有呢？」

　　淚水從她臉上滑落，她說道：「仙女說她必須把她的肋骨鎖緊，這樣，她就不會感受到心碎的痛苦。」羅莎莉先是沈默無語，然後以更堅定的語調說道：「她說她的脖子會像碉堡一樣，有著堅固的圓形圍牆，這樣她就不會再叫喊呼救，或憤怒地尖叫了。」羅莎莉又陷入一陣沈默之中，而我也只是靜靜地坐在她身邊。

　　「你做得很好，」我告訴她，然後繼續補充道：「仙女還要你知道其他什麼呢？」羅莎莉點點頭，「她說，小女孩總有一天會無法再將這一切悶在心裡，然後她的身體會開始吐露所有的秘密，她會放下長久以來塵封心中的一切……她會這樣做是因為，在內心深處，她真的想要變得完整且真實。」羅莎莉開始輕聲啜泣，她的雙肩顫抖著，「仙女叫小女孩別擔心，她會找到一些很關心小女孩的人，在小女孩找到自己的時候，這些人會擁抱著她。」

　　羅莎莉再度陷入椅子裡，我問她，現在發生了什麼事。「好心的仙女雙手抱著小女孩，哄著她上床睡覺。」過了一會兒，她繼續輕聲說：「她告訴小女孩，醒來之後她就會忘了一切，一直到她準備好的那一天，就會再度想起。」羅莎莉沈默下來，等她繼續開口時，語調顯得很溫柔：「好心的仙女告訴小女孩，『在那之前，我都愛你，而且永遠永遠。』」

　　羅莎莉彷彿剛讀完一本愛不釋手的書，然後，伸手拿起我留在沙發上的披肩，披在身上，躺了下來，蜷曲著身子抱著抱枕，「這樣可以嗎？」她輕聲細語地說，「我現在只想休息一下子。」她的面容安詳，彷彿這是她長久以來第一次嚐到自在放鬆的時刻。

　　接下來幾週的心靈之旅，羅莎莉緩緩地破繭而出，甚至連身體

的動作都變得輕快流暢多了。我問她是否願意讓我跟禪修班的學生分享她的「仙女故事」，她非常樂意——她很希望其他人也能得到她新近感受到的內在解脫。我複述這段故事的時候，許多人都哭了，因為他們發現自己也是這樣脫離自己的身體、也是這樣封閉自己的能量，並未全然活著。這個故事令許多人有機會得以原諒自己，原諒自己並未面對自己深刻的傷痛，也幫助大家了解，遭遇難以承受的苦痛時，尋求紓解是一件多麼自然的事情。

生命之中有許多時刻，我們無可避免地都會撒手不管那些難以負荷的生理與心理苦痛，但我們的療癒力卻來自於重新連結身體中貯存痛苦的所在。對羅莎莉以及我們所有人而言，想要朝自在解脫邁進，需要的是徹底接納那些封閉在恐懼中的痛苦。無論我們被傷害得多深，當我們仔細聆聽內在的聲音，一聲聲呼喚著我們回到自己的身體、回到圓滿的完整性的時候，我們這就踏上了自己的心靈之旅。

療癒我們的傷痛：回到自己身體的家

羅莎莉的心靈之旅使她了解到自己身上發生的事，以及如何幫助自己。我們接下來許多次的協談都著重在探索一些技巧，讓她能夠更回到自己身體的家，對自己的身體感到更自在。

我首先教她的是「掃視禪修」，引導她慢慢掃視自己全身上下，專注每一個部分——雙腳、雙腿、上半身、肩膀、手臂、手掌、頸部、頭部。我鼓勵羅莎莉，想像一下自己吸氣時，把能量和光吸入正在觀照的部位，呼氣的時候則全然放下放鬆。隨著她愈加深入觀照每一部分，我建議她這時只要覺察該部位的感受即可，如實接納它們原來的面貌。

羅莎莉告訴我，要觀照自己腹部和骨盆的感覺時，覺得很難受，我則問她，哪一種顏色她覺得最具療效，她立刻想到那個周身發著藍光的好仙女，我建議她，可以想像身體的那些難受部位都沐浴在那藍光之中，讓這色彩透過每一次呼吸來洗淨全身。過了一會兒，羅莎莉很緊張地回報說：「我真的感受到一些動態，有點酥麻，」然後說：「目前這樣就可以了。」雖然羅莎莉尚無法長時間觀照剛被喚醒的部位，可是她對自己初次的努力已經感到很驕傲了。要重回那些感覺很危險的地方，的確需要很大的勇氣。

羅莎莉下一次來協談時，很興奮地談到了新近認識的一位男士，但是接下來的那個星期，興奮已轉為焦慮不安，身體也因為擔心害怕而變得僵硬。她真的很喜歡這個男人，不想就此輕言放棄：「塔拉，如果我不想辦法跟這恐懼平靜相處，我是絕對撐不下去的。」羅莎莉已經知道她需要以徹底接納的態度來面對自己身體的經驗。

我建議她做停歇的練習，深入體內，感受一下究竟是什麼在請求她的專注與接納。這對羅莎莉來說，是新的一步，截至目前為止，她只曾在相對放鬆的狀態下，透過察覺力來探索自己的身體，這種方式很安全，不過，要去感受赤裸裸的恐懼，恐怕會引發許多痛苦萬分的聯想。她閉上雙眼，靜默不動，大約一分鐘之後，她把雙手放在腹部，「就在這裡，」她說，「我真的很害怕，覺得自己快吐了。」我鼓勵她，用自己手的溫度和溫柔的撫觸，幫助自己以全然的覺性來覺察這些不愉快的感受。我問她是否能從體內感受那個部位，然後只要注意發生什麼事即可。

羅莎莉深呼吸了好幾次，再度陷進沙發中，接下來幾分鐘，她一一列舉了當時的感受：腹部中央感到疼痛緊繃、胸口隨著深呼吸上下起伏的感覺、胃中的硬結逐漸鬆弛消失、一種震動與跳動感從

胃裡往外擴散、心裡想著「或許他就是我的眞命天子」的念頭、錐心刺骨的恐懼、顫抖、一個孩子獨自在衣櫥裡的影像、「我受不了了」的念頭、灼熱往上擴散到胸口和喉嚨、有人勒住喉頭的感覺、吸入藍光、喉嚨變得開闊柔緩、油然而生的悲傷等。等她終於抬頭往上看時，雙眼發亮：「這一切都在我體內發生了，而我也只是將小女孩擁在我懷抱中。」過了一會兒她又說：「我覺得我可以接納這痛苦，我能處理好自己的任何感受。」

在佛教心理學和西方臨床治療，接納並感受感官之流的過程，是轉化的重要要素。情緒，是生理感受和情節妄想兩者的結合體，它們會不斷引發痛苦，除非我們能在其所出現的體內部位去感受它們。倘若我們可以穩定地觀照當下情緒所帶來的生理感受，那麼，那些與之有關連的過去感受與情節妄想，雖然封鎖在身心之中，仍舊得以解除。層層疊疊的昔日傷痛、恐懼或憤怒可能會因爲覺性的開啓而自我釋放；就像羅莎莉一樣，當我們能感受並釋放封閉在體內的昔日傷痛時，就能夠愈來愈自在地以一顆覺醒仁慈的心，去面對當下的感覺。我們就會發現，正如魯米所寫：「痛苦的解藥正是痛苦。」

爲了能夠徹底體驗痛苦，以便能得到「解藥」解除痛苦，羅莎莉需要某種程度的安全感，自從踏上心靈之旅之後，她已經逐漸發展基本的信賴感，我們之間的關係成了她的避難所——她相信我眞的很關心她，依賴我的支持協助，她才能安心地重新進入自己的身體。她和仙女相遇的經驗，其實展現了她自己內在的智慧、想保護自己的迫切需求，以及渴望覺醒、變得完整的憧憬。但現在，能讓這種信賴徹底生根的，實際上要靠她自己冒險去敞開正念，覺察體驗各種感受。每當她能夠從體內感受自己，並接納種種即使是最爲恐怖的感受，她就對自己安住在身體的能力更添自信。她的確可以

全然接受這樣的我

調適當下發生的一切，透過與痛苦同在，她的確能找到解藥。

　　學習將徹底接納帶入我們身體的經驗，往往是個漸進的過程。如果我們體內封存了大量的恐懼，那麼，我們可以像羅莎莉一樣，「先把腳趾放進河中」，稍稍體會一下種種感受，必要時就隨時收手。偶爾我們可能完全感受不到痛苦，但有時痛苦卻會排山倒海而來；而回歸身體的家，並不表示我們非得長時間專注在難以忍受的生理或心理痛苦不可，特別是當我們覺得精疲力竭時，讓自己暫停一下、休息一會兒、轉移一下注意力，都是相當明智而慈悲的措施。假使正在禪修，我們可以把慈愛心放在痛苦或恐懼之處（見第十章），或者將覺照安住在呼吸上，盡可能地將身體放鬆。倘若劇烈感受在日間生起，我們可以聽聽音樂、跟朋友聊聊天，或讀讀小說；倘若遭遇特別艱難的痛楚，我們可能就會需要禪修老師、治療者或心理治療師的支持，協助我們以當下的心與關愛來懷抱自己的經驗。假以時日，就如同仙女所允諾的，回歸身體的家就成為我們通過成年禮的儀式。當我們可以溫柔地關注這感受的基礎，我們就能將自己從慣性反應的情節妄想和情緒中解脫出來，這些都是讓我們束縛在恐懼中的主因。唯有覺醒地安住在身體中，我們才能重新喚回自己的生命和心靈。

讓生命淋漓盡致

　　我罹患慢性疾病幾年之後，去參加了一次為期六星期的內觀禪修閉關，我過去參加過很多次長期閉關，也很喜歡這樣靜默地度過漫漫長日。這個閉關剛好在景致壯麗的新英格蘭秋季舉行，我真的很高興能有這樣的機會在如此美景中禪修。與宿疾纏鬥多年，我很期待這次把全部的時間投入靜坐與行禪，我知道自己一定能從老師

們的演說與指導中得到啓發，這是我迫切需要的。這次閉關是個絕佳契機，一定能讓我對自己的身心更具接納性，更能當下安住其中。

　　頭幾天一切都很順心——我的心逐漸沈澱平寂，也很快地融入閉關課程的步調。第一週快結束時，我開始出現胃痛，覺得疲倦至極，幾乎沒力氣走到禪修廳；這些症狀我早就習以爲常——經過多次檢驗，醫學界把這些症狀籠統地貼上慢性疲勞的標籤，並告訴我，我得了腸道激躁症。在這個節骨眼上，重要的是跟不舒服的感覺和平共處，「好吧，」我不甘不願地想著：「我到這裡來……就是要跟不愉快的感受共處的。」

　　接下來的二十四小時，我的胃部感到灼熱痙攣，四肢沈重無力，我試著用接納性的覺照來體驗它們，效果還不錯。但是接下來的幾天，這些症狀並未消失，我發現自己又陷入習慣性的情節妄想中，墮入驚恐、羞愧和沮喪的深淵之中。「我一定是那裡有毛病，還是我的生活方式有問題，我再也好不了了。」潛藏在這之下的是更深的恐懼：「我永遠都不可能快樂了。」再熟悉不過的迷惘威脅著要接管掌控，我將之視爲自己該加深觀照的一種徵兆。

　　閉關第二週開始的某一個晴朗冷清的下午，我散步到林子中，走到一個灑滿陽光之處，用一條從房間帶出來的溫暖毛毯把自己全身裹住，靠著一棵樹坐下來，地面上鋪滿了落葉，彷彿一層穩固柔軟的坐墊。坐在大自然中感覺是如此美好，置身簡樸純然的大地、樹木、風、天空之中，我感到如同回到家一樣自在。我決心好好觀照自己的本質——那活在我體內的感受變換之流。

　　我先是花了一小段時間，盡量紓解明顯緊繃之處，然後快速掃視全身上下，我注意到一些疼痛與酸痛，以及沈重的疲憊感。轉瞬間，我就跳脫身體進入心的思考：「哇，我眞的覺得不舒服。」再一次地，我看著自己的心因爲「哪裡出了差錯」而緊縮。恐懼，彷

彿一條打了無數硬結的繩索，勒住我的喉嚨和胸口，我深呼吸一口氣，放下認為自己生病的念頭，單純地感受那令人窒息的恐懼。我決定要以「這也是」的態度來面對所有生起的經驗；我準備好了要接納一切。

時間一分一秒過去，我發現自己逐漸能坦然接納種種感受，而不再希望它們消失不見，我只是單純地感受著壓迫在我喉頭與胸口的沈重感，還有胃裡緊繃的痛楚。不舒服的感受並未消失，但是已經產生了某種變化，我的心不再感到緊縮或昏沈，而是更加清明、專注，且完全開闊。隨著觀照愈來愈深，我開始覺得流竄全身的種種感受像是流動的能量——酥麻、脈動、震動著。無論愉快與否，這些全都是在我體內運行的相同能量。

我注意著感覺和念頭的顯現與消失，愈來愈明白，它們其實全都自來自去，種種感受不知從何而來，然後又在空無之中消逝，並沒有一個所謂的「自我」擁有它們，沒有一個「我」在感受這些震動、脈動或酥麻感，也沒有一個「我」備受不愉快的感受所壓迫，沒有「我」在生起什麼念頭或試圖禪修；生命就這樣發生著，顯相神奇地顯露而出，隨著以「這也是」的開闊性接納一一浮現的體驗，我身心的界線及堅實感逐漸消融了，種種感受、情緒和念頭，猶如天氣變化般，飄過覺性廣闊空寂的虛空。

睜開雙眼時，我被新英格蘭絕美的秋景所震懾，大樹參天，湛藍的天空點綴著繽紛的鮮黃與深紅，種種鮮豔的色彩就好像在我周身川流不息旺盛的生命力；風聲浮現又消失，樹葉飄落地面，有隻鳥兒在近處樹梢飛向天空。整個世界都在變動之中——正如在我體內運行的生命一樣，沒有任何事物是固定不變、堅實或受侷限的。無庸置疑的，我明白自己是世界的一部分。

接著我又感到到胃痛時，已經可以認清這只是自然世界的另一

部分，隨著不斷的觀照，我可以感覺到體內生起又消逝的疼痛和壓力，其實無異於堅實的大地或飄落的樹葉，就只是痛苦……而這也是大地的痛苦。

當我們遠離種種心理概念，感官終於覺醒時，所體驗的各種聲音、氣味、影像和震動，就會讓我們跟四面八方的所有生命連結起來。這不是我的痛苦，這是大地的痛苦，這並非我活著的狀態，只是生命罷了——開展、強烈、神秘且美麗。由於徹底接納感受的變化之舞，我們發現，自己本來就歸屬於這個世界。我們是「無物」（no thing），不受制於任何流逝的經驗，也是「萬物」（every-thing），歸屬於整體。

羅傑・奇斯（Roger Keyes）的詩作《北齋說》提到，充滿智慧的日本藝術家葛飾北齋（Katsushika Hokusai）⑥提醒我們，我們屬於生命，也有能力敞開接納生命的全部。

北齋說，請仔細看著。
他說，要觀照、注意。
他說，要持續看著，保持好奇。
他說，探查是無止盡的……

他說，萬物生機盎然——
貝殼、建築、人們、魚、
山巔、樹木都活著，木頭是活的。
水也是。

萬物都有自己的生命。
萬物也活在我們裡面。

他說，請與你內在的世界一起活著……

重要的是，你關心。
重要的是，你在感受。
重要的是，你注意到了。
重要的是，讓生命全然地流貫你……

用心看、用心感覺、讓生命牽著你的手同行。
讓生命全然地流貫你。

從抗拒生理感受，轉而到徹底接納這個透過自己而活著的生命，我們這就從迷惘中覺醒了，我們於是接納了生命的完整與神秘。每當我們覺醒地「順其自然」時，就是回到家的時刻。正如十八世紀偉大的白隱禪師（Hakuin Zenji）⑦所說的：「此處即蓮花淨土，此身即是佛陀身。」所謂的蓮花淨土，即是當下此處覺醒的寶地。當我們透過自己的身體，以徹底接納的態度面對生命時，我們即是佛陀——覺悟者，懷抱著感受、感覺與念頭的變化之流；此時，萬物生機盎然，整個世界都活在我們裡面，當我們讓生命透過自己而活時，就會體驗到自己真實本性的廣闊無垠。

體現當下時刻

以正念覺察掃視身體，是體現當下的途徑。

舒適地坐著，閉上雙眼，深長地呼吸幾次，然後安住在自然的呼吸之中，讓你的身心安定下來。

保持放鬆、開放的覺性，透徹地掃視全身上下。先將覺照放在頭頂，感覺一下這個部位，不必刻意尋找什麼；然後將覺照往下移，感覺一下後腦、從頭部左右兩側，穿過兩耳內部。仔細注意額頭、雙眼、鼻子、臉頰、下巴和嘴巴的感覺，你想掃瞄得多緩慢、多徹底都行。

繼續掃視，小心別用眼睛來主導覺照（這樣只會製造更多壓力），而是從身體內部去感覺身體，直接與各種感受保持聯繫。普遍而言，身體的某些部位可能毫無感覺，或是沒有什麼特別的知覺，這時就將覺照輕鬆自在地停在這些部位一會兒，你可能會發現，隨著覺照的加深，再重新觀照這些部位時，你已經可以愈來愈察覺各種感受。

各種念頭與影像會自然而然地生起，看著它們流貫自己，然後輕輕地讓覺照回歸到覺受。你的用意是要釋放一切概念，並如實經歷身體之存在的原來面貌。

將覺照放在頸部和喉嚨的部位，不帶任何批判地注意你所感受到的一切，從體內去覺察雙肩，然後讓覺照緩慢地往下移到你的手臂，感受這些部位的知覺與活力。將覺察力帶到雙手，保持雙手輕鬆自在。從內部去感覺每一根手指、手心、手背，注意是否有酥麻、脈動、壓力、暖熱或冰冷的感覺。體驗一下你身體的生命。

現在將覺照放在胸口，探索一下整個胸腔的感覺，然後慢慢地讓覺性下沈到腹部，以柔軟接納的覺知，花點兒時間感受一下腹部。

再將覺照放在上背部，感覺一下雙肩周圍的部分，往下移，覺察中背和下背部，然後擴大到整個脊柱。繼續用覺察力掃瞄全身，感覺髖部、臀部及生殖器生起的種種感受，正在生起的感受到底是什麼？慢慢往下移至雙腿，從內部去感受，探索一下雙腳和腳趾的感覺。感受一下身體接觸椅子、坐墊或地板的部位，那些接觸、壓迫和溫度的感覺。

現在，擴大你的覺照，將全身上下都含括進去，把身體當作一個覺受不斷變換的領域來覺察，你是否體驗到這活化、孕育體內每個細胞與器官的微妙能量場？你有否體驗到任何固定、不移動的地方？這感受領域中，是否有任何中心點或邊界？你找得到任何擁有這些感受的實體自我嗎？究竟是誰在覺察這些經驗？

安住在覺知全身之際，如果有任何特殊的感覺引起你的注意，不妨柔緩接納地觀照它們，別駕馭也別企圖操控你的經驗，別攀執也別排斥任何感覺。只要開心地體驗覺受的變換之舞，從體內向外去感覺你的生命，若沒有任何特殊的感受，就保持開放的態度，同時感受身體各部位的能量。

假使念頭分散了你的注意力，只要輕輕對自己說：「念頭，念頭」然後跟生命的能量場重新連結即可，安住在覺知自己活生生的存在之中，讓生命透過你而活。

你可以在一次禪修之中，重複地從頭到腳或從腳到頭地練習身體掃瞄，你也可以做一次完整的掃瞄，之後觀照整個身體，安住幾分鐘，然後再做一次掃瞄。你也可以一開始先緩慢地掃瞄，然後再加快速度。你可以選擇只做一次掃瞄，然後繼續觀照主要的覺受，

但有時要擴大到觀照全身覺受的範圍。實驗看看，找出最有助於維持自己身體放鬆且覺醒的狀態。

在日常生活中，要盡己所能常常回頭觀照自己身體的經驗，肩膀、雙手和腹部放柔軟、稍微鬆弛一下，很容易就能讓你回到身體上。在經歷每天形形色色的情境時，注意一下身體起了什麼覺受。當你生氣時，發生了什麼狀態？當你備受壓力、趕時間的時候又是怎樣呢？遭他人批評或污辱時呢？覺得興奮或快樂時又如何？特別觀照一下，當你陷入念頭、重又覺察當下覺受之體驗時，這兩者之間有什麼差異？

徹底接納痛苦

假使我們對不愉快覺受的排斥能夠鬆懈，就能培養對痛苦的徹底接納，也不會再起慣性反應，而是能夠以覺性來面對。這個方法特別適用於生理的痛苦。

以舒適的姿勢坐下或躺下，花點時間讓自己靜下來，跟著自然的呼吸放輕鬆，輕柔地掃瞄你的全身，放鬆眉毛和下巴，肩膀自然下垂，繼續往下放鬆兩手，試著不要在身體中引發任何不必要的壓力感。

哪一個部位最難受或最痛，讓你不得不多加注意？將充滿接納性的覺照放在難受的部位上，注意一下，當你與這痛苦同在時，發生了什麼變化？你有沒有發現一種微妙的、想要排拒它的企圖？想要斬斷它、抵擋它、遠離它？你感到恐懼害怕嗎？你也許會發現，當你想要抗拒痛苦時，身心就像拳頭一般緊縮？心裡保持活在當下，讓不愉快的覺受如實呈現。

將排拒痛苦的反應緩和下來，鬆開抗拒的拳頭，保持開放接納。你愈能跟開闊寬廣的覺性連結，就愈能與覺受同在、愈能讓它們自然呈現。試著把你的覺性當成環繞在痛苦四周的柔緩虛空，讓不愉快的覺受漂浮在這覺性中。

安住在這開闊性中，接下來更精準地將覺照放在覺受不停變換的疼痛處，你究竟感覺到什麼？覺得灼熱、疼痛、扭曲、悸動、撕裂或刺痛？這痛楚是否像是個死結，或是成帶狀般緊縮著？這個部位是否有被重物壓迫或碾碎的感覺？這些不愉快的覺受到達最強時，是擴散開或者集中在某一處？你的觀察是否令它們起了什麼變

化？繼續保持無慣性反應及柔緩的觀照來進行探索，讓這些你覺得堅實有形的痛楚自然開展，並容許它們自然變換舞動。

　　任何排斥感生起時，就再度放鬆，重新建立開放的態度。覺察全身上下，包括那些不痛的部位，讓身體變得像是開闊的虛空，讓所有苦受都能在這其中任意地生起與消融、減弱與增強、移動與改變。不執著，也別有壓力。安住在覺醒海洋之中，讓所有痛苦覺受漂浮在一種開放接納的狀態中。

　　當痛苦多到讓你感到「受不了」時，別批判自己的慣性反應，用任何能讓你舒適自在的方式照顧自己。即使每次你只練習一會兒，假以時日，這正念覺察痛苦的練習就會讓你愈來愈平靜，你會愈來愈容易放下對苦受的抗拒，並開放地接納。

第六章

徹底接受欲望：
從渴望的根源處覺醒

人若是光做自己喜歡的事，不會得到自在解脫；只有去做內心深處之自我真正喜愛的事，自在解脫才會到來。所以，要探究內心真正的自我，這是需要花點功夫沈潛深入的。

——勞倫斯（D.H.Lawrence）

從愛人對彼此的渴望，到尋求者對真理的追求，所有的行動都來自於原動者，每一次的動力都使我們更趨近海洋。

——魯米

第一次接觸佛教，是在高中的世界研究課程，我馬上就摒棄了它，因為這跟我的生活似乎風馬牛不相及；而更令人望之卻步的是，佛教不但很關注執著問題，對反對享樂更是顯而易見。當然啦，每個人都會受苦，但幹嘛沒事找事鑽牛角尖？當時是一九六〇年代末期，大家都熱中於享樂主義，我們對欲望都上了大癮，而佛教似乎在告訴我，不要再追逐浪漫戀情、不要跟好友共度快樂時光、避開抽大麻的快感、放棄對大自然的探索。在我心中，從欲望中解脫無異於奪走生命中所有的樂趣。

直到多年之後，我才了解，佛陀從未把欲望當成「問題」，當他說貪愛導致受苦，所指的並非是身為生物所自然具有的欲求與需要，而是說，我們習慣執著於經驗，而這經驗的本質，是一定會消失的。在了解這點之前，我一路跌跌撞撞，歷經坎坷失敗，一而再、再而三地上當受騙，困境纏身。欲望有時像暴君一般佔領我，其他時候我則艱苦奮戰，武裝自己，不讓欲望得逞。最後，我終究要發現，明智地跟欲望強大且無所不在的能量和平相處，才是通往無條件之愛的途徑。

可想而知，我首次發現這個可能性，就是肇始於滋生欲望的溫床──浪漫的戀情。揮別我們的靈修道場數年之後，我先生和我離了婚；我們的婚姻建築在強調瑜伽訓練的生活基礎，對於個人關係卻不鼓勵，我們是好朋友，但卻不是琴瑟和鳴的親密伴侶。我們正式離婚不久之後，我遇見了一個男人，他似乎就是我心目中的真命天子，幾次巧遇，我們一拍即合，我馬上就陷入熱戀之中。

就這樣一頭栽進去的當時，我去參加了一個為期一週的仲冬禪修閉關。那時我練習佛法禪修已經六年多，參加過許多這樣的閉關，也很喜愛閉關時的清明和活在當下的狀態。但這次，我竟然一點都靜不下心，更不要說是正念察覺當下了，幻想的愉快滋味難以

抑制地吸引著我，這類幻想被稱爲「內觀戀愛」，而我正深受十足的「內觀戀愛」所折磨。在靜默嚴格的閉關禪修之中，我們心中可能隨時掛念一個相識根本不深的人，而在內心建構出一個完整的情欲世界；內觀戀愛的對象通常是引起我們注意的另一個禪修者。在短短的幾天之中，我們內心可能已編織一整套愛情故事了——求愛、走上地毯另一端、共組家庭等等。而我等於是從家裡把這個對象帶出來，無論我再怎麼試著放下、回到當下，都抵擋不了這個超級頑強的內觀戀愛。

我試著放鬆，將覺照放在入出息上，並注意著身心當下的狀態，但是，連兩次正念呼吸都沒做完呢，我的心思竟然就已經回到最喜歡的主題上了。我迷失在一連串的影像之中，想像著彼此互訴強烈的情意，然後共赴藍脊山脈度過美好的週末時光，我倆一起禪修，然後激情地做愛。我想像著兩人爬上老雷格山，陶醉在隱約可見的早春景致裡，並且爲我們果眞是心靈伴侶的可能性感到歡喜不已。

然後，一陣罪惡感襲上心頭，我又記起了自己身在何處。有時我會環顧四周，汲取禪修廳寧靜莊嚴的氣息，提醒自己，別忘了活在當下的自在與喜悅，並且要記得，活在情節妄想和幻象中，肯定是會受苦的。不過，這根本就是徒勞無功——那些幻想一下子又狂亂紛飛了。我眞的很希望能擺脫這些念頭，於是起身到閉關中心周圍白雪皚皚的步道上，做長時間的行禪。心中不斷的劇烈翻騰，讓我覺得自己實在是太散亂放逸了，也對自己的缺乏自制力感到羞愧，而最挫折的，莫過於覺得自己浪費了寶貴時間。我來閉關是爲了深化自己的心靈修持，但是看看我幹了什麼好事，我竟然讓自己困在欲求中，妄想著未來。

極度渴望的痛苦在閉關時往往會變得更鮮明無比，但是在日常生活中，我對這類欲望的影響是再熟悉不過了。我很清楚，戀情發

展之初是怎樣的光景，心中天天充滿了憧憬期待，等待著對方的熱線來電；我也很清楚自己想凸顯聰明才智或靈性修養，以博得他人好感的感覺，無論對方是學生、朋友或老師，但相處到後來，卻感到又尷尬又不真實。我也知道自己一心為了完成文學評論的論文，一直拖延跟兒子玩耍的時間。在我的生命中，我究竟花了多少時間在妄想未來——無論是努力取得心理治療執照、渴望找到合適的伴侶、辛苦完成出書提案，不都是如此？這並不是說，我不能有這些志向抱負，而是說，總是將眼光投向未來，是一種不舒服且不平衡的生存方式；當這樣的時刻如火如荼開展之時，我就會變得太緊張，以致於無法欣賞身邊美麗的事物，由於心思都被佔滿了，以致於無法傾聽內在的聲音，也無法與摯愛的人快樂共處。這次閉關原本是個絕佳契機，可以去覺察當下的種種聲音、感受當下的種種覺受，但看看我自己，我竟然讓那執著渴望的自我成了最大的阻礙。

幾天之後，我跟禪修老師談了一會兒，這對我產生了關鍵性的影響。我描述自己不知所措、快受不了的感覺之後，她問我：「那麼你又如何看待欲望的呈現呢？」這句話有如當頭棒喝，我驚愕地發現，欲望已經成了我的敵人，而我已經快打輸這場仗了。她的問題指引我回到正念禪修的精髓：重要的不是發生了什麼事，而是我們究竟要如何看待這些經驗。她建議我不要再抵抗這些經驗，而是去探究欲求之心的本質，她也提醒我，我大可放心接納所發生的一切，卻不必迷失在其中。

雖然欲望往往讓人感到不舒服，但它卻不是壞的——它是天生自然的。欲望的引力是我們賴以生存的工具之一，它讓我們想吃東西、有性行為、工作、做該做的事以求成長興盛；欲望也驅使我們去讀書、聽演講、並探索靈性修持之道，以求了悟並安住在愛的覺性中。這個導致我們受苦的生命能量，同時卻也提供了我們獲得甚

深覺醒的燃料；只有當欲望掌控一切，成為一種自我時，才會成為我們的問題。

佛陀在教導中道時，指引我們要以一種既不為之所據、也不抗拒之的態度來看待欲望，他指的是所有層次的欲望——無論是對食物、性、愛或解脫。他所說的是各種程度的欲求，從小小的偏好到最迫切的渴望，都含括在內。當我們以具體的覺性來體驗欲望，認清欲求的覺受與念頭只是生起又消逝的現象時，便能對欲望保持正念覺察。雖然行之不易，但是，隨著一邊培養徹底接納的明見和慈悲，我們便會發現自己終將能夠徹底敞開，接納這自然的力量，自在地安住於其中。

欲望是什麼？

達賴喇嘛常常在演講時以此為開場白：所有的人都想要快樂，沒有任何人想要受苦。我們對快樂最基本的欲求，就是一股生存的欲望，自然世界中萬物的產生，即是源自於這股力量；這股遍及一切的凝聚力，不但使得原子聚合形成分子、讓宇宙眾多太陽系在各自銀河系中持續運轉，也是促使精子和卵子結合，進而產生人類族群的動力。佛教高僧暨學者羅睺羅‧化普樂（Walpola Rahula）①在談到這股原始欲望時說道：「這是一股讓所有生物生存運轉的驚人力量……這股力量更運轉了全世界，它是最強大的力量，是全世界最強大的能量。」

人類對快樂的欲求，主要集中在對自我需求的滿足。心理學家亞伯拉罕‧馬斯洛（Abraham Maslow）②曾將人類欲望的範疇層級化——從最基本的生理欲望，一直到心靈與精神層次的追尋。我們都需要安全感、食物和性，乃至於情感的認同與互動、精神層面的

思考，以及創造性的活動、彼此交流和自我完成。滿足了這些身、心、靈的需求，我們就得以感到愉悅和滿足；相反地，這些需求假使遭到否定拒絕，我們就會覺得受剝奪、挫敗或殘缺不全，因此我們不斷對外攀緣、尋求各式各樣的經驗，使自我感到存在、充滿活力與充實。

值得注意的是，不論這些經驗和經歷有多麼令人心滿意足，無庸置疑地，無常肯定會改變這些狀態。佛陀就四聖諦③的第一聖諦「苦諦」對之詳加解釋：「存在即起始於欲求不滿。」初次聽到這個教示是我讀高中的時候，那時這句的普遍翻譯為：「生命的本質即是苦。」想當然爾，當初我以為這句話的意義是：生命本身只是悲苦與煩惱罷了。其實，佛陀對所謂「苦」的了悟是更為深奧微妙的。我們之所以不自在，是因為生活中的一切，無論是心情、身體、工作、所愛的人，乃至於我們所居住的世界，都不斷在改變；我們留不住任何一刻，留不住美麗的夕陽、留不住一口甜美的滋味、留不住與愛人相處的親密時刻，甚至也留不住稱之為「我」的身體和心，因為，萬事萬物即來、即去。由於無法恆常得到滿足，迫使我們得持續為自己注入新的生命力、渴求刺激、摯愛之人的再三保證、藥物、運動和禪修。我們鍥而不捨地驅使自己追求成功，沈醉於更多經驗之中。

假使欲望很單純，短時間就能實現，我們所呈現的反應是很自然直接的，口渴了就補充水分，疲累了就上床睡覺，不甘寂寞時，就找個朋友天南地北聊一聊。但是大家都知道，生活中絕大多數不是這麼單純的狀態，我們的欲求常常難以實現。由於陷入缺乏自我價值的迷惘之中，我們的欲望於是膠著在急於一勞永逸，安撫因種種不圓滿而產生的焦慮，努力想把所有的枝節一併處理好，同時一心避免犯錯——即使自己心裡有譜，知道這是不可能的事。我們渴

望自己對於工作、養兒育女、人際關係、健康、外表和生活，都能時時感到心滿意足；也許對他人亦存有某種特定的期待，希望他們無時無刻都是快樂的、健康的，也對我們充滿愛與尊重——由於這是不可能的事，我們於是被一種殘缺感或失敗感所掌控。日復一日的煩惱，使得我們無法放鬆，無法覺知自己更深一層的渴望，我們不斷地寄望未來，期待未來的事件能撫平現在的欲求不滿。

欲望的英文desire，拉丁文字根是desidus，意思是：「遠離星球」。我喜歡把這個字解讀為：星球是一切生物的生命力根源，也是純淨覺性的一種展現，這種活力以及覺醒的狀態，其實是我們內心深處最為憧憬想望的；我們渴望歸屬自己的星球，渴望了悟自身的真實本性。然而，由於欲望習慣性地將我們窄化、使我們固著於遠離本性的事物，我們因而感到「遠離星球」、遠離生命、遠離覺性與愛——我們的真正本質。當感到遠離自身存在的根源時，我們於是乎對自己的欲望以及滿足欲望的方式，產生了強烈的認同感。

欲求的自我如何形成

接受我心理治療的一位案主，克理斯，在成長過程中從來沒有人讚美過他，他連「做得很好」這句話都沒聽過。他的雙親似乎不懂得欣賞他的聰明和幽默，也幾乎完全沒注意到他的音樂天分——幾乎所有的樂器他都能無師自通。克理斯特別記得他五歲時發生的一件事，當時他爸媽在客廳聊天聊了很久，這讓他感到備受冷落，為了引起爸媽的注意，他從玩具箱裡拿出新買的手風琴，開始演奏給他們聽，沒想到他們竟然覺得樂聲吵得他們無法交談，氣得叫他回自己房裡去彈；他不依，結果爸媽乾脆回自己的臥房，還把門關上了，他索性站在爸媽房門前彈個不停。他們可能是想給他一個教

訓，可是他卻覺得委屈極了，好像被遺棄了一樣。最後他竟然窩在地板上睡著了。

　　克理斯來找我之前，已經跟好幾個靈修老師學習過，他不斷地換老師，據他自己形容，部分原因是「從來不覺得被他們正眼瞧過」。最近的一次是一位猶太教的教士，克理斯在他面前總覺得自己很渺小，沒有安全感。他在教堂的聚會中彈吉他、在猶太神秘哲學課程中百般炫耀自己豐富的知識，希望以此博取他人的好感；只要一有機會，他就去跟教士談話，而教士也總是很友善地回應他，但是克理斯總覺得自己似乎無關緊要，認為即使他沒出現，教士也不會注意到。

　　克理斯認為，如果他沒有凸顯自己的獨特，就毫無價值可言，這種總是想當「第一名」的需求，還延伸到感情、友誼和職場上。如果他不是眾所矚目的焦點，他就會覺得自己受冷落或排斥。在治療過程中要坦承這點，實在是有點難為情，他覺得一定是自己有毛病，才會這麼依賴外界的認同。克理斯很擔心自己的依賴感和缺乏安全感會阻礙他找到生命中的真愛，「這樣總是把女生嚇跑，她們一察覺這點，馬上會就此打住。」雖然他也學會了控制自己，不做過份的要求，或要求對方許下什麼諾言，不過似乎也沒有多大幫助。「這就是我的『風格』。」他說，強烈的欲求不滿使他覺得自己毫無吸引力可言，就算被拒絕也是應該的。

　　自我感的浮現，源自於所有經驗的基礎層面——也就是我們對強烈歡愉感或不愉悅感的慣性反應。就像克理斯一樣，當我們想得到他人的寵愛時，體內就會有某種特定的覺受，或許是因渴望而導致心痛的感覺，有時則感到興奮和開放。假使我們的需求遭到否決，身體就會體驗到一種強烈的緊縮感，我們會覺得羞恥，想找個地洞鑽進去，還會感受恐懼的侵擾。我們一次又一次經歷需求無法

全然接受這樣的我

如願以償的惡性循環之後，最後就會陷入一種聯想：我們的需求只會導致恐懼和羞恥。而一堆強烈的慣性感受就如此禁錮在我們體內，形成了欲求匱乏之自我的能量核心。

佛使比丘所說的我執與我所執，我們就是如此將這些頑固的感覺認同為一種自我。欲求的壓力和興奮感生起後，我們便將之體認為「我的」渴望，無論是對親密關係的憧憬、期盼跟他人接觸，或者是尋求他人的關注。相同的道理，當「我」遭到拒絕時，我的恐懼、我的羞愧就會浮現。假使我們不斷編織情節妄想，告訴自己：「我這麼貪婪，一定有毛病，但是為什麼我就是得不到我想要的？世界何其大，定有容我之處，可我卻總是無法如願以償。」如此，就會使這欲求匱乏之自我感日益鞏固壯大。

沒有遭受生理存亡的重大威脅時，欲求匱乏之自我就會將主要的焦點鎖定在情感的存續和福祉上。當期望有人愛、有人了解的基本需求受挫時，每一個人或多或少都曾經歷恐懼和羞愧感；如果我們像克理斯一樣，希望與他人互動的需求總是遭受忽視或誤解，那麼，我們的欲求就會變本加厲，就會更迫切地渴求他人的關注。我們終其一生不斷試圖逃避恐懼和羞愧的痛苦感受，亟欲脫離並麻木自己的身體，且迷失在自我批判與執著的想法中；但是，這種作法只是徒增欲求和羞愧感罷了。由於這樣的慣性反應一再惡性循環，於是乎，這欲求匱乏之自我感便更加根深蒂固、更加孤立，也更加缺乏自我價值感。

無法直接滿足情感上的需求時，欲求匱乏之自我就會發展其他策略，尋求其他替代物以求滿足。就像導致缺乏自我價值之迷惘的所有策略一樣，這些用來贏得愛與尊敬的手段，不僅吸引也膠著了我們全副的注意力。我們可能會像克理斯一樣，迫切地想要以自己的天分和知識來博取他人的好感，也可能拚命地賺錢或追求權力，

或者瘋狂地不斷以性愛征服異性，我們也可能會迫切地想要獻身於幫助他人、服務他人，成為一個別人需要的人。我們也常常用比較容易得到愉悅感的樂事，比方說食物、酒精和藥物，來滿足情感的需求；當這些手段產生作用時，就能提供立即的滿足，使人暫時充滿歡愉感，但它們同時也麻痺或掩蓋了恐懼與羞愧的原始傷痛。由於這些手段並不能真正滿足我們的需求，因此痛苦就日復一日地持續，我們於是乎開始對任何能提供歡愉感，或解脫感的事物產生了依賴。

我們最常用來獲取所求之物的手段，到後來也成了界定自我感覺的一部分，暴飲暴食、競爭、取悅他人等等，感覺起來都像是「我」。我們愈沈醉於耗費生命去追求欲望的替代品，就愈加遠離欲望的真正本質——也就是我們對愛和歸屬感的深切渴望。

在追逐替代品中迷失

打從青少年時期，我的生產力一直是我那欲求自我的重要手段。當我沒有安全感時，從事生產就成了最容易讓我覺得自己很有價值的策略，無論是完成一篇文章、填完一堆帳單、或是把廚房打掃得一塵不染，都行。這樣的生產力不光只是一種想要創作、想要對生命有所貢獻的本能衝動，隱藏在背後的動力還有某種自我缺憾的恐懼，以及自我證明的需求。陷入這樣的策略時，我就會去泡一杯英國早餐茶提神醒腦，以便繼續保持旺盛的生產力，好撐過一天，而且往往熬到半夜。我所付出的代價就是，忙得跟無頭蒼蠅一樣，心裡也變得很不耐煩，且疏遠了我所愛的人。這樣殘酷地鞭策自己再去完成下一個任務，讓我跟自己的身體中斷了聯繫，即使覺得自己太過自我中心，也很自責自己的工作狂熱，但都無濟於事，

「繼續排除下一個障礙」似乎才是讓我如願以償的最可靠方式，這樣我才能覺得安心。

我去參加一個心理治療會議時，會中的一張海報深深地打動了我，海報上有兩個流浪漢，坐在公園的長椅上，其中一位告訴另一人說：「我以前有一架私人飛機、在亞斯本有棟別墅，還曾經擔任《財富雜誌》評比為五百大企業的執行長……直到我改喝無咖啡因咖啡之後，啥都沒了。」欲望替代品如此令人著迷的原因並不難理解，即使這些替代品並不能滿足我們最深層的需求，然而卻能鼓舞我們，並且在短期之內帶給我們某些利益，讓我們得到暫時的歡愉。當我們努力追求欲望的替代品時，這樣的衝動往往佔據了我們的心，分散了我們的注意力，以致於暫時麻痺了覺得自己沒有人愛的感覺，以及缺乏自我價值的感受。成就的確能延緩自我缺憾感，然而，在內心深處，那匱乏的自我不斷催促著，害怕我一旦不事生產，就會跟那位改喝無咖啡因咖啡的執行長一樣，失去一切。

我們一般都必須工作，才能滿足基本生活所需，而我們所任職的公司和工作方式也成了替代性滿足感的關鍵領域：工作變成了我們贏得他人的愛與尊重的間接管道。有些人或許覺得自己的工作內容毫無意義可言，或許痛恨或排斥自己的工作，不過，我們仍因欲望而執著於以良好的工作表現獲得他人的認同和交流。這點對男人而言尤其如此，但不論男性或女性，大多數人都依賴工作來提升自信，以彌補缺乏自我價值感的恐懼。這種手段所帶來的價值，包括金錢或權力、勤奮工作及良好表現而得到的讚賞，以及「完成任務」的成就感。但是我們很容易就迷失在這些替代品中，而忽略了一個重要事實：這些替代物根本無法滿足我們最深層的渴望。

即使當我們從事的活動對我們而言意義十足，不但富有創造力，還能充實心靈，這也有可能「被利用」，以用於滿足自我欲求

不滿之處。對我而言，這種狀態最常發生在為禪修團體準備演講或課程內容，或者撰寫佛法修持的相關文章時。我明白佛法的珍貴，也樂意與人分享，因此，我願意投入高度的熱情來做這些事，而當焦慮或挫折感生起時，我也能坦然接納。但是，有時當那缺乏安全感和自我價值感的聲音響起，而我竟然接了招時，寫作或準備演講陡然成了贏得愛與尊重的工具，而整個工作經驗完全轉移了重點，那欲求匱乏的自我奪走了掌控權；雖然我總是想要全心全意地付出，然而現在這份心意卻為恐懼所籠罩；我迫切地想要做得「夠好」，也渴望自己的付出得到應有的報償，當工作成了證明自我價值的手段時，我對這份工作的熱愛就蒙上了陰影。

當欲求匱乏之自我掌控一切時，我們便無法以真正自在、喜悅的心態投入任何活動，然而，直到我們覺察那引發匱乏之自我的欲望與恐懼之前，它還是會迂迴地滲透進入我們所有的活動和人際關係中。

正如勞倫斯所說的：「人若是光做自己喜歡的事，不會得到自在解脫；只有去做內心深處之自我真正喜愛的事，自在解脫才會到來。」假使我們行事的動機是想要「做自己喜歡的事」，以求得立即性滿足，那麼，我們就會不斷受到驅策；因為，無論做多少事、耗費多大的能量，或受到多大的肯定，都無法使我們脫離那缺乏自我價值感的迷惘，都無法使我們觸及那「內心深處的自我」。正如勞倫斯所指出的，想做內心深處之自我真正喜愛的事，是需要花一番心力沈潛深入的。若想傾聽並回應我們心中的渴望，就需要承諾投入與真心誠意的態度。我們愈是深陷追求欲望替代物的表象世界中，就愈難沈潛到內心深處。

全然接受這樣的我

當成癮的欲求掌控我們的生命時

正如我從自己的「內觀戀情」中發現的，當欲望過於強大時，正念覺察力就會煙消雲散。薇拉・凱瑟（Willa Cather）④告訴我們：「天底下最重大的莫過於這件事——欲望，當欲望壯大了，在它面前，什麼都無足輕重。」我們可以尊崇欲望為一種生命力，但同時也要看清，當欲望掌控我們的生命時，就會導致受苦。我們天生的食慾，或許會變成對食物難以控制的慾望——冰淇淋、甜點、洋芋片等等——這些都是解饞的食物，或能暫時麻痺感覺的食物。而我們對性和男女感情的渴望，可能也會淪為一種痛苦萬分的依賴，依靠對方來界定自己、取悅自己。遮風擋雨和蔽體禦寒的需求，也許會轉變為無可救藥的貪婪，讓我們非得擁有三棟房子、好幾個鞋櫃裝滿了穿都沒穿過的新鞋。而我們對歸屬感和被愛的基本渴求，也可能演變為對欲望替代品的迫切渴望。

假使我們長時期受挫或感到遭剝奪，那麼，那種極度執著的欲望就會變得孤注一擲且難以遏止。渴求就這樣佔領了我們，而這強大的能量更是硬生生地劫持了我們，無論在何種場合、面對任何人，我們成天表現得像個欲求匱乏的自我。印度有句俗諺說，扒手即使遇見聖人，眼裡也只看到聖人的口袋。假使我們被渴求所掌控，那麼，無論面對任何人任何事，我們眼裡也只在意自己如何從中得到滿足而已。這種飢渴感使我們身心瑟縮，陷入無可救藥的深淵，於是乎，我們終日以管窺天、目光如豆，無法真正享受眼前的一切。深秋的楓紅或一首詩偈，不過訴說了我們生命中莫大的空虛感，而孩童天真的微笑，更只是提醒自己膝下無子之痛罷了。我們遠離了單純的喜樂，因為，強烈的渴望迫使自己不斷追求更大的刺

激，或者麻木自己的覺受。

想要強忍成癮的欲望，不爲之所動、不付諸行動，極爲困難。誠如奧斯卡・王爾德（Oscar Wilde）⑤所言：「我什麼都抗拒得了，除了誘惑之外。」誘惑可視爲一種情緒性的保證，允諾我們體會強烈渴求的歡愉感，任何癮君子、強迫進食症患者、藥物上癮者，或對戀愛上癮的人，都非常清楚這種身心的迫切衝動。想抽菸的時候，我們絕對不會想放棄香菸，去外頭散散步，聽聽宜人的音樂或做做深呼吸，我們就是非要那個不可。也許我們也意識到，所執著之物其實只是一種暫時的替代品，不過我們還是覺得「非得到不可」。

莎拉是我的一個禪修學生，之前已經與強迫性進食症奮戰多年。她來參加十日佛法閉關時，心裡很擔心飲食的問題：每餐份量足夠她吃嗎？菜色適合她的胃口嗎？她會不會吃太多？她也很擔心，自己必須一言不發地坐在長餐桌前，在大家面前進食，而沒有令人安心的談話聲好掩護。她很害怕身邊的人可能一眼就看出她患了飲食失調症，她想像著自己可能感到難以承受的恥辱。

閉關頭幾天，她滿腦子想的都是食物，當用餐的鑼聲響起時，她走出禪修廳，就開始慢慢踱步到餐室。她告訴我，自己表現出來的正念都是假裝的，其實，她覺得彷彿有個超強磁鐵在吸引著她。排隊等著取餐時，她心裡實在備受焦慮和興奮感的煎熬；而開始享受盤中餐點時，腦子裡也已經開始盤算著，接下來還要吃多少。莎拉發現，餐點菜色不但棒，而且供應量很大——這使她更忍不住再添第二盤，有時甚至奮戰三回合。不過，她不會回到原先的座位，而是改坐其他的座位。

我們第一次會談時，莎拉說她覺得被自己的執著和渴求「打得千瘡百孔」，自己就像個窩囊廢一樣，好「沒有靈性」，這讓她感到

羞慚萬分。而最困難的莫過於，無論她再怎麼控制自己的食欲，無論她再怎麼精心策劃、打如意算盤，總是人算不如「胃」算，一再備受控制，讓她覺得自己真是失敗極了。

我們往往很不喜歡陷入渴求中的自己，但是這種不喜愛的感覺，卻會在欲求失去控制、掌控了我們的生命時，**轉變為極端的嫌惡**。我們眼睜睜地看著自己的暴飲暴食或酗酒，傷害了自己的身體和人際關係；眼睜睜地看著當自己沉醉於無止盡的功成名就時，如何傷害了自己的孩子；我們也眼睜睜地看著自己飽受依賴感和缺乏安全感的脅迫，因此破壞了親密關係。我的一個學生形容：「我的欲求匱乏自我，是我最大的敵人。」我們之所以討厭自己的欲求匱乏，是因為那匱乏的自我掌控了我們的生命。

由於一心想要逃開自我憎恨的感受，我們又向欲求匱乏之自我發出殘酷無情的訊息，我們可能會以剝奪飲食、剝奪休息時間，或不讓自己接受他人慰藉等方式，以懲處匱乏的自我。我們可能會因這一部分的自我正在殘害自己的生命，而強烈地想要消滅它，因而魯莽地傷害自己的身體和心靈。就像莎拉一樣，我們由於對上癮症狀極度羞愧，因而無法感受「內心深處之自我所喜愛的事」，我們依舊無法觸及自己對愛的渴求，而這渴求正是最初導致我們上癮的動力。

排斥欲求的自我

伊甸園的神話中，上帝創造了花園，在正中央種下知識之樹，樹上結滿了甜美卻危險的果實。然後，他在這附近放了幾個人，並禁止這些好奇心強、又超愛水果的生物品嚐這些果實。這根本就是個圈套。夏娃後來自然就摘下水果，然後又為此感到愧疚萬分，還

因此受懲罰。

我們心裡每天都在經歷同樣的情境，我們的文化鼓勵我們去追求舒適生活、去做正確的事、去擁有物品、要比別人出類拔萃、外表要光鮮亮麗、要受人景仰等等。我們也被告知：自私自利是要不得的、自我中心是一種人格缺陷，而自我放縱則是罪大惡極。

大部分主流宗教——猶太與基督教、印度教、回教、儒教等，都教導我們，需求、激情和貪欲皆導致受苦。這一點真實性固然毋庸置疑，但有關欲望的危害等概括性教義，卻往往加深了對自我的痛恨。我們接收到的勸告是，要超越、克服或設法管理生理及情緒的極度渴求。我們接收到的教導是，不要信任本能激情的狂野與強烈，要留心不要讓自己失控了。奧德瑞·羅德（Audre Lorde）⑥說道：「人們被教養成要去畏懼自己內心最深層的渴求，而這種恐懼使得我們對自己的深層渴求存有疑慮，並讓我們維持在一種容易控制、忠誠和順從的狀態，導致人們必須勉強接受多重的自我壓抑。」

一般人常誤將「心靈淨化」與「根除欲望」劃上等號，我也曾在修持佛法的學生身上看到這樣的狀況，這並非現代才有的爭議；在傳統佛法中，努力探究覺醒與欲望兩者的關係，從佛陀時代就已經開始了。中國有個禪宗公案很經典地揭示了這點：有個老婦人供養一位僧人二十年了，他就住在老婦人土地上的一棟小木屋。經過了這麼多年，老婦人估算，正值壯年的僧人多少也應該有了某種程度的證悟，於是她決定來點測試。

僧人的三餐通常都由老婦人親自送去，但這天老婦人請了一位標緻的姑娘代替她。她交代這位姑娘給僧人一個溫柔的擁抱，並向她回報僧人的反應。姑娘回來之後說，僧人只是全身僵硬杵在那兒。接著老婦人便前往僧人的小木屋，問道，當他碰觸到姑娘溫暖的軀體時，感覺如何？僧人悲苦地答道：「就像寒冬石塊上凋萎的

全然接受這樣的我

樹木，毫無暖意可言。」老婦人聽了不禁大怒，將僧人趕出去，燒了他的小木屋，說道：「我竟然把這麼多年的歲月浪費在一個假貨身上！」

對於某些人而言，這位僧人的反應看來可能是一種美德，畢竟他成功抵抗了美色的誘惑，而且似乎已經將欲望從根斷除了，然而老婦人卻認為他是個假貨；僧人在年輕姑娘身上所得到的經驗是「就像寒冬石塊上凋萎的樹木，毫無暖意可言。」這樣的方式真的是心靈修持的重點嗎？與其欣賞姑娘的青春可愛、與其感知原始性欲的生起，並且不受牽動地感知自己性欲的消失，這位僧人卻反倒緊閉了自己的心門，這根本就不是證悟。

我曾經遇過很多誤以為「經驗欲望就是心靈未經啟發的徵兆」的禪修學生。儘管，轉移某些衝動的注意力的確會削減這些衝動的強度，但是其他不必羞於面對的單純滿足感的欲望，例如：美食、遊戲、娛樂或性欲的滿足，卻緊接著被認定是身陷低等衝動的一種跡象。這類學生也假定，「心靈追求者」應該要以內心精神資源為其唯一的歸屬，因此他們極少向朋友和老師尋求安慰或協助。我曾經跟一些持心戒多年的學生談過，他們持戒多年，卻從未對自己承認過，自己很寂寞，而且渴望親密感。

誠如上述禪宗公案的那位僧人，假使我們將欲望推開，就會拒真心暖意於千里之外，僵化自己的生命，然後我們就會變得像是「寒冬之石」。當我們否定欲望，我們就否定了愛與活力的根源。

「這不是我的過錯！」

到了下一次會談時，莎拉告訴我，她加入過食症無名會（Overeaters Anonymous，簡稱OA）好幾年之後，才決定要試試看

內觀的靜修閉關。過食症無名會有一種十二階段的康復療程，在這療程中她進步非常顯著；當強烈的渴求向她來襲時，與其直接奔向冰箱，她學會了先打電話給她的輔導者。我把這種狀態稱爲「輔助性停歇作用」，如此雙方可以一起觀察她正在經歷的感受，並探討應選擇以何種方式來回應，然而，她的強迫進食症仍然沒有停止。每一次去參加OA的協談，向他人介紹自己是個強迫進食症患者時，讓她感覺就像更深一層地把自己標籤爲上癮者。莎拉現在來到此處靜修閉關，期盼禪修和祈禱——這亦是OA十二階段療程的第十一階段，能夠協助她釋放對癮頭的執著。

閉關開始幾天之後，莎拉告訴我，她對自己的疑慮更深了，沒有了世俗生活分散她的注意力，癮頭的威力更加劇烈了，而強烈的羞愧感比起以往也更具壓迫性。每當她試著停歇下來關注自己對食物的渴求時，所感受的煩亂不安實在是難以忍受，體內的每一個細胞彷彿要衝出來，好填滿內在深不可測的深淵，她深信自己出了什麼無可救藥的毛病，永遠也好不了了。

我請莎拉閉上眼睛，要她深入內在經驗最痛苦的一環，到底自己最想受關注的是哪一點。她立即說道，在這個當下，她最想要我對她有個好印象，我鼓勵她具體化這種感覺，是否可用一種身體的感受來形容，「胸口有跳動感」，她回答。接下來我建議她敞開心，留意任何情緒、影像或話語自然的浮現，若情緒洶湧而來，讓她感到太痛苦或心力耗竭時，我就提醒她輕聲地對自己說：「這也是。」並輕鬆地將注意力集中在體內的感受上。

我們坐在一起，莎拉柔聲列舉她內心經驗自然流露的一切，「胃裡有緊張感，恐懼：我會搞砸這個練習。生氣：因爲覺得自己浪費你太多時間。又來個想法了：你一定覺得我真是個神經病。酸楚，糾結著我的心。另一個想法：每當有人注意我或關心我時，我

就會有這種感覺。渴求。顫抖。我想要有人愛。悲傷。」我們如此坐了五分多鐘，莎拉持續列舉一波接著一波的評判，或受到尊重的感覺，最後她終於開始察覺平靜的瞬間愈來愈多了。協談結束前，我建議她自己要繼續這樣練習；雖然我也知道難以忍受的渴求生起時，要做這樣的練習可能很困難，然而只要她能堅持個幾分鐘，讓自己保持覺醒，這就能讓她有所進展，進而產生深刻的變化。當她臨別向我道謝時，我在她眼中看到了一絲希望的曙光。

四天後莎拉再來協談時，看起來已經平靜多了，雙眸閃閃發亮。她提到，今天她已經禪修了整個下午，並且差不多已經能夠像我們在協談時所進行的步驟一般，持續察覺內心經驗自然流露的一切。她也沒有像以前一樣，時常迷失在慣性的想法中，不斷為自己內心所經驗的感受而覺得自己壞極了。甚至當下午茶烤餅乾的香味撲鼻而來，讓她垂涎三尺，胃裡感到一陣收縮時，她也沒有再迷失其中了。莎拉開始領會，即使是最強大激烈的渴求，與其希望這些感受消失不見，倒不如只要坐下來，將內心正在發生的一切悉數列舉，並說：「這也是。」它們最後終將平息。「突然間，我明白了我所有的欲望、想法和感受，都是無窮無盡，變化萬千的天堂！」她如此告訴我，然後，臉上現出一絲驚喜，她補充道：「這並不是我故意製造的情境。」

這個不受控制、變化萬千的實相，對莎拉而言是一種極大的突破，戲劇性地轉變了她對自我的觀感，當時她並沒有控制內心發生的一切，後來也沒有；欲望強烈並不是她所願意的，她也無力阻止紛飛妄念的猛烈來襲。她說禪修時，聽到一個聲音輕聲地說：「這不是我的過錯，從來不是我的過錯。」內心充滿恐懼、如此著魔於欲望、如此羞辱，這些並不是莎拉的過失；當感覺變得如此難受，使得她必須向外尋求食物的慰藉時，並不是她的過失。莎拉一邊對

我訴說這些經驗，一邊哽咽不已，想到過去花在責備自己對食物的癮頭、責備自己的畏縮與偽裝、責備自己身處人群時的不安全感，莎拉實在感到哀傷極了。

缺憾的自我和個人欲望外顯的特定形式，是由許多不同因緣條件的組合所引發的。在莎拉的案例中，她遺傳的基因構造包含了某些癮頭。母親酗酒的習慣對她影響極大，她也是個喝酒長大的胎兒。而母親有著沮喪且自我憎恨的性格，無法給予她適當的支持關注，這點也有影響；她的父親則是個冷漠且吹毛求疵的人。她生長在一個必須透過吃或揮霍才能得到滿足的成長背景中，最重要的一點是，莎拉的原始生物本能就如同芸芸眾生一般，同樣也是「追求快樂，避免受苦」。

當我鼓勵學生想一想那些導致他們受苦的連鎖成因時，有些學生就會覺得這種作法很有爭議，這不過是把過失怪罪到他人身上、推卸責任的一種思考方式罷了，不是嗎？即便父母曾疏忽於照顧我，我就有權利對我的孩子不耐煩嗎？我就可以自私自利地對待配偶嗎？把自己對他人的傷害，都歸咎於童年所受到的錯待，這當然是個很簡便的說法，然而，當我們真的戒慎自覺地審視自己的因緣狀態時，一種相當不同的結果就會發生。我可能會要求童年受到雙親疏忽的人，將念頭停歇下來，坦白地體會一下，那些經驗到底讓他們產生什麼感覺，而他們是否能夠感覺到，由於那些狀態，自己可能產生什麼需要他人關注的強烈渴求？甚至連身邊的人需要關注時，還在自顧自地渴求自己想要的關注？由於在自己的經歷中加入了清明的高度覺性，我們於是能夠用悲心來接納那個缺憾的自我，使我們得以解脫、繼續往前邁進，突破舊有的模式。

明白了自己的渴求與強迫性進食並非自己的過錯之後，莎拉阻止了導致癮頭產生的、痛苦的連鎖反應。之前在過食症無名會時，

全然接受這樣的**我**

156

雖認出自己對進食的依戀是一種替代作用，但是並不足以使她中斷這種模式；在莎拉的轉化中，原諒並接受當下缺憾的自我，才是令她跨出一大步的關鍵。雖然莎拉日後還是必須持續提醒自己要自我原諒，在渴求產生時也要記得放下，然而因為停止自我苛責，莎拉領略「當下」的能力，便不會再被極度羞辱所危及。

從缺憾的自我中覺醒

　　閉關的最後三天，針對最折磨人的渴求與恐懼，莎拉藉由讓自己直接感覺它們在體內運作的感受，做一連串「接納」的練習。當以往無法改變或改善的恐懼在她心中糾纏作祟時，她就會對自己說：「這也是。」並體驗那糾結緊縮的感受緊緊勒住她的胸口和喉嚨；當她懷疑根本不會有人愛上這麼差勁無恥的人時，就讓這樣的恐懼停留，並說：「這也是。」當那「我一定哪裡出了差錯」的絕望感，彷彿要佔據她的整個世界時，她就讓自己深深感受那悲傷，像氣球般在心口發漲；當渴求升起，催促著她以食物釋放自己時，她就安坐不動，以「這也是」來對治這股急迫的力量。

　　莎拉已漸漸在禪修中發現自己可以自在體驗最激烈的渴求，而不必將之推開或為之驅使而反應。與其厭惡自己的體驗，或讓自己迷失在想法的漩渦中，莎拉讓自己認同這些急迫、壓力與恐懼的感受。與其試圖滿足自己的渴求，她僅是純然地讓渴求表達它自己，讓渴求從自己內心行過。

　　莎拉最後終於跨出更勇敢的一步，將她對「接納」與「當下」的練習，帶進讓她最掙扎的人生競技場──餐廳。她發現，放慢行為的速度之後，便能更進一步觀察這些行為：從行走、舀取食物、將叉子靠近自己嘴邊，到咀嚼食物，這樣的慢動作即是一種溫和的

停歇作用。她後來告訴我：「我已經有好幾餐覺得一人份食物就足夠了，我能享受每一口食物，因為我真的浸淫在當下，這樣當下的感覺讓我感到飽足。」

當莎拉又感到衝動想要站起來去拿更多餐點時，她還是讓自己坐著，心裡想著：「這也是。」讓自己全然地感受壓力的刺烈感，以及興奮、期待、焦慮的壓迫。有時衝動會消失，有時不會，衝動沒消失時，想要吃東西並麻痺自己內在騷動的強迫性感受就會不斷累積，假使內在批判的聲音又響起，她就默默地告訴自己：「這不是我的過錯，這不是我的過錯。」這樣的提醒幫助她變得更溫和也更寬廣，更輕鬆看待內在渴求的壓迫感。假使莎拉在停歇之後，真的決定去拿更多食物，她也能夠以慈悲的心態來接納這個選擇，而不是像以前失敗時一樣，心懷譴責與非難，或感到困窘羞辱。藉由停歇作用與寬恕自己對欲望的感受，莎拉真正邁向了「徹底接納之道」。

閉關圓滿之際，莎拉覺得她對癮頭的執著似乎較為鬆緩了，當強迫性行為出現時，她找到了有效且足以解脫這些執著的方法。在擁抱道別時，她告訴我，「若十次有一次我可以記得對自己說：『這不是我的過錯。』我就會變得更快樂且更自在。」她繼續說：「假使我可以寬恕自己並活在當下，那就好了。」

那次閉關之後幾個月中，莎拉和我通了幾次電話。她任教的大學提名她為英文系主任候選人，這是她幾年來夢寐以求的職位。隨著決選的日子愈來愈近，她也愈來愈緊張，對宵夜的渴求也愈來愈強，她告訴我，有天午夜時分，她發現自己站在冰箱門前，想要拿出牛奶再泡一碗麥片，但這次她記得要停歇一下自己的渴求，她鬆開冰箱把手，緩慢且從容不迫地走向餐桌，拉出一張椅子，並警醒地坐下，她感覺到心跳加速，但卻穩穩地坐著並對自己說：「對食

全然接受這樣的我

物的渴求和對職位的著迷並非我的過錯。」

　　莎拉關注著這些擾動的念頭和焦慮的感受，然後了解到，她不僅渴望這個工作的肯定，更深深地恐懼落選之後，失敗的感覺會將自己淹沒。胸口強烈的緊縮與侷促不安讓她感到窒息，她想要釋放自己，她想要食物，然而當莎拉持續關注著似乎永無休止，像是要爆炸一樣的渴求，那劇烈的壓迫感便開始釋放了。一種消融與開闊的覺受通過胸口，像虛空一般不斷擴大，而充滿虛空的是一種顫動震撼的溫柔。莎拉如今得以深刻體會自己多麼想要有人接納、重視、愛護。由於莎拉以慈悲的態度聆聽自己展露渴求的經驗，於是能夠不斷地將自己從這樣的執著中解脫出來。

　　月底到了，莎拉被舉派為系主任，她喜出望外，事業生涯的美夢終於成真了，然而她真正的勝利卻是不斷成長的內在解脫。她學到了接納自己的欲望和渴求，而不是逃避或掩蓋這些感受。她相信，日後當自己不可避免地對工作表現產生焦慮和批判時，自己不會再將注意力轉向食物，而是會給予自己一種寬恕和仁慈的態度。

　　許多學生問我，經過多年的內在禪修後，我們是否能從缺憾的拉扯中解脫。他們想要知道，我們是否還會痛苦地執著於某些人，是否還會有工作狂，是否還要依賴巧克力，是否還是需要愛情小說或更多啤酒，才能度過寂寞難耐的夜晚——儘管這些習性週而復始地持續，往往也展現並揭露了缺憾與羞辱的情結，但是在覺察心的啟發之下，習性對我們的支配便逐漸地鬆動了。

　　跟莎拉一樣，假使我們的情感需求曾經被劇烈剝奪過，對習性的執著依附和十足的上癮症狀，極有可能會是持續且強烈的；然而，隨著時間的流逝，這樣的缺憾即使可能持續不斷地生起，卻不表示最嚴重的強迫性與頑強表現一定會導致受苦的結果；焦慮和缺憾的感覺也許很不好受，但是隨著對痛苦的遠離，我們可以選擇不

必經歷受苦的感覺。我們之所以會受苦，是因為自己對欲望和渴求的體驗，界定並侷限了對真正自我的體驗。假使我們以徹底接納的心態來迎接缺憾的感覺、情緒與念頭，我們就會從這個缺憾的自我中覺醒，不再認同它，並且與自身的圓滿存在重新合而為一。

　　無論我們是在閉關禪修，或是在忙碌的生活之中，對欲望徹底接納的練習，在根本上是毫無二致的，我們暫緩並停止追求生理與心理的滿足感，一直到認清楚，自己的個性如何與欲求匱乏之自我的感覺和念頭結合在一起。在這個停歇的瞬間，我們放下對欲求的自我苛責，並仁慈地允許它以原貌如實地存在。我們歡迎對下午茶的欲求，覺知地經歷體內的感受，覺醒地關注內心生起的情緒與念頭，當我們以這樣的方式活在當下，如此清明、慈悲、既不執取也不抗拒，那麼，使身心束縛於缺憾之中的習性反應模式，就會逐漸解開；如此練習實行，我們就愈來愈能解脫自在，進而選擇自己想要的生命模式。

我們真正想要的是什麼

　　西藏的大瑜伽士密勒日巴（Milarepa）⑦獨居山洞多年，從自己部分心靈修持中，他開始看清楚，心的內容其實是一種可見的投射；內在強烈貪欲的惡魔——情欲和瞋恨，以美麗迷人的女郎和恐怖憤怒的怪物形象出現在他面前。在面對這些誘惑和恐懼時，與其被征服而崩潰，密勒日巴唱道：「今天你來了，真好！歡迎你明天再來，我們該不時談談心呀。」

　　經過多年嚴格的訓練，密勒日巴了解到，只有當我們被惡魔所誘惑，或者試圖與之搏鬥時，才會產生痛苦；為了探索惡魔展現時如何從中解脫，他必須直接地、覺知地經歷這些狀態如實的原貌。

密勒日巴有個事蹟描述道，他的山洞充滿了惡魔，在面對群魔最頑強最跋扈的一個時，密勒日巴下了最卓越的一個決定，他將自己的頭放進惡魔的嘴裡，在那個完全交付自我的當下，所有惡魔竟消失無蹤了，僅存純淨覺性的燦爛明光，就如同佩瑪丘卓所形容的：「當抗拒消失，惡魔也消失了。」

　　無庸置疑地，我曾經傾全力抵抗欲望，不希望欲望在我的內觀煽動起情愛，在我眼中，欲望就像是惡魔，會毀滅我的性靈追求，當我終於認清自己在抵抗什麼時，立刻就想到密勒日巴的故事。也許，內觀的情愛終究不會與禪修為敵，而會是對我的覺醒有所助益的一種自然經驗。我在想，迎接欲望惡魔的到來，如密勒日巴一般跟惡魔「談心」，是什麼樣的一種光景呢？我心中愈來愈堅定，想要放下我的抗拒，這樣我才能了解這個驅動「缺憾的自我」的能量。

　　接下來的幾天，每次我意識到自己迷失在紛飛的情愛幻想中，我就將之標籤為「情色幻想」，並仔細注意身體的覺受和慢慢高漲的情緒。由於不再閃避自己當下立即的經驗，我發現自己充滿了興奮感、性欲和恐懼，現在，與其抗拒這些感覺、視之為惡魔，我練習接納它們，並且，好奇地更進一步探索之。

　　胸中的壓迫感擴大成為一種深切的悲痛，我為自己曾錯失的愛而感到痛心，那些錯失的時刻都是因為我讓太多事佔據自己的心，讓自己太過忙碌而無法停下自己的心，以致於沒有將自己的心打開。情欲、拒「渴望」於千里之外的深刻悲痛，我讓自己在這兩者之間遊走。若渴求的感受或者悲痛變得特別劇烈，我就容易再度陷入迷失之中，不斷想著生命中曾錯失的一切，想像著我那時其實可以用什麼樣的方法獲得對愛的渴求。由於不再評斷這些幻想「是壞的」，我開始看清楚，它們如何阻礙我跟「自我之真正經歷」進行接觸，它們使我無法體驗仁慈的氣度，仁慈的氣度才是讓我獲得最

深切之渴望的途徑。

　　雖然我已經比較不會深陷於自己編造的情節而不可自拔，但我看到自己仍然很執著，仍然試圖不讓緊張的感覺通過自己。慣於駕馭控制的習性，讓我的身體僵硬緊繃，懷著一連串的批判來評斷自己的所作所為，這讓我無法放下而融入欲求的激烈與龐大。我不確定如何讓自己不抱持任何想法、不壓抑、自在地去愛，我也不知道自己到底愛什麼，但是我知道，我必須鬆開那股束縛我心的抗拒，我不再想把所有的渴望憧憬集中在某個人身上，而是想要經驗這股渴求的廣大與無限。

　　有天晚上，我獨自在房中禪修，我的覺照一步一步深入渴望之中，直到覺得自己彷彿快要跟這心碎般的迫切一起爆炸了，然而我又明白這正是我所想要的——我想要死於渴望之中，死於親密的交流中，死於愛中。現在，我終於可以讓自己的渴望如實地存在了；「來吧，請完整如實地呈現你自己。」我把自己的頭放進了惡魔的嘴裡，我允許一切發生，我覺醒地把自己交給覺受的狂放不羈，把自己交給我真正渴望的歸屬，如同孩子終於被母親緊緊抱在懷中，我完全地放鬆，身與心的所有邊界都消融了。

　　瞬間，我的身體和心好像往四面八方無限擴張開來，充斥著一股流動的、變化萬千的顫動、衝擊和酥麻，「我」和這股心流不再是分離的。全然地放鬆於狂喜之中，這感覺就如同宇宙一般廣大開闊，充滿了無盡的活力，如同太陽一般光芒四射。在這個目眩神迷的生命力慶典中，沒有任何實存的事物，當下我立即明白，這就是愛我真正所愛的全然感！

　　十五世紀的蘇菲派詩人，迦比爾（Kabir）⑧，寫道：「宇宙的每一個角落都為愛所充滿。」這股愛就是我們所渴望的，當我們徹底接納欲望的激烈，讓它如實呈現原貌，既不抗拒也不追逐，那麼

覺性之光就會消融缺憾的自我，使其融入根源；我們就會發現，自己自然而然地、全然處於「愛」之中，沒有任何事物跟這個活生生的覺性是分離的、有隔閡的。

接下來幾天，每當我更深入地對渴望的力量打開心房，一種對生命的一切、既振奮又無條件的感激就會充滿我的心。每天下午，禪坐之後，我就會到外頭走走，到積雪的樹林散散步。感到自己和巨大的花旗松，和飛落地面從我手上啄取種籽的山雀合為一體，與流經河冰和岩石的潺潺水聲合為一體。魯米寫道：

> 奇異的情欲在我腦海中游移，
> 我的心變成飛鳥
> 在天空中探索。
> 我的每一分身往四面八方行去，
> 他們說的是真的嗎
> 我摯愛的人存在十方之中？

「我摯愛的人」存在十方，也存在我裡面，當我們不再攀執一個有限的愛的對象，就會發現那缺憾的我在自愛的「慈愛覺性」中消融了。

閉關結束回到家的幾個星期後，我去參加一個會議，與我長久以來情色幻想的那位男主角不期而遇，我們後來一起去吃午餐，我明顯感覺到兩人之間的相互鍾情，然而就在那個真正面對他的當下，我也可以看得出來我們顯然無法駕鴦相伴的原因。當晚回到家獨處時，我的心又開始繞著我們如何能長相廝守的可能性打轉，不過，由於現在對這樣的欲望已經很熟悉了，所以我很願意讓自己停歇下來，我知道若任由它去，它只會想要填滿那個缺憾的自我。我

將正在發生的一切命之爲「欲望的故事」，並坐到我的禪修墊上。

不到一秒鐘，想要繼續兩人關係的念頭馬上來襲，我感覺一股瞬間的緊縮，不完整的、缺憾的自我生起了。當我開始播放內心電影時，我又再度感受到當下存在的那股活力、衝擊和顫動、悲傷與渴望；如同閉關時一樣，我讓自己安住在這渴望之中，放鬆地讓它在我心中充分地經歷，在它本身光明的燦爛閃耀之中，我再度體驗了自心的明光。無疑地，我眞的很想跟「外面的」那個對象共譜鴛鴦曲，但是在那個當下，我卻更確信，我所渴望的親密交流到來了。假使我對這親密交流保持覺醒的觀照，即使欲望有可能更加增盛，並轉移我的注意力，但是它們卻不會影響我看到那早已存在的全然性與美麗。

佛陀教導我們，假使我們能覺照欲望，就能從認同欲望中解脫出來，藉由徹底接納，長久以來我們在「缺陷的、缺憾的自我」周圍所築起的羞辱與瞋恨，便開始一層層剝落。我們開始看透自己編造的故事，故事裡有欲望的受害者，與欲望搏鬥的情節，繼而跌入不健康的欲望、總是想要更多、總是渴求比當下所有更不同的一切。藉由徹底接納，使自己變成小我的執著便消融了，於是我們得以解脫，得以用自身存在的全然活躍來生活。

渴望、感到全然完整，引導我們到達最終歸屬，我們走過這條道路愈多次，感受寂寞或渴求並安住其寬廣之中，對愛的渴望就愈能成爲直達愛本身的途徑。我們的渴望並不會消失，而其他人的渴望也不需要消失；然而，一次又一次地藉由通往欲望之泉，我們終會確信，欲望的根源正是無私的愛。

受到欲望的驅動時，要「無為」

　　執著欲望的情境，無疑是自己慣性反射作用的一部分，這使得我們無法看到更深層的渴望，也使得我們深陷貪欲之中。而「解脫」則始於將自己停歇下來，並觀照我們的經驗。

　　想一想生命中，你被缺憾的心所迫使、主宰的領域有哪些，有可能是食物、菸、酒、性、發牢騷表達不滿、電腦遊戲、工作或購物。在這個星期內，當你迫切地想要付諸行動時，讓這些意圖如實呈現，做一個星期的「停歇」練習。

　　做「停歇」練習時，要讓身體靜止並注意欲求的本質，當欲求很強烈時，你的身體有什麼樣的感覺？身體的哪一個部分感覺最強烈？覺得這些感覺在胃裡翻攪嗎？胸口覺得煩亂不安？手臂疼痛？是否覺得自己快往前倒下去，好像要跌入未來？你的心口緊繃且心跳加速嗎？還是覺得僵硬呆滯或昏沈？當你停歇下來時，要注意這些經驗是否在這當下有所轉變？你可能會問自己：「到底少了什麼？」要用心傾聽；在停歇之後，假使你打算付諸行動，就慢慢地、警醒覺知地行動。你覺得緊張或興奮，自我批判或恐懼嗎？要以一種清明且慈悲的覺照，去察覺這些可能生起的感覺、情緒和念頭。

　　也許我們在停歇之後，還是會去追逐我們所欲求的一切，不過，至少我們在行動的同時，也察覺了埋藏在欲望之下的緊張與痛苦。由於所有經驗不斷改變，假以時日，即使是以前無法抗拒的渴望，最終也會消融的。即使欲望再度自然地生起，觀照一切不斷流逝的智慧，同時也會使欲望解脫。覺察欲望，不被欲望影響而行動，如此我們就會愈來愈自在，進而能選擇自己的生命模式。

探索最深層的渴望

　　當我們因覺性的啓發而觀照如海市蜃樓般的欲求時，就能夠發現隱藏其下，最深切且真正的心靈渴望之泉，這些內在的渴求，在覺醒及解脫之道上往往主導了我們的心。

　　舒適地坐下來，讓自己覺得很實在很輕鬆，覺得安定之後，問自己：「我心裡到底渴望什麼？」你的第一個答案可能是希望有個健康的身體、減重、多賺點錢或找到另一半。再問自己一次，然後用心傾聽，無論什麼答案自然生起，都接受它。就這樣持續做幾分鐘，問自己這個問題，停歇一下，並以一種接納與不反應的方式觀照著。也許你的答案會愈來愈深入，愈來愈單純。保持耐心與放鬆的狀態，持續不斷地傾聽自己的心，假以時日，你最深切的渴求就會浮現。你的渴求可能會以渴求愛的狀態展現，或者是渴求外貌風采、祥和平靜、親密的交流、和諧、美、真理，或解脫。

　　在你認出當下最深切且真正最渴求的，就覺知地把自己交付給這渴求。讓它到來，允許這最深切渴求的能量充滿你的身體，遍布你的心和覺性；當你完全安住於這深切渴求時，體驗到什麼呢？繼續禪修，以開放且具體的態度來經驗你的渴求。

　　也可以兩個人一起探索這美妙的思維方式。兩人面對面，舒適地坐下來，再決定誰是發問者，誰回答問題。靜默放鬆一小段時間之後，其中一人輕聲問：「你心裡到底渴求什麼？」另一方則以響亮的聲音回答浮現在心中的第一個答案，無論答案是什麼，發問者只要說「謝謝」即可，欠身致意一下，或表示收到訊息就可以了。然後再繼續問問題，問到雙方約定的一段時間結束即可。在交換角

色之前，先暫停一小段時間，讓答問者有時間以全然且具體的覺性，安住在其最深切渴求的經驗之中。同樣的，在第二人回答問題之後，也靜默一段時間，禪修完成後，你們可以花幾分鐘分享各自的經驗。

日常生活中的任何時刻，發現自己被欲求驅動時，就問自己：「我心裡到底渴求什麼？」這會幫助你與心靈渴望的淨化重新連結，藉由隨時隨地停歇，並詢問自己「到底是什麼在作祟？我到底最在意什麼？」你就能夠讓自己真正的關懷之心覺醒。

第七章

敞開心胸面對恐懼

我們必須面對自己一直在逃避的痛苦，事實上，我們應該學習放鬆安住於其中，並讓這沈痛的劇烈力量轉化我們。

——夏綠蒂·淨香·貝克

芭芭拉來找我進行療程時，禪修對她而言已經變成一種不愉快的經驗，她很迷惑，不知道自己是不是應該繼續下去。童年可怕的場景開始入侵她的早課禪坐，讓她戰慄且幾近發狂。她首次閉關十天的課程最近才結束，雖然她已經規律地禪修了一年多，但是這麼令人煩亂的現象還是第一次發生。禪修已經是芭芭拉的歸屬庇護，她並不想放棄，然而她就是無法應付接踵而來的一切。

她告訴我某個持續在禪坐中浮現的影像，這件事她已經跟她母親談過很多次了，但現在無論這些影像到底是從記憶而來，或者是自己想像出來的，都已經不重要了。這些影像觸發了令人難以承受的恐懼。芭芭拉那時還是個嬰兒，她媽媽正在用廚房桌子上的嬰兒澡盆幫她洗澡，她聽到了水花和媽媽輕聲哼歌的聲音，雙方都全神貫注在她們的經驗中，深愛著對方；突然間，爸爸醉醺醺地，怒氣沖沖地闖進來，對著媽媽大吼：「你腦子裡面只有這件事嗎？寶寶這個，寶寶那個？你就不會想到我辛苦工作一天回到家，肚子快餓死了嗎？」然後一把推開媽媽，抓住芭芭拉，把她的頭按進水裡，她感覺巨大的手按住她的肩膀和頭部，還有因嗆水而產生的狂亂驚慌。

芭芭拉的媽媽驚聲尖叫：「不要！」並衝向前救她，她用毛巾把芭芭拉包起來，緊緊地抱在懷裡，低聲說：「晚餐再過幾分鐘就好了。」她的手劇烈顫抖著，幫女兒穿上衣服，芭芭拉獨自躺在自己的世界中，低聲啜泣，身體幾乎不動了。她平靜的休憩插曲一瞬間被粉碎無遺。

在芭芭拉的童年中，無論爸爸的怒氣是針對媽媽或是針對她，她每次都會被同一種感覺嚇到癱瘓無力——喉間被恐懼所攫獲，胃不斷翻騰，並感到酸楚。甚至連爸爸不在家時，芭芭拉都會覺得焦慮不安。

兒童在解讀自己的受虐，通常都以為自己咎由自取，是自己做

全然接受這樣的我

錯什麼該被處罰。芭芭拉在成長過程中，就是一直以為自己是爸爸不定期暴怒的原因，當爸爸對她大吼大叫時，她就會迷惑：「我到底做錯什麼？」這樣的想法之下隱藏了一種信念，就是深信：「我很壞，我真的很壞，所以他討厭我。」即使暴怒事件過很久之後，芭芭拉還是會覺得自己深陷羞愧感之中，這讓她想要爬上床把自己包在棉被裡。到了青少年時期，她對自己的認知就是，自己根本是多餘的，她既無力又害怕，覺得自己完全孤獨。

在世人的眼中，成人的芭芭拉把自己的恐懼隱藏得很好。她身邊的人都認為她是個有才幹又負責的人，連她的朋友都不知道，她其實活在持續的恐懼中，害怕自己會在無意中冒犯別人，害怕自己會犯錯，害怕自己是否做了什麼會激怒他人的事。大家認為芭芭拉是個可以傾吐的對象，在一起時她總是把大家照顧得很好。她的朋友鼓勵她利用這些特質發展事業，於是芭芭拉決定要取得教育碩士學位，成為高中輔導老師。雖然跟青少年相處讓她覺得有點緊張，但是芭芭拉希望，她可以將自己在青春期所缺乏的支持照顧提供給青少年。

大學的第一個學期，她認識了主修商業的藍迪，藍迪立刻愛上了她，他覺得芭芭拉既靦腆又甜美，看起來很需要有人照顧。他看過芭芭拉跟她姪女的相處，也看過她陪伴需要度過難關的朋友，他知道，這就是他想要廝守終生的伴侶；而對芭芭拉而言，藍迪無疑是個完美適合的對象，仁慈且溫柔、絲毫不具威脅性。讀書期間他們就開始同居，畢業後沒幾個月他們就結婚了。

之後不久，一所郊區小型高中聘請芭芭拉為輔導老師。工作開始沒多久，她發現自己不像別的輔導老師一樣逗趣機智，學生幾乎不來找她深談。已登記訪談的學生進來時，那種深恐自己做錯什麼的恐懼，讓她覺得緊繃且疏離。跟學生家長見面就更糟了，她對工

作表現的焦慮，使得學生家長所說的一切聽起來都像是在批判她的個人能力。某個家長說：「我真的不知道該拿她（學生）怎麼辦。」在她耳中聽起來就像是「你為什麼沒有辦法把我們引導得更好呢？」或者，「他的讀書習慣很差。」聽起來像是「你早該用更好的方法輔導他的課業。」這時她的胃就會一陣翻攪，喉頭一口痰就愈來愈多，卡到自己說不出話來。

芭芭拉告訴我，試圖隱藏自己的恐懼就像是把一大群野狗鎖在地窖中一樣，困得愈久，它們就愈飢餓。到最後野狗必然會破門而出，侵入家中。已經禪修這麼多年了，這偶發的狀態到底是怎麼回事？每當恐懼佔據她的心，她覺得就像是這些野狗在摧毀每個房間、每個櫥櫃、每個角落和每個隙縫，而她完全不知該如何阻止。

恐懼有時在黎明之前來襲。芭芭拉躺在床上，對面牆上壁畫的陰影愈來愈逼近，一陣懼怕使她驚醒過來，「我的天啊，再過幾個小時我又得面對另一天了。」她怎麼能夠繼續假裝自己了解工作的專業？別人都可以輕鬆應付全職工作，還可以跟配偶的家人吃飯或參加公司聚會，不用擔心被恐懼憂慮淹沒，然而對芭芭拉而言，這一切似乎都太多了。

有時她和藍迪做完愛，這些野狗也會伺機而入。當兩人躺在一起，氣氛是那麼美好，藍迪情不自禁撫摸著她的秀髮；然後，就在一切如此美妙、在她幾乎毫無防備之下，恐懼就會倏然而來，一波接著一波，讓她開始編故事：「也許他會厭煩我，厭煩我的恐懼，也許他會想離開我。」如此地懼怕與孤獨，讓她蜷曲著身體哭了起來，藍迪則環抱著她，試圖給她一點安慰，但完全不明白到底發生了什麼事。

我經常見到為恐懼所苦的案主或禪修學生，其中有一些，比如芭芭拉，會被恐懼淹沒並偶爾感到癱瘓無力。有些人可能沒有這麼

明顯的精神創傷，但是他們在變得更覺知之後，才了解恐懼有多麼深入控制他們生活。每個人的地窖中都藏著被忽視的餓狗，一旦我們犯了錯，這些餓狗就會將我們擁有的任何一點能力摧毀。假使有人對我們發怒，突然間這些狗就出現了，威脅著要撕裂我們的世界；假使我們遭到拒絕或背叛，這些狗也讓我們相信，根本不會有人愛我們。

當恐懼以這種方式控制我們，我們就會困在一種狀態中，這種狀態我稱之為「恐懼之迷惘」。不斷地預期未來的失敗錯誤，讓我們緊張異常，連自己的「心」和「靈」也變狹隘了，忘了還有其他人關心著我們，也忘了自己其實擁有可以感到寬廣與心胸開闊的能力。我們受困在如此迷惘中，透過恐懼的面紗經歷自己的生活。

生理與情緒的痛苦是這麼令人不悅，而恐懼的痛苦也是如此令人難以承受；當恐懼緊緊抓住我們時，其他的一切也都不存在了。最為狹隘且痛苦的自我被這恐懼的感受和故事緊緊拴住，使我們不斷想要抗拒。然而，當我們徹底接納恐懼最原始的感覺時，迷惘就無法影響我們，而這樣的接納是極為自在解脫的。當我們學會允許恐懼到來，我們就與全然的存在重新連結上了，而這全然的存在，即是長久以來被恐懼之狹隘性所遮蔽的「心」和「覺性」。

恐懼是什麼？

有誰不曾經歷過恐懼？恐懼在夜深時醒來，讓我們怕到無法繼續生活，就像芭芭拉一樣。恐懼是我們胃裡緊張不安的感覺，是我們心口周圍的酸楚和壓迫，是勒緊我們喉頭的緊繃感；恐懼是胸口劇烈大聲的心跳，恐懼是我們加速的脈搏；恐懼讓我們難以呼吸，使我們的氣息又急又淺；恐懼告訴我們，自己已身陷危險，急迫地

驅使我們弄清楚到底發生了什麼事，想辦法解決問題。恐懼告訴我們未來會出差錯，用這些情節妄想控制我們的心。恐懼說，我們會失去身體健康，會失去心，會失去朋友，會失去家人，甚至會失去全世界。恐懼就是對未來痛苦的預想。

恐懼最基本的作用就是確認生存的機會。即使是原始的生命型式，如爬行類動物，也會經歷恐懼。純粹就生理層次而言，恐懼是一連串以固定次序出現的生理反應。西方醫學家將這種經驗的生理反應稱為「作用」。恐懼會在一瞬間展現，也可以維持好幾秒；當恐懼的作用生起時，體內的化學變化和神經系統就會交互作用，因應具威脅性的狀態而產生不同的反應。例如，四肢血流量增加，讓羚羊得以逃逸無蹤；繃緊肌肉使美洲豹準備好應戰；我兒子的壁虎則在每次人手伸進養殖箱時，選擇靜止不動來保護自己；當貓咪害怕時，背上的毛就會直豎，讓身形看起來較大、較具危險性，以便嚇退獵食者；我家典型的獅子狗則選擇匍匐在地上，讓自己看起來比較不顯眼。同樣的，人類可能也會讓自己看起來小些，以保護身體最脆弱的部位，比如說，頭部往前傾，聳起雙肩，拱起背部，並把胸部往內縮。對於所有的動物而言，只要危險還存在，這種一心專注在自我保護的狀態就會持續下去。

只有哺乳動物才有與「作用」交互影響的認知和記憶，而產生恐懼的情緒。恐懼的情緒也是我們生存配備的一部分，而恐懼的形成則來自於個人生命經驗的累積。因應當下經驗而生起的恐懼作用，結合了跟過去事件與其引發之影響有所關連的記憶，這就是為什麼有些事物會把我們嚇壞，但是對其他人來說，卻絲毫不具危險性。恐懼作用可能只維持幾秒鐘，但是只要恐怖的念頭和記憶不斷刺激「作用」的生起，恐懼的情緒就一直延續下去。

恐懼的情緒使我們警覺注意，假使不多努力研讀功課或多努力

準備工作報告，就有可能會得到負面的回報；恐懼的情緒讓我們知道，假使不多費點心力經營婚姻，我們可能會走上離婚一途，到頭來孤獨一人。這種對險境更為複雜的反應生起時，我們就會評估是否該尋找藥物來治療胸口的痛。恐懼的情緒在我們覺知生存受到威脅時就會生起，無論這些威脅是生理、情緒、心理或精神的威脅。恐懼可以引導我們以健康的方式反應，或者，就如同大家都經歷過的，我們也會困在恐懼的迷惘中。

恐懼的真正原因不一定顯而易見。當我覺得焦慮時，焦慮本身就會依附在生活中最立即的日常事件；在超級市場大排長龍時，我可能會因為卡在隊伍裡浪費了寶貴的時間，而擔憂自己做不完其他事情；出現感冒初期症狀時，我可能會擔心，如果感冒惡化，我就得取消客戶的約，或無法教授每週的禪修課程；我可能會在協助兒子做明天要繳交的報告時，擔心他完成的報告若不具創意或審思，分數就會被拉下來，甚至會影響到將來就讀大學的選擇。無論外在狀態是什麼，我的心就是會緊繃不放鬆。當我停歇下來並問自己，到底是什麼在困擾我，我發現，在每個情境中，我都在預想未來的損失，預想會失去自己覺得對生命和快樂很必要的事物。

而最終極的損失，隱藏在我所畏懼的一切小損失背後的這一個，就是畏懼失去我的生命。恐懼的最根源處，就是對生存最基本的渴求，以及對毀壞與死亡的反感，我們也一直在面對死亡的不同形式。我知道父母年歲已老，遲早有一天，我總會接到一通電話，通知我，他們的大限已近。我的兒子，我宇宙的中心，會從高中畢業，然後離開家。我生命中的人也開始逐漸失去記憶和生理能力，我的身體明顯地老化，感到疲累和疼痛。生命是如此脆弱，而損失則比比皆是。遠離摯愛生命的恐懼──死亡的恐懼，就隱藏在所有恐懼之下。

然而，若不是恐懼，我們也無法存活或成長茁壯。問題是：恐懼的情緒太常加班了，即使沒有立即的威脅，我們的身體還是緊繃不放鬆，隨時警戒著，我們的心狹隘地只想著總有什麼會出差錯。當這種情形發生的時候，恐懼不再是保衛生存的作用；我們反而受困在恐懼迷惘中，每一個當下的經驗都被反應所束縛，我們將時間和能量浪費在捍衛自己的生命，而不是全然地生活。

困在恐懼的迷惘中

當恐懼變成個性的中心，並束縛全然生活的能力時，我們就是受困在恐懼的迷惘中了。恐懼的迷惘通常始於童年時代，始於從生命中重要人物身上經歷恐懼之時。幼兒時期，也許我們深夜的大哭曾讓疲累的媽媽感到很挫折；當我們看到她皺起眉頭並尖聲大叫時，可能會對這個平常讓我們感到安全、賴以生存的對象突然失去安全感，於是我們的手臂和拳頭緊緊繃起，喉頭緊縮，心跳加速。這種因非難而起的恐懼生理反應，童年時可能持續發生；我們可能曾試試其他新方法，比如說自己穿衣服，卻把衣服穿反了；我們可能自己去倒葡萄汁，卻讓果汁濺到客廳地毯；全家旅遊到祖母家時，我們可能在第一天晚上就尿床了。每次媽媽因挫折而非難的臉色和聲調，都直指著我們，讓我們的身體感受到相同的恐懼連鎖反應。

兒童的身體通常都很放鬆且富有彈性，但是假使恐懼的經驗持續多年，就會產生長期慢性的緊繃。我們的肩膀可能長期糾結而高聳，頭部前伸，背部隆起，胸口凹陷，這些外表不是對險境的暫時性反應，而是已經發展成一種常態性武裝。如同邱陽·創巴仁波切所說的，我們變成了「一團捍衛自我生存的緊繃肌肉」。我們通常也不知道這是一種武裝，因為我們是如此熟悉它，認為這是自己的

一部分，但我們卻可以在他人身上看到這樣的狀態。禪修的時候，我們也感覺得到它——這緊繃感，就在自身體內，這也是我們比較無感的區域。

恐懼之迷惘不僅製造了身體習以為常的緊縮痙攣，也讓我們的心陷入一種死板的模式。這原本幫助我們面對威脅的專注力，變成了一種著魔。我們的心聯想著過去的經驗，編造沒完沒了的情節，不斷提醒自己哪裡可能會出錯，並籌謀著如何避免這些差錯。由於認為有「我執」和「我所執」①，自我成為這些情節的主角：有什麼不幸即將降臨在我身上了，我毫無招架之力，我好孤獨，我得試試什麼方法來救救自己。我們的心開始探索問題的成因，迫切地企圖控制一切狀況，不是指責他人就是指責自己。就如同芭芭拉的經驗，她對父親的恐懼，來自於相信父親對她暴怒是因為她太壞了。我們可能會告訴自己，我們總會把自己或別人的事搞砸，或者，陷入受害者情結的軟弱無力中，認為別人一定會破壞我們的好事。無論是哪一種，我們編造情節告訴自己，我們是破碎衰弱的，我們需要保護自己。

羞辱感與缺乏自我價值感所生的感覺與情節妄想，可能是恐懼之迷惘最束縛人的元素。當我們相信自己哪裡出了差錯，就會深信自己身陷危險之中。我們的羞辱感產生持續的恐懼，而我們的恐懼又產生更多羞辱感。我們感到恐懼，這個事實似乎正好證明自己是破碎衰弱的，是沒有能力的。陷入迷惘的時候，覺得害怕、覺得自己很壞的情結就這樣定義了自己。體內的焦慮、種種情節妄想、我們編造藉口的方式、要退出還是要猛烈抨擊——對我們而言，在在成了最真實的自我。

我們為了逃避恐懼而使用的策略，支持了恐懼之迷惘的存在。如果撒謊能保護自己免於他人憤怒的傷害，我們可能學會撒謊；如

果能得到暫時的力量或安全感，我們可能會選擇退出；如果可以保護我們不爲人拒絕厭棄，我們就更盡力讓自己乖乖的。芭芭拉成年後的主要策略，就是遠離讓自己不舒服的社交場合，比如職場的員工餐廳。跟其他老師或輔導員開會的時候，她也不會跟別人說說笑笑，反而是呆滯不前。她是隻小老鼠——宜人、靜默、不顯眼——這樣她才感到安全。

在職場外的狀況也是一樣，藍迪鼓勵芭芭拉跟他去朋友家聚餐、去跳舞、去教會，但她通常會拒絕。大部分都是他陪她待在家裡，偶爾藍迪自己外出，恐懼就會化爲另一種形式，讓她覺得有什麼意外就要發生了：藍迪受夠她了，回家來告訴她，他不再愛她了，或者，藍迪在意外中死亡。當藍迪忠貞準時地回到家，想要給她一個擁抱時，芭芭拉就會全身僵硬，心裡有個聲音告訴她：「他只是假裝關心我。」她無法敞開心胸，讓他知道自己有多麼脆弱和害怕——保持靜默來保護自己是比較安全的。

當我們處於恐懼之迷惘時，除了恐懼之外，全世界都褪入背景中。就像照相機鏡頭一樣，我們的注意力縮小範圍，僅專注在我們害怕擔心的故事，僅專注在努力使自己更有安全感。我們可能在跟一個朋友或同事吃午餐，但是他們所關心的事物和他們的成就，卻絲毫不在我們所關注的範圍內；反而，我們只是將他們視爲跟自己的恐懼程度有關的人，他們可以提供什麼讓我們覺得寬慰安心——讓我們安心的證言、安慰、陪伴？他們是否讓我們覺得自己更窩囊？他們是否看到我們在擔心害怕？我們跟他們在一起安全嗎？我們活在自己受迫害的小小世界中。

我們的反應是針對過去累積的痛苦而生，絲毫沒有參與當下所發生的一切。當有人批評或反對我們時，我們就像是被丟回過去，無法使用成年人的理解力。我們覺得自己好像孩童，如此軟弱、孤

全
然
接
受
這
樣
的
我

獨且害怕。比如說，遺失了皮夾、跟別人約好卻遲到了，就覺得好像世界末日一樣。過度的反應又使我們感到更加羞辱，我們最不想要的就是怕別人知道，地窖的野狗在我們的生命中有多麼跋扈橫行；如果別人看到我們很畏懼，我們又害怕自己在他們眼中會變得不討喜，只是一個他們同情的對象，對我們毫無敬重或不想跟我們交朋友。然而，倘若我們假裝一切安好，我們就會落入更深的疏離感、孤獨感和威脅感。

恐懼之迷惘的產生，來自於斷絕人際關係的感覺，因此我們不斷感到根本的不安全感，一直到經驗他人的愛與體諒為止，而這都是童年時期所需要的。找到基本安全感的第一步，就是探索自己與他人的人際關係，當我們開始信任親密安全關係的實相時，恐懼的束縛就會開始鬆脫。

與他人之親密歸屬的安全感

協談初期的某次，芭芭拉告訴我，之前她常常在藍迪身邊唱歌，而藍迪也非常喜歡。開車時，他們會打開收音機，轉到古典搖滾電台，同聲歡唱。但是最近發生了一件事，讓芭芭拉覺得在他身邊也很緊張害怕。

有天早晨，藍迪在早餐桌上填稅單，而芭芭拉則在打掃廚房。那時她放了張CD，跟著音樂在唱歌。也許唱得有點大聲吧，突然間，在音樂聲中，她聽到藍迪大聲叫喚：「芭芭拉，你可不可以把音樂關小聲一點，不然我沒辦法專心！」她覺得好像一把刀插進胸口，立刻把音樂關掉並離開廚房，藍迪趕緊跟上來問道：「我做錯什麼事了？」但芭芭拉只是一頭鑽進臥房，把門關上，什麼也沒說。

芭芭拉說完這件事後就開始啜泣，藍迪只是叫她把音樂關小聲

而已，這應該嚇不了她，但是她卻害怕了。這讓她想起了童年發生的事。在她十二歲生日時，媽媽幫她報名了爵士舞課程，那時芭芭拉會在客廳放音樂練舞，一練就是好幾個小時。有個星期六下午正在練習時，音樂突然間停了，然後，她爸爸凶神惡煞般的聲音活生生地把她從幻夢中嚇醒——她難道不知道自己打擾到他的清夢嗎？她要不然就得學會尊重別人，不然就滾出去。她站在原地，全身僵硬，然後就跑進自己房裡。當這種情形發生第二次之後，她從此不再去學舞。藍迪跟他的父親毫無相像之處，但她還是同樣覺得心門緊閉，也許她自此不再唱歌了，就像她不再練舞一樣。

　　我問芭芭拉，她是否可以再感受一次，那天早晨藍迪造成的恐懼在體內的感覺，她回答說，喉頭覺得很緊繃，心跳得很厲害。「那個恐懼想從你身上得到什麼，芭芭拉？」她閉上雙眼，一會兒之後回答說：「我的恐懼想要知道，它待在這裡沒關係。」我柔聲問她：「那麼，你覺得可以讓它待著嗎？」她點點頭之後，我建議她要這樣告訴她的恐懼。

　　芭芭拉靜默了好一會兒，她緩慢深長地呼吸了幾次，然後我看到她的肩膀隨著吐氣放鬆了下來，「當我發出這個訊息：『我接受你。』的時候，恐懼就釋放一些出來了，就像氣球一樣。」「很好，繼續下去，你可不可以問恐懼，它到底在怕什麼？」芭芭拉停頓了一下，然後以平靜的聲調回答：「我怕的是，我配不上藍迪，他太好了，而我不配得到他。」我敦促她註明這只是個想法，而且要記得，想法並不是事實。

　　芭芭拉和我一起探索商量，她能如何以禪修為工具，將禪修發揮到淋漓盡致以面對自己的恐懼，而不是被恐懼所覆蓋淹沒。我問她是否願意一起做正念覺察的練習；在回想自己的經驗時，她可以大聲列舉出自己察覺的一切，偶爾我會問一些問題來引導，使她的

覺照更深入。芭芭拉對這個計畫反應很熱烈，在接下來幾個星期的「談話」療程中，我們便不時加入察覺的練習。

　　有了我的支持陪伴，芭芭拉見證了控制她生命的原始恐懼。當她覺得害怕時，她注意到自己的喉頭緊繃，聲音也變得又尖又細。她也愈來愈能覺察，自己不停預測未來會出什麼差錯的那些想法念頭；芭芭拉也覺察到，隨著這些想法念頭的產生，她的身體有一種下沈虛脫的感覺，心裡則感到挫敗和絕望。有時，太過駭人的影像或念頭浮現時，我們就停止覺察的練習，聊聊就好。我注意到，當這些情況出現時，芭芭拉都會死盯著地板看，我將這個情形告訴她，她則承認，當她感到萬分害怕時，實在很難注視著我的眼睛。

　　這樣的合作方式進行一個月之後，芭芭拉告訴我，有些東西開始轉變了：「塔拉，跟你在一起時，那些餓狗雖然沒有消失，但是也沒那麼危險可怕了，我想，由於有人支持我，讓我感到很安全，讓我可以打開一條門縫，看一看這恐懼。」我告訴她，她的感覺我了解——有人陪伴我們的時候，比較容易面對失控的恐懼原貌。事實上，讓恐懼一直存在的，就是那種孤立無援的可怕痛苦；由於有人在一旁協助芭芭拉認清楚恐懼的迷惘，這讓她有能力覺察，而不必冒著被擊敗、控制的危險。

　　當我們覺得孤立無援且害怕時，我們可以先在人際關係中尋求基本安全感，為徹底接納的練習打基礎；在芭芭拉被恐懼淹沒之時，她很明智地向外尋求支持鼓勵。大多數人不時會發現自己困在恐懼感中，這時尋求協助是非常有幫助的。在面對劇烈的恐懼感時，要提醒自己，我們並非只是那個害怕的小我，我們是那個更大的大我的一部分。在人際親密歸屬的避風港中，我們於是可以開始探索這存在於自身的平和②殿堂。

尋求皈依：找到內在安全感與親密歸屬的根源

在雙方的協談中，芭芭拉找到了安全感和庇護，然而這其實是一種依賴外在狀態的安全感，儘管自己與他人的連結在心靈之道是很重要的一環，當我們親密歸屬的經驗從內心深處找到根源時，才會有真正的解脫。佛法教義所謂的「皈依」，喚醒並滋長了我們內在安全感與親密歸屬的經驗。

在佛教中，三種根本皈依（庇護）即是佛、法、僧，「佛」指的是我們覺醒的本性，「法」指的是道或方法，而「僧」指的是啟發心靈的團體③。在這三種皈依中，我們可以找到真正的安全感和寂靜；我們發現了一個安息人性脆弱點的所在，一個覺醒之心靈的聖殿。在它們的庇護之下，我們於是有能力面對恐懼的迷惘，有能力從中覺醒。

在正式的皈依修持中，我們念三次：「我皈依佛，我皈依法，我皈依僧。」雖然這是個慣例，卻不是空洞或制式的儀軌。每念一次，我們就要讓自己更敞開心，深入文字背後活生生的體驗，當我們這樣做時，這個修持就會使我們的信心更加全然深切。心愈開放領受並安住每一次皈依，我們就愈能信任自己的心和覺性。透過皈依，我們學到如何信任自己生命的展現。

「皈依佛」可以有許多不同的層次，我們可以選擇對本身特定性格最有意義的方式。也許我們皈依的對象是歷史記載的佛陀，這位二千五百年前在菩提樹下證悟的人。當佛陀遭遇魔羅侵害時，他也感受到恐懼——同樣痛苦緊繃的喉頭、胸口和胃；他也跟我們一樣，當恐懼入侵心中時，不禁心跳加速。佛陀願意以全然的覺照經歷恐懼，因此得證無懼——這認清恐懼之生與滅，既不抗拒，也不

認同、清明開闊的覺性。在我們邁向無懼的道路上，皈依佛陀覺醒的真諦，可以對我們有所啟發。

　　原本就信仰虔誠的人，可以向佛陀的覺醒之心尋求安全和皈依。另外也可以向基督或聖母祈求，向一個關心我們痛苦的對象尋求皈依。在這樣的第一個皈依，我有時會說：「我皈依摯愛。」並將自己融入、交付給我所體驗無窮盡的悲心。當我感到恐懼時，我便把恐懼交付給這個摯愛，經由這樣的練習，我不再試圖擺脫恐懼，而是把它交給一個寬廣、可以用愛懷抱恐懼的皈依處。

　　皈依佛最根本的方式，指的是皈依我們自身擁有的解脫潛力。想要在心靈之道繼續行進，我們需要一種信心，也就是要相信自己的心靈有覺醒的潛力。佛陀本生故事的真正力量，真正使其流傳千古的影響力，就在於它展現了每一個人無限的可能性。我們多麼輕易就相信自己有限的故事，卻忘了自己的真正本性——佛性——是覺醒且充滿愛的。當我們皈依佛的時候，即是皈依了與菩提樹下覺醒的悉達多王子相同的覺醒能力；我們也有能力領悟解脫的加持，我們也有能力變得無懼。

　　皈依摯愛之後，我便把注意力轉向內在，說：「我皈依這覺醒的心靈。」把佛性是某種超越的東西或自外於「我的覺性」的這些概念完全放下，看著自身的俱生④覺性，心的仁慈開闊。也許幾分鐘前，我才讓自己耽溺在流竄心中的過度情緒和念頭中，但是藉由刻意向覺性尋求皈依，這小我以及隨之而來的恐懼迷惘，便消融了。藉由將注意力指向最深層的本性，藉由榮耀自身存在的本質，我們的佛性變成了活生生的實相。我們其實是在向真實自我的真諦尋求皈依。

　　第二個皈依——皈依法，其意義是非常多重的。「法」的意思是真諦、萬物的狀態、自然的法則。皈依法即是皈依真諦，這真諦

就是：我們內在及周圍的一切必然會改變，假使我們企圖執取或抗拒經驗之流，那麼恐懼的迷惘就會加深。法，也是揭示真諦的教義與修持之主體，我們皈依讓我們覺醒見到佛性、見到俱生智和俱生慈悲的一切方便道。

對芭芭拉而言，尋得法，起初就像是在汪洋大海中找到救生筏。安住在覺察入出息、觀照體驗，提供了一種可靠的方式穩定自己，讓她觸及寂靜。但是當修持似乎指向痛苦折磨而不是寂靜時，芭芭拉就不知所措了。隨著修持的愈加深入，層層隱藏的恐懼必然會被揭露，這時，找到一個可提供安全感與平衡的庇護對象，顯得異常重要。有時候，明智的抉擇是尋求協助，像芭芭拉一樣；有時候，最好是把內觀的修持先放一邊，培養對自己和他人的慈心（見第十章）。就像芭芭拉一樣，我們愈來愈了解，法並非一套死板的規則或練習：當我們皈依法時，我們其實是皈依幫助我們從恐懼之迷惘中覺醒、並了悟自身真實本性的一切專注方法。

由於法是自然的法則，因此與大自然交流亦是一種皈依法的方式。當我坐在波多馬克河邊，看河水打著轉兒流去，當我斜倚著一棵美麗的梧桐樹，意識到它的生命將會超越我的壽命千秋萬古，我直覺地領會到，自己的存在是多麼鮮明清晰、變幻無常、毫無實質之自我。當我們愈能感受自己屬於生命自然節奏的一部分，那疏離感與飽受威脅的幻象就會開始消融。

第三個皈依是僧。在佛陀時代，佛陀曾開示，僧團——包含僧侶與女尼，即是心靈覺醒之道最重要的支柱。傳統上，僧眾指的是那些行於佛法之道、行於心靈解脫之道的人。他們也曾在午夜醒來，感到害怕與孤獨，他們也曾因所失而顫抖恐懼、因必然的死亡而害怕。當我們知道這些先輩在我們之前就已經打破痛苦的恐懼模式，我們對於自己的覺醒就更有信心了。當我們參加禪修閉關時，

同修和老師就是我們面對恐懼時，給我們安全感和支持的僧眾。

　　隨著佛教逐漸傳入西方，僧團的定義逐漸包含現代以種種不同方式自覺地追尋覺醒之道的人。當我們私下與心理醫生或治療師相處時、當知己容許我們表露脆弱與真實面時，我們同樣也為「僧眾」所懷抱。「皈依僧」提醒我們，其實我們並不孤單——那些渴望覺醒的人，那些尋求通往純正寂靜之教義與修持的人，我們也歸屬於他們之中。

　　我認識一位住在華盛頓特區的牧師，她告訴我，自從恐怖份子發動九一一恐怖攻擊之後，每次必須離開六歲女兒出遠門時，她就會感到非常擔憂恐懼，她擔心兩人分離之際，其中一人可能會遭到殺害。要參加為期一個禮拜的禪修閉關前，她心裡實在很煩亂，但是後來她找到了一群能夠懷抱她的恐懼的「僧眾」：「當我想像全世界所有愛護兒女的母親，現在也正在擔憂自己孩子的安危，我心中有了不同的感受。」她在信中寫道：「恐懼仍在，但是更為深切的是一種共享的悲傷……和慈悲。我們共同面對的是無可比擬的損失。」雖然她自身的恐懼將她隔絕起來，讓她感到脆弱，但是當這恐懼變成「我們的」恐懼時，她就不再孤單了。她心中生起的慈悲遠比恐懼來得更強大，透過「皈依」愛護兒女的「母親僧眾」，她所覺醒的是道家說的「夫慈以戰則勝」，這安住自心的安全感。

　　我也喜歡以這樣的方式來皈依僧：回憶我摯愛的人，讓溫馨仁慈的感受充滿身體、心靈。我將這些發自內心親密無間的感受注入更深層的思維，想起那些跟我並不那麼親近的人，然後是遍佈各處的所有眾生。當我覺得焦慮不安、孤立或冷酷無情的時候，這種皈依僧的方式能軟化迷惘，削減它的影響。偶爾，我甚至會想想我的狗兒，當我倆的關係撫慰了我的心時，就把這感覺逐漸擴大，感受與所有人的親密無間。

由於恐懼與需求成形的方式人人迥異，三種皈依的其中之一，也許會比其他兩個更容易接受或更為滋養。我們可以從自己感覺最自然親近的那一個開始，當安全感和連結的感覺生起之後，我們就更容易對其他兩個敞開心房。佛法僧三者是相互關連的，彼此支托，彼此自然相融，且在彼此之間展露無遺。

如同任何一種心靈修持，養成真正的皈依觀念實在需要時間的浸淫；多年的皈依修持，滋養了對親密歸屬的一種深奧且解脫的信心。佛陀曾教導我們，恐懼是美妙的，但更為殊勝的是此間連結性的真相。尋求皈依轉化了自己跟恐懼之間的關係，在感受到親密歸屬的安全性之後，我們就能夠以徹底接納的心態來面對恐懼。

禪修與藥物治療

我對芭芭拉很有信心，雖然她是如此絕望，但是以她對心理治療與禪修的努力，一定可以解開對恐懼的痛苦執著。然而對某些人而言，無論他們多麼努力，還是需要其他元素來引發安全感，使恐懼降到可控制的程度。無論是因為生命創傷或是基因質素的影響，某些人腦中的化學分泌與神經系統導致恐懼感高升到難以承受的程度。對他們而言，對治憂鬱和焦慮的醫囑藥方可能提供了一種兼具補充與關鍵性的輔助方法，幫助他們找到安全感，使他們能夠信任他人並持續心靈的修持。

從事禪修練習的行者使用抗憂鬱劑，這是個熱門話題。學生曾經問我：「如果我服用百憂解，不就等於放棄了？不就是承認禪修一點也沒用嗎？」有些人來找我，說醫生建議他們考慮藥物治療，他們心煩意亂，害怕自己會開始依賴藥物，害怕未來停藥之後官能就無法正常運作。有些人則對藥物治療不會直接破壞心靈覺醒程序

感到懷疑：「藥物不是會麻痺我們試圖無條件接納的經驗嗎？」有個學生甚至問我：「如果我們還吃藥，解脫不就遙遙無期？實在很難想像菩提樹下的佛陀還要吃百憂解！」

　　某些被廣泛使用的抗憂鬱劑，的確會使人對劇烈恐懼產生疏離感，或某種程度的情緒性麻痺，不過依賴緩和作用的藥品，也有可能僅止於心理上。但是當恐懼過於劇烈，讓藥物介入一小段時間，也許是最慈悲的對應。這就好像使用胰島素治療糖尿病，藥物能夠調整失去平衡的化學作用。對於某些人來說，這樣的作法在心靈之道上可能是非常關鍵且明智的。我曾見過一些被恐懼折磨到完全失去官能的學生，在開始服用藥物後，終於能夠以覺察心和仁慈的態度來面對恐懼。有個同是心理醫生的朋友曾這樣說過，藥物讓有些人有機會「停止焦慮的行為，乖乖坐下來。」

　　藥物與禪修是可以並用的。藥物可以轉換恐懼的生理感受，而正念覺察的修持，則有助於解開讓恐懼之迷惘延續的複雜反應和感受。我的一個禪修學生，賽斯，是作曲家兼鋼琴家，他與衰弱性焦慮、羞辱感和沮喪對抗多年失敗之後，終於服用了抗憂鬱劑。賽斯一直很畏懼隨著表演與期待完美而來的焦慮等感受，他告訴我：「熟知作曲和演出是我的生命，當我認為自己搞砸時，我就會完全迷失，覺得自己一點用處也沒有。」賽斯開始服用抗憂鬱劑後，他的恐懼指數顯著降低了，雖然相同的情節和自我批判還是會生起，但是由於恐懼感鬆脫許多，他於是能夠看到，念頭只是念頭罷了，並非事物真實的狀態。逐漸地，隨著賽斯的禪修愈來愈深入，他開始習慣一個嶄新且不同的自我，與其覺得自己既病態又破碎而排斥自己，他反而開始想要照顧安慰自己。

　　兩年後，賽斯決定要停用抗憂鬱劑。因為恐懼雖然降低了，但他天生的敏感度和移情能力也喪失了一些，而且性欲也變弱了。停

藥幾個月後，賽斯又開始感受一波接著一波的劇烈恐懼，有時則是抑鬱。但是如今當這些情節浮現時，他已經能夠以覺察心來觀照注意，而不會迷失於其中了。服藥的結果使恐懼之迷惘開始分解，不再讓他感到被吞沒。儘管情緒依舊劇烈，但是他已經不再任由過度的自我批判和羞辱引發恐懼感，也不再視自己為拙劣破碎的人。也許偶爾賽斯還是會轉而求取藥物的緩和作用，但如今他已獲得心靈修持的力量，對自己也有信心，這信心讓他得知了內在解脫的真正效用。

從恐懼之迷惘覺醒的過程，並沒有絕對的方法。在選擇自己的道路時，要問問自己，這些選擇是不是有助於覺醒和解脫。最好的答案來自於誠實地審視自己的動機，我們進行治療的動機是什麼？選擇禪修或做某種特定形式禪修的動機是什麼？是不是藉由禪修逃避痛苦的關係或討厭的責任？是不是真心想面對並接受恐懼？這選擇是否讓我們更放鬆且更仁慈？在尋找如何獲得安全感的方法時，我們要問自己這些問題，然後實驗看看哪一種比較有用。

擴大覺照的鏡頭：容納恐懼

藉由協談的幫助，芭芭拉終於能再次在家禪修了。她知道當強烈恐懼來襲時，可以尋求皈依或慈心修持。逐漸地，隨著安全感的加深，她開始比較可以直接接受恐懼的生起；在這同時，我們則繼續協談，一起面對她的恐懼。

有天芭芭拉抵達我辦公室時，看起來既蒼白又疲憊，她說她最近輾轉難眠。有一個她正在輔導的學生瑪蒂染上毒癮，瀕臨退學邊緣，芭芭拉開始畏懼一週兩次的協談。瑪蒂是個乖戾且難以捉摸的學生，芭芭拉實在不知道如何讓她敞開心胸，每次協談都讓芭芭拉

覺得自己愈來愈無能。

　　她的聲音緊繃，雙手緊握；焦慮窄化了她的焦點，使她無法以自然的直覺和溫暖的氣度來陪伴瑪蒂、寬廣地面對她。我知道，如果芭芭拉擴大覺照的鏡頭，這擴展的洞察力就會使一切大不相同，如此，她就能夠用悲心懷抱自己的焦慮和瑪蒂的痛苦。

　　我請芭芭拉閉上眼睛，想像她跟瑪蒂下次協談的狀態，她立刻緊張了起來。「觀想自己坐在公園長椅，」我輕聲建議，「任何經驗生起，就說出來，友善地向它打個招呼，邀請它在你身邊坐下。」芭芭拉點頭表示同意：「胸口有種擠壓收縮的感覺。胃好像打了結一樣……好了，它們都坐在我旁邊了。」她停頓了一下又說：「有個聲音告訴我，『你一定會搞砸的，你眞是無可救藥。』」我提醒她，「跟這個也打聲招呼，請它坐下來。」

　　一陣較長的靜默之後，我問芭芭拉狀況如何，她笑了笑說：「恐懼就坐在我身邊，但是至少不是壓在我上面，我有空間呼吸了！」我鼓勵她更大力地深呼吸幾次，讓雙手放鬆，並釋放所感受的其他壓力。「現在你坐在公園長椅，可不可以讓覺照敞開涵蓋周圍的聲音？注意天空的寬廣向四面八方延伸，並繼續聆聽所有的聲音，看著它們在寬廣中生起又消逝。雖然恐懼還在身邊，但你是否願意成爲這虛空廣境一部分？」

　　芭芭拉臉上的線條鬆緩了下來，深深吸了一口氣，她緩緩地點頭告訴我：「恐懼仍然在，但現在似乎小了點。」我鼓勵芭芭拉讓自己放鬆，融入這籠罩著她的柔和、覺醒的虛空，「讓恐懼在覺性中漂浮吧。」協談結束後，芭芭拉已經可以想像自己在跟瑪蒂交談，感受焦慮在胸口湧出，然後讓焦慮解開並開始在覺性中消融。

　　對恐懼保持覺察，需要一種開放覺醒的氣度，就如同芭芭拉所經驗的，敞開心使得她能夠毫無束縛地活在當下，而保持覺醒則讓

她認清並全然經歷正在生起的一切。覺察的兩種相貌都是擴大（心靈）鏡頭的要素，假使沒有保持覺醒，寬廣開闊（spaciousness）會變成昏沈恍神（space out）。我們很有可能將開闊性視爲迴避恐懼的方式，而沒有以覺察心來經歷恐懼。

當我們與恐懼相處，而不是逃避恐懼時，對自我的認定就會開始轉變。我們不再是個神經兮兮、隨時武裝的人，而是與自己原本寬廣的覺性重新連結；與其陷入且受限於自己的經驗，我們反倒開始認清，它們只是念頭和感覺的一種變化之流。由於我們的心已習於褊狹緊繃，因此，要擴大鏡頭就需要規律的練習。在以覺察性之禪修培養覺醒的開闊性之際，我們也可以利用工具來擴大鏡頭，就像芭芭拉即將發現的一樣，工具就藏身在挑戰性十足的環境中。

協談時間又來了，但瑪蒂遲到。她在芭芭拉對面坐下來，說：「這根本就是浪費時間！反正不管是在這裡還是哪裡，也不會有人關心我！」芭芭拉狂亂地在腦中搜尋「適當的」說詞，她注視著瑪蒂，察覺自己體內生起的一陣驚慌。突然她注意自己在心中加註了「驚慌」，她向驚慌打聲招呼，讓它坐在公園長椅她的身邊。然後，即興地，她想像瑪蒂也坐在公園長椅。芭芭拉深吸了一口氣，望向瑪蒂身後的窗外，看到天空時想起了覺性的廣境，這廣境懷抱著她的恐懼、時鐘的滴答聲、辦公室牆上梵谷海報中旋轉的顏色，應該也容納得下瑪蒂。在這短短的幾個瞬間，芭芭拉的心已經從害怕失敗的恐懼中解放了。當她再度將注意力放在瑪蒂身上時，她看到坐在面前的是一個迷惑受傷的人，芭芭拉的心中充滿了仁慈溫柔，結果，在一種讓雙方都很驚奇的寬廣開闊之中，她問了：「瑪蒂，請你告訴我，到底發生了什麼事？」

瑪蒂哭泣起來，哽咽地說：「對不起，對不起，我到哪裡都把事情搞砸……」芭芭拉向瑪蒂靠近，甚至感到一點點的笨拙尷尬，

她輕柔地把手擱在女孩的肩上,「小乖乖,沒關係的。」她用安慰的口吻低聲說:「你很安全,一切都會好起來的。」藉由擴大覺性的鏡頭來跟自己的恐懼相處,產生了容納瑪蒂的空間。在練習徹底接納恐懼時,我們一次又一次看到覺察心和慈悲心彼此是相互關連的。對芭芭拉而言,擴大鏡頭建立了覺察的態度,讓她生起了自然而然的愛心。

擴大鏡頭使全然、具接納性之氣度的可能性增加了。想像以下兩種狀態的差異:一群野馬被關在小小的畜欄中,以及同一群野馬馳騁在開闊的原野上。這就是以窄化的眼光來來看待生命,跟擴大鏡頭來欣賞廣闊視野兩者的不同。假使我們覺性的原野既開闊又寬廣,那裡有的是空間讓恐懼的野馬呼嘯而過塵沙飛揚。

禪修時,當我開始覺察恐懼的緊迫不捨,我通常會花個幾分鐘擴大一下鏡頭。但是在產生些許生理和心理的空間之後,加深全然專注的唯一方法就是直接體驗恐懼,否則,寬廣舒服的覺受可能會誘使我避開當下經驗的不愉快感。想在恐懼之中保持真正覺醒,必須願意主動與恐懼的感受進行接觸。這種蓄意跟恐懼互動的方式,我稱之為「倚著恐懼,並進入其中」⑤。

倚著恐懼,並進入其中

有個著名的教義故事:有個人被老虎追到懸崖邊,只好往下縱身一跳以求生路。幸運地,山壁上有棵樹使他不致於繼續往下掉,他一隻手抓著樹枝,搖晃著,上方有老虎踱著步,下方幾百尺則是尖凸的岩石,他絕望地高聲大喊:「救命啊,誰來救我!」突然有個聲音回答:「我來也。」這個人大叫:「神啊,神啊,是您嗎?」又有回應:「是的。」男人心裡驚怖恐懼極了:「神啊,拜託,我

什麼都願意做，只要您肯救我！」神則回答說：「好，那麼就放手吧。」男人停頓了一下，然後大叫：「還有其他人在附近嗎？」

面對恐懼時，把自認為是救生索的事物放掉，是我們最不願意的。藉由累積財產、迷失在自己編織的故事中，或每晚三杯紅酒，我們試圖避開虎口和尖凸的岩石。然而，若想讓自己從恐懼之迷惘中解脫，我們就得鬆開緊抓樹枝的手，落入恐懼中，敞開心胸接受所有的感覺和體內狂亂的覺受。我們必須願意去感覺自己的心認為「太多了」的一切，我們必須認同垂死的痛苦、認同我們必然會失去所珍愛的一切。

放手進入恐懼中，接納它，這看起來似乎是直覺的反向操作，但是由於恐懼是生命力內在俱生的部分，抗拒恐懼等於是抗拒生命。逃避恐懼的習性滲入了生活的每個層面：恐懼使我們無法好好地愛他人，無法珍惜內在和外在的美麗事物，無法活在當下。這就是為什麼徹底接納恐懼是心靈覺醒的重點。

在我帶領的某個為期十天的閉關課程中，有個學生艾瑞克遇到他逃避不了的恐懼。他告訴我，前一天他在禪修時，遭遇了重大的生命轉變經驗，始自於他對母親和妻子茱莉的強烈不安和焦慮感。他母親最近中風了，有可能從此無法再走路或說話，而茱莉則長期為憂鬱症所苦。艾瑞克覺得自己無力幫忙；在焦慮如波濤般挾著威脅洶湧而來時，更覺無力。

艾瑞克記得前一天晚上，我在課程中說到要與恐懼相處，因此，他決定要深入自己的感受；他保持覺察體內的焦慮感，問自己：「到底是什麼在乞求關注？」突然間，童年的一樁悲慘事件浮現心中。那時，艾瑞克才六歲，他和弟弟在避暑屋湖邊的小碼頭玩耍，弟弟太靠近碼頭邊，一不小心就掉到水裡，艾瑞克大聲呼救，完全不知所措，但是救命的人來得太晚了。自此之後，艾瑞克一直

都覺得弟弟淹死是因爲自己救不了他。如今，在禪修中，這所有的感覺都浮現了，讓艾瑞克覺得自己就像要爆炸了。他的心跳萬馬奔騰般急促：他想到了他的罪惡感，對妻子的恐懼感，一切是否會更糟，他急切地想要做什麼來補救，但是卻不知道該做什麼。突然間，他的身體竟然麻木了。

他很熟悉這麻木感，每當茱莉告訴他，此生沒什麼好期待的，她的生命了無意義毫無希望可言，他常常就會發現自己感到冷淡疏離。他還是關心茱莉，但他說：「我無法在那個深淵陪她，我無法感同身受。」這時候，他的身體會覺得失去了生命力，心也覺得冷硬，但腦子裡卻奮力想盡一切方法試圖改善現狀。如今，在禪坐中他終於了解，隱藏在麻木感之下，是痛苦的巨大來源。假使艾瑞克向它靠近，就會害怕被吞沒。但他已問過，到底是什麼東西渴望受關注，而這就是答案。現在，他已經準備好要面對長久以來拒絕接納的恐懼。

倚著恐懼，並進入其中並非意味著失去平衡鎮定，或迷失在恐懼中。由於我們通常都是以逃避的方式來面對恐懼，轉向直接面對它其實是種矯正。倚入恐懼的時候，我們其實是在邀請、靠近我們慣於對抗的一切，這讓我們直接碰觸那哆嗦顫抖、膽戰心驚和無法放鬆的緊繃感，這就是恐懼。

無論是一種熟悉卻模糊的焦慮感，或是強烈的恐懼，倚入其中能幫助我們變得更覺知，且能夠在經歷之際就從中解脫出來。我們也許才從惡夢中醒來，或者才接到醫生的電話說我們的乳房X光片看起來很不對勁，或者聽到傳聞說公司即將裁員，才從報上讀到消息說恐怖份子可能又會在哪兒發動攻擊；無論是什麼狀況，我們最好先停歇一下，問自己：「現在到底發生了什麼事？」跟艾瑞克一樣，我們可以問：「到底是什麼在乞求關注？」或者：「是什麼在

乞求被接納？」提出這樣的問題來應對我們喉間、心口和胃裡的感受，是異常重要的，這些部分是恐懼表達得最清晰分明的區域。

當我們專注於面對恐懼的感受時，常發生的狀況就是心裡立刻開始編織情節妄想，我們可能會迷失在籌謀計畫中，一直想著如何應付某個可怕的狀態；也可能鑽牛角尖緊抓著令我們害怕的想法和假設：「我恐怕是個失敗的大癟三。」「我好怕永遠也找不到真愛和親密歸屬了。」或者「我好怕那個誰會發現我是這麼愚蠢且無趣，從此就不理我了。」我們也許會想起最近發生的一段對話，明白顯示自己的不安全感和困窘，或者跟艾瑞克一樣，陷入過去的記憶中，直接跟無力感短兵相接。

從恐懼之束縛中覺醒的關鍵，就是轉移腦中編織的劇情，跟恐懼感當下接觸——體內的緊縮感、壓迫感、燒灼感、顫抖、哆嗦搖晃、以及緊張不安的狀態。事實上，只要自己能保持覺醒，不要深陷其中，我們編織的劇情，也可以是認清恐懼原貌非常有用的途徑。腦中持續編織令自己害怕的情節妄想之際，要認清這些想法念頭到底是什麼，一再地放下這些想法念頭，去接觸連結身體的覺受。

加深艾瑞克的焦慮和無力感的情節，導致他身處更深層的恐懼，而多年來他也試圖麻痺這恐懼感。如今他向這恐懼感敞開心，問它：「你到底有多強烈？」候然間，憂慮恐懼的感覺即刻增強，恐懼膨脹的壓力在胸口爆炸開來，驚恐的感覺好像充滿了整個禪修廳。他並沒有退縮，反而沈默地允許它發生。他的心怦怦地劇烈跳著，胃部感到一陣痙攣和強烈的噁心，胸口急遽的壓力愈升愈高，彷彿一堵肉牆試圖將恐懼推開，試圖將恐懼包圍控制。他再一次提問：「你到底有多強烈？」彷彿被他的問題鬆綁一般，驚恐的感受竟然打破了邊界，直到充滿了整個宇宙。就像我們的孩子突然跑到車水馬龍的街上時，徹底的驚怖感陡然攫取了我們的心一樣，扼住

艾瑞克的恐懼迫切感彷彿永遠不會消失，永遠不會解開。「如果我對它敞開自己，」艾瑞克想著：「我一定會被毀滅的，這恐懼會把我殺了。」

艾瑞克雖然允許它發生，但同時還在與之對抗，這樣的對峙使得感覺的強度更劇烈了，恐懼撕裂了他的心，瞬間他突然明瞭，假使不讓恐懼徹底呈現，可能會就此毀了他，他明白自己必須放下內心深處的某些東西。艾瑞克後來這麼說：「我終於想要把自己交付給這個遠比恐懼更強大的境界。我想要停止控制內心進行的一切。」那最基礎的渴望終於勝利了，艾瑞克將自己放開，進入恐懼。「感覺身心都在碎裂分解，我迷失在狂亂的焚風中，燒成的灰燼往四面八方飛逝消失。」

倚著恐懼，並進入其中有時會像艾瑞克的經歷一般，既驚懼又恐怖；即使沒有那麼緊張，這種過程總是很不舒服。事實上，放手進入恐懼中的感覺，夏綠蒂‧淨香‧貝克曾說過：「就像躺在冰塊做的沙發上。」要讓自己在這種狀態中放鬆可能是異常困難的，我們會退縮不前，因為覺得這樣做應該會痛苦至死。然而，假使我們讓恐懼堅硬的邊緣狠狠地擠進自己，讓它的鋒利刺進來，讓它粗暴地把我們撕裂，某種奇妙的變化就會發生。艾瑞克告訴我：「混亂平息後，我的心完全靜止了，就像是尖叫聲、轟隆轟隆的嘈雜聲突然間靜止了，而我就安住在深沈的寂靜之中，既浩瀚又全然空無，但卻又感受到一種不可思議的仁慈溫柔。」

誠如艾瑞克所體會的，當我們不再試圖控制恐懼，不再執著生命中的一切，我們的武裝就會卸下，進而體會到一種深沈純粹的解脫。抗拒恐懼的另一邊就是解脫。停止緊繃僵化我們的生命之後，廣大無邊且充滿愛的覺性就會展現。

幾週之後，艾瑞克來上每週的禪修課，看起來很是不同——我

注意到他的雙肩不再下垂，站姿筆挺，胸膛看來也開闊多了。他告訴我，閉關結束回到家時，發現妻子又一次陷入憂鬱和無力感中，他感受到自己焦慮生起，自動就緊張起來了。但是面對恐懼他並沒有全副武裝或閉上心門，他的心油然敞開。「我很驚訝地發現，看到茱莉那麼悲慘，我感到非常難過。」他繼續說：「我也發現她對我而言有多重要，於是我這樣告訴她，然後抱著她……好一會兒。」他靦腆地笑了笑，補充道：「塔拉，你知道嗎，經過這麼久我才知道自己可以這樣很單純地抱著她，根本不需要企圖改變她。」艾瑞克沒有退縮，反而找到了面對焦慮時保持接納和仁慈的能力。

當恐懼之迷惘生起時，與其讓自己困在憂慮之中或找食物吃，與其讓自己忙碌不已，或企圖改變現狀，我們還可以選擇倚著情況，進入其中。自然也會有些時候，由於恐懼過於強烈，讓我們覺得這樣做很不安全。感到侷促不安且渺小的時刻，我們可能必須在全力觀照恐懼之前，首先擴大覺性的鏡頭；但是在勇敢的時刻，能夠躺在冰沙發上、讓自己經歷恐懼鋒利邊緣的時候，我們就會被引領到恐懼無法觸及的愛與覺性之中。

恐懼的天賦

芭芭拉跟我協談接近尾聲時，有次帶著燦爛的笑容出現，急著想告訴我發生了天大的一件事。那天，一整個早上她都在家裡禪修，而那被父親壓入水中的驚恐記憶又浮現了；恐懼漸漸高漲起來，但她還記得要停歇一下，做做深呼吸。過去幾個月以來，在協談治療和禪修時，她已經面對恐懼很多次了，這次她應該處理得來。喉頭開始緊縮時，她向佛陀無畏的心呼求，想像佛陀慈悲的存在正懷抱包容著她的恐懼。當童年的景象開始威脅著要給她好看

時，她全然地關注著這當下，並聆聽著窗外的蟋蟀和鳥兒的鳴叫，覺得整個大自然也在一起懷抱這恐懼。當她的心覺得夠開闊寬廣時，她開始讓自己倚著，並進入胸口尖銳椎心的痛苦中。禪坐到了尾聲，她竟然感受到了「暴風雨後的寧靜」；那些影像還是清晰可見，但是似乎已經無法觸發體內的感受了。「這些記憶可能還是會再浮現，但是不知怎地，我覺得那些痛苦已不能再控制我了。」

我正想慶祝她的突破性進展時，芭芭拉繼續說：「在開車前來這裡的途中，我經過社區的教堂。教堂的告示牌總是寫著一句話，今天寫的是：水面下發生了什麼事？聖靈進入了。」我們兩個一起靜靜坐了幾分鐘，讓這句話的力量徹底進入。然後芭芭拉接著又說：「你知道嗎，我到現在才明白，其實我父親是第一個幫我施洗的人，雖然想起來很怪，但是他卻是那個開展我心靈修持的人。」我告訴她這一點兒也不奇怪：「那些經驗的苦痛，還有他傷害你的那些時刻，都是洗禮與考驗。它們喚醒了你內心深處對平和與愛的渴望，這個渴望在心靈之道上強力地引導了你。」她緩緩地點點頭，溫柔的雙眸泛著淚光，「一點也沒錯，也許這個渴望就是聖靈的聲音，而我現在終於學會要更仔細聆聽了。」

芭芭拉離開前，我告訴她，她如此投入心靈修持，我有多麼以她為傲，「深入去聆聽需要很大的勇氣，你如實做到了。你沒放棄禪修或放棄生命，反倒願意持續不斷地觀照。」我們靜靜坐了一會兒，這時，我發現最讓我為芭芭拉感到最高興的就是：「藉由面對恐懼，」我告訴她：「你向那大愛敞開，而大愛懷抱了內在那個害怕的自我。」

跟內心的恐懼和痛苦裸裎相見之時，其實就站在美妙的重生和解脫的入口處；我們最深的本性即是覺性，當全然安住於其中時，我們就能自在地愛，我們就完整了，這就是徹底接納的力量：當我

們不再抗拒束縛於恐懼中的能量，它就會自然釋入無邊無際的覺性之海，我們就愈能從恐懼的掌控中覺醒，而我們的心就會愈加鮮活璀璨、愈加解脫。

協談治療結束幾個月後，芭芭拉來參加我主持的一日禪修課程。午餐時，她拿了一個東西給我看，那是「舞動人生」舞蹈教室的簡介，芭芭拉報名參加了為期十週的爵士舞蹈課程，而且她和藍迪也一起開始在練搖擺舞了。她告訴我，前一個週末，他們去看她父母親的時候，「玩得好愉快」。我知道自從芭芭拉的父親參加戒酒無名會之後，她和父親愈來愈親近了，而她的母親「就像個重生的人」，再加上藍迪在場，這總是讓她感到安全無比。不過這次又發生了一個「真正的突破」！他們四個吃完晚餐之後，芭芭拉跑到客廳放舞蹈教室的練習音樂，在熱鬧愉快的樂團伴奏之下，她和藍迪當場表演了剛在舞蹈教室學會的舞步，她的雙親鼓掌致意，並且堅持自己也要試試這些舞步！中間她爸爸轉過身來問她：「芭兒，你小時候也練過一陣子舞，那時你跳得很好，為什麼後來不跳了呢？」她笑了笑，沒有回答，她心裡感到一陣悲痛，那是個不為人知的創傷。但是這舊日的恐懼已經不會再阻攔她練舞了，這使她的心裡充滿了希望，「這不只是舞蹈而已，塔拉，」芭芭拉說：「這就是一切，我的生命正要開始，而且我可以自在地生活！」

我們的究竟皈依處

只要還活著的一天，我們就會感到恐懼，這是我們內在構造的一部分，就像寒冷的嚴冬或把樹枝吹落枝頭的風一樣，再自然不過了。如果我們抗拒它，或拒之於千里之外，我們就錯過了使自己覺醒的有利機會，里爾克寫道：

妳們，煩惱之黑夜啊，為何我沒能跪得更低一點兒來接納

妳們？

傷心的姊妹啊，我也沒能臣服在、沈湎於

妳們鬆開的秀髮中。我們如此虛度苦痛的歲月，

我們如此規避悲苦的時光，

只想知道苦痛何時結束。儘管，它們其實是

我們自己的四季，我們的冬季……

　　如果只是一直在等待恐懼結束，我們就不會找到純淨且充滿愛的當下，這個當下只有在把自己交付給幽暗黑夜時才會展現。只有放開自己進入生命之流，進入失去，進入死亡，我們才會得到解脫。

　　面對恐懼是我們終其一生的訓練，訓練自己放開所執著的一切──這其實是一種面對死亡的訓練。我們在經歷日常生活的許多恐懼時就要練習──焦慮自己表現得是否夠好，在某些人身邊時的不安全感，擔心自己的孩子或財務狀況，擔心會不會讓摯愛的人失望。以徹底接納的心態來經歷持續的失去，這種能力是練習而來的，慢慢地我們就會發現，自己真的可以處理恐懼，包括失去生命這個最深的恐懼。

　　樂於面對恐懼的意願，能使自己從迷惘中解脫，也賜予我們覺性的加持祝福。我們放下更深更微妙的層層抗拒，直到絲毫不需要抗拒為止，直到剩下覺醒、開闊的覺性為止，這就是能夠容納生命與死亡的皈依處。在這個璀璨且不變的覺性中，我們就可以如里爾克所說：「容納死亡，死亡的全貌……能夠仁慈地將死亡懷抱在我們心中，且不……拒絕繼續活下去。」

　　徹底接納恐懼引領我們到達這一切解脫的源頭，到達究竟的皈依處，這個皈依處才是我們真正的家。

以敞開且投入的態度經歷恐懼

　　有些時候，你所經歷的覺受和感覺並非跟心靈創傷有關，那麼這個練習將會幫助你培養一種開放而投入的氣度。假使你的恐懼跟心靈創傷有關，或者令你感到不勝負荷，那麼這個與恐懼相伴的練習可能會導致情緒崩潰，這時候它就不那麼恰當了。若是遇到這種狀況，請不要獨自面對恐懼；尋求可信任朋友的支持、禪修老師的引導，抑或心理治療師的專業協助，這是非常重要的。

　　找一個舒適的地方坐下來，眼前的視野不會令你分心或覺得幽閉，你可以眺望窗外、看著一堵空白的牆面，或者家裡一塊整齊的空間。眼睛睜開，將視線落在雙眼平視再上面一點點的高度，目光放柔和，眼神不形成焦點，但還能接收視力範圍以內的影像。放輕鬆，轉轉你的眼睛，讓眼珠子在眼眶中輕輕游移。花一點點時間快速審視你的身體，將壓力釋放出來，特別是肩膀、雙手和腹部。

　　現在，用接納的覺性注意周圍空間生起及消失的聲音。花一兩分鐘時間，單純地傾聽就好。留意附近的聲音，注意它們的起始和結束，然後注意聲音與聲音之間的間隔。現在，開始留意較遠處的聲音，然後接收你可以聽到的最遙遠的聲音。放輕鬆，將覺性敞開來，讓它含括你能聽到的最遙遠的聲音。在無遠弗屆的覺性中，感受你所接收的一切的生起與終止，如景象、聲音、味道、知覺、心情等。

　　還是睜開雙眼，但是目光俯視，或者，如果你比較喜歡這樣，閉上眼也可以。讓你的覺照輕柔地停留在呼出的氣息上，每次吐氣的時候，放鬆進入虛空。每次的呼氣都向外消融於開闊的虛空中，

就這樣跟隨著它；感覺你的整個身體和心也可以隨著吐出去的氣，消融在虛空中。感受你的覺性正在與無遠弗屆的虛空混合，完全開闊且無窮無盡。

吸氣的時候，只要安住在開闊性之中，聆聽並保持覺醒，什麼也不做；然後再次吐氣向外放開。吸氣，安住在具接受力的寬廣覺性中。吐氣，在開闊性中放鬆。以這樣的方式，你可以隨自己喜好決定要禪修多久的入出息。

現在安住在這個自然的開闊性中，回想一個能喚起恐懼的情境，問自己：「這個情境最糟糕的部分是什麼？我到底在害怕什麼？」你的詢問可能會挑起一個故事，假使你能對體內生起的感受保持警覺，這些情節就會是讓你更徹底進入覺受的途徑。

特別觀照你的喉嚨、胸口和胃的部位，看看恐懼如何在你體內表達自己。你可以大方地邀請恐懼：「盡情地展現你自己吧！」現在，當你吸氣時，讓吸入的氣直接觸及最痛苦最脆弱的部分，全然地觀照著恐懼的感受。吐氣的時候，體會這懷抱著你的經驗的虛空廣境，感覺恐懼好似在這開闊性中漂浮、解開。

這恐懼到底是什麼感覺？你身體的哪一個部分感受最強烈？這些感受會改變或轉移到身體的其他部位嗎？它們是什麼形狀？如果有顏色的話，是什麼顏色？你心中如何經歷恐懼呢？感覺起來很緊繃嗎？你的心跳加速或心裡感到迷惑嗎？

隨著每一次吸氣，感受你樂意與生命中不悅或不安的的波濤溫柔地結合；吐氣的時候，放下鬆緩，並感受恐懼的波濤是如何歸屬一個更廣大的世界，歸屬於這開闊性的大海。你可以將恐懼交付這寬廣仁慈、能療傷的虛空。吸氣，以仁慈清明的覺照，接觸當下的感受。吐氣，你了悟這個你所歸屬的無遠弗屆的覺性，它能夠容納生命的一切恐懼。

如果你又開始防衛了，或覺得麻痺了，就專注在身體的感受，並以吸氣來全然接觸；如果覺得恐懼好像「太強烈」了，就將重點放在吐氣上——在開闊性與安全感之中放鬆。從聆聽聲音重新開始，或睜開眼睛也會有幫助。你也許可以想想這世界多麼寬廣，或者以悲憫心來憶持那些同時也在恐懼害怕的人；你也許會想起某個人、某個精神上的象徵或地點，它們在本質上傳遞了一種安全感。一旦你感覺自己歸屬於一個更為廣大的世界時，再用上述的方式，透過你的身體和心讓恐懼表達呈現。假以時日，你將能發現接觸恐懼與憶念開闊性之間的巧妙平衡。

平時當恐懼生起的時候，你也可以練習如何與恐懼相伴。利用你的呼吸，允許自己接觸恐懼的感受，然後吐氣，在開闊性中放下、鬆緩。如此，這能量就不會被掩蓋起來，開始潰爛惡化。不再強化老是逃避生命的憂懼自我，你反而會變得愈來愈有自信，且感到生氣勃勃。

第八章

喚醒悲心：
成爲懷抱者與受擁者

一切你所需要的都已在你裡面，
只是你必須以尊嚴和愛來內求諸己。
自我譴責和自我懷疑是令人悲痛的錯誤……
我只求你，讓愛使你的自身圓滿。
　　　——殊利‧尼薩噶達他（Sri Nisargadatta）

上帝創造了孩子，也就是，你的缺憾，
以便，他可以嚎啕大哭，以便，乳汁能夠到來。

哭吧！不要麻木不仁，不要靜默不語，
在這感受痛苦的時刻，痛哭流涕吧！讓這愛的乳汁
流進你裡面。
　　　——魯米

那時，我們正在進行為期一週的禪修閉關，第三天時，丹尼爾來找我協談，這是他的首次協談。他在我面前的椅子上噗通坐下，馬上就宣判自己是全世界最苛刻的人。「禪修的時候，不管我在想什麼或感覺什麼……我到最後一定會覺得哪裡出錯了。在行走、飲食的禪修①時，我就會開始想，我應該做得更好，更覺察；做悲心禪修時，我的心感覺像塊冰冷的石頭。」禪坐時假使丹尼爾的背覺得疼痛，或是當他的覺照散亂，迷失在念頭中，他就會自責，說自己是個無能的行者。丹尼爾也坦承，來協談讓他感到很尷尬，他怕會浪費我的時間。雖然他對別人也會有敵意，但大部分時候是針對他自己。「我知道佛陀的教義是以慈悲為基礎，」他悲苦地說，「但是我實在無法想像這能在我身上發生作用。」

像丹尼爾一樣嚴苛對待自己，對很多人來說應該很熟悉。我們常常會以自我批判來掩蓋情緒的痛苦，以隔離這些感受——我們的脆弱、瞋恨、嫉妒、恐懼等。假使我們推拒部分的自己，只是把自己挖深一層，看到缺乏自我價值感的迷惘而已。我們可能清楚地看到自己或他人的過失和缺點，可能會認出自己很具批判性，也可能會承認自己正困在憤怒或渴望或恐懼之中。我們甚至會說，我接受我所見到的；然而，徹底接納是一體兩面的——要兼具慈悲與覺察。假使我們的心在恐懼與指責中變得冷硬麻木，我們就無法接納自己的經驗。

前面兩章所提到的案例，讓我們看到了某種程度的悲心如何協助當事人運用覺察正念，善巧地面對欲望或恐懼。為嗜食症所苦的莎拉，記得「這不是我的過錯」，原諒自己，讓她的心敞開且柔軟下來，因此而生起覺察的態度。芭芭拉在治療關係中得到安全庇護，並學習自行找到安全感的容納處和慰藉之後，便開始能夠面對她的恐懼了。這些案例強調的是，利用覺察正念使我們從痛苦中解

脫，但是在接下來的這三章，焦點則放在如何直接喚醒悲心。

假使我們困在自我批判中，像丹尼爾一樣，那麼，走向徹底接納之解脫最明智的第一步，就是對自己生起悲心。如果我們傷害了別人，並讓自己捲入罪惡感和自責之中，那麼，對自己生起悲心之後，就能找到明智且具療效的方法來改善。如果我們被傷痛或悲哀所淹沒，那麼，生起悲心就會有助於憶起我們生命中的愛和聯繫。與其把痛楚推開，倒不如以無條件的悲心懷抱痛楚，使自己解脫。

悲心就是：與之同在、感同身受、患難與共。傳統佛經描述悲心為心的顫動，意即縱然受苦，仍然保有內心的柔和。在佛教傳統中，一個全然了悟悲心、以悲心過生活的人，即稱之為菩薩。菩薩道和其教示即是，我們允許自己的心被自己的或他人的痛苦所碰觸，這些痛苦乃是自然的悲心之花。菩薩的祈願既簡單且威力強大：「祈願一切境遇都能讓悲心覺醒。」當我們正在經歷離婚、為孩子擔心受怕、面對疾病、面對死亡──無論是什麼樣的境遇，都是通往清明且覺醒之悲心的途徑，這就是徹底接納的心要。

我對菩薩道的了解是，我們都是覺醒的眾生，每一個人都在學習面對痛苦，每一個人都在探索這表露自己最深本質的悲心。當我們開始相信痛苦是到達悲心的途徑時，我們就可以解開逃避痛苦最深的慣性反射。我們不再抗拒生命的一切，而是有能力以一種全然且仁慈的氣度，去擁抱自己的經驗以及一切眾生。

想要培養悲心的仁慈溫柔，我們不僅得停止逃避痛苦，還要戒慎地觀照。佛教的悲心修持通常都從覺察自己的痛苦開始，因為，一旦我們的心能柔軟，能接受自己的痛苦，就容易將悲心擴展到他人身上。有的時候，先將注意力放在他人的痛苦，我們就很容易觸碰到仁慈，之後再行覺照自己的經驗。無論是哪一種方式，當感到痛苦時，以關愛心對待之我們就喚醒了悲心。隨著不斷練習以悲心

仁慈柔和地回應痛苦，我們的心就會變得像佛學老師雪倫‧薩爾茲堡（Sharon Salzberg）②所說的，「跟世界一樣廣闊」。

以悲心擁抱自己

當我問丹尼爾如此苛責自己多久了，他沈默了好一會兒。他說這種狀態為時已久，從很小的時候，他就開始以媽媽對待他的方式，殘酷地對待他自己，忽視他心中的所受的傷害。成人以後，他也是以一種不耐煩且惱怒的態度對待自己的身體和心。即使是在面對離婚的痛苦和長期的背痛時，丹尼爾也無法承認自己的痛苦有多麼真實且劇烈。他反而苛責自己把婚姻搞砸，又不知道要把自己照顧好。

我請丹尼爾告訴我，當他在批判自己的時候，身體有什麼感覺，他指著胸口說，他覺得自己的心就像被緊繃的鐵索綑綁住一樣。我問他這時是否能感覺受綑綁的緊繃感，丹尼爾出乎意料之外地聽到自己說：「你知道的，真的痛死了。」我輕聲問他，那心中的疼痛感覺如何，「好悲傷。」他輕輕答道，雙眼泛著淚光，「真不敢相信，我帶著這麼多痛苦已經這麼久了。」

我建議他把手放在心口上，這個他覺得最痛的地方，問他可否將一個訊息傳達給這痛苦：「當你說：『我關心這個痛苦』時，有什麼感覺？」丹尼爾看了我一眼，又低下頭：「這樣很奇怪。」我鼓勵他試試看，輕輕地說就可以了。他做了一次，然後又慢慢地重複這句話兩次之後，悄悄啜泣起來，肩膀因此顫動不已。

大家都感受過，因為他人關愛的力量，我們的武裝因而軟化了。當我們覺得煩亂難過時，常常因為有人真的關心我們、願意聆聽，或者給我們一個擁抱，我們才能軟化下來開始哭泣。若有人誠如一行禪師（Thich Nhat Hanh）所建議的對我們說：「親愛的，我

關心你的痛苦。」那麼，一個深層的療傷過程就此展開。

我們也許很樂意對他人付出關心，但我們可以學習把同樣的溫柔關注送給自己。用輕撫熟睡孩子臉龐一般的撫觸，將手放在自己的臉龐或胸口上，我們可以用慈祥體諒的話語來安慰自己。

給予自己這樣的關懷，一開始大家可能會覺得奇怪而不習慣，就像丹尼爾一樣。有時候，以這種方式把悲心用到自己身上，實在令人感到很困窘。這可能會引起一種羞恥感，不恥自己既貧乏又不值，或不恥自己在自我縱容。但是這個仁慈對待自己的革命性行動，卻能開始摧毀我們這一生所有的嫌惡信息。

接下來幾天，每當丹尼爾察覺到對自我或他人的批判時，他就會檢查一下自己的身體，看看是哪裡感覺疼痛。他發現通常都是喉嚨、心口和胃，因恐懼而緊繃，而胸口則覺得沈重酸楚。這時丹尼爾就會輕輕地把手放在心口上，說：「我關心這個痛苦。」由於他坐在禪修堂的前排，我看到他的手幾乎無時無刻都放在心口上。

有天下午，丹尼爾跑來告訴我，當天稍早禪修時發生了一些事。他心中生起了一個景象，地點是母親家，他跟母親正在爭吵，他試圖跟她解釋，休假一個星期去做禪修練習，並非不負責任的舉動，他聽到母親輕蔑地回答說：「你這懶骨頭，為什麼不鞭策自己做點有價值的事？」相同的貶損話語，也曾經讓青春期的他想要收拾行囊離家出走，他覺得胸中充滿了怒火與怒氣，他聽到自己心中吼叫著：「妳這可惡的婆娘，妳根本不了解，妳從來就不了解！妳為什麼不閉上嘴一會兒，仔細看看我！」

丹尼爾感到瞋恨與挫敗的痛苦像一把刀一樣插進他的心口，他已經快要開始斥責自己像個懦夫，既不敢站出來反抗她，且身為禪修行者還這麼充滿憤恨，但是他沒有，反而把雙手放在心口上，輕聲地反覆說著：「我關心這個痛苦，祈願我從痛苦中解脫。」幾分

鐘之後，那尖銳的疼痛平息下來，在原本疼痛的部位，丹尼爾感受到一陣暖流從胸腔往外擴散，心口還有一種柔軟而開放的感覺，就好像他的脆弱處正在傾聽並接受安慰，丹尼爾說：「我不會離開你的，我就在這兒，而且我很關心你。」一直到整個閉關結束，丹尼爾都以這種方式練習，有些痛苦的情結、青春期的傷口和苦惱的自我都逐漸釋放了。

最後一次協談的時候，丹尼爾整個人的氣色都轉變了；他變柔軟了，不再那麼有稜有角，身體放鬆多了，眼神更是清亮。一反先前見到我時的觍腆尷尬，他看來很高興來這兒。他說，他還是會批判與自我苛責，但是已經不那麼殘酷無情了，不再禁錮於那種老是覺得自己哪裡不好的感覺。他開始能以新的眼光注意這個世界——學員看起來友善多了，大片森林是誘人的神奇殿堂，而佛法的話題激起了如孩童般對萬事萬物的陶醉和驚奇。他感到生氣勃勃，但也對這生命的嶄新可能性感到有些迷惑。由於以慈悲的態度擁抱自己，丹尼爾逐漸能夠更自在地全心投入自己的世界中。

就像丹尼爾一樣，由於我們變得如此耽溺於批判、懷疑自己，因此任何對傷口的真誠對待都能引起徹底的轉化。能使內在解脫的就是悲心，而我們的痛苦則成為能使我們解脫的慈悲之途。當我們成為那個能容納自己憂傷的人，我們的舊有角色，比如審判者、敵對者或受害者就不會再被鼓動。我們也不以新角色來替代，而是在原處找到具足勇氣的開闊性以及真正慈愛的能力，這不僅是為自己，同時也是為了他人。

伸出雙臂祈求悲心

在我主持的某個週末徹底接納課程中，有個學員瑪利安分享了

她的故事，羞愧和罪惡感折磨她爲時已久。瑪利安的女兒克麗斯緹正在戒酒，曾經邀請母親參與她的療程，療程開始之後，克麗斯緹揭露了她的繼父，也就是瑪利安的第二任丈夫，在她青春期那幾年長期對她性侵害。當瑪利安熟睡或不在家時，他就會潛入克麗斯緹房裡，把門鎖上，這樣才不會突然被她妹妹撞見，幾乎每個星期他都會醉醺醺地回家，強迫克麗斯緹幫他口交，然後威脅她要保持緘默。他告訴她，如果這件事洩漏出去，他就會痛打她，讓她生不如死，他也威脅說要對克麗斯緹的妹妹性侵害。有時他會哭泣，說如果瑪利安發現這件事，鐵定會毀了她，她可能會去自殺。

每次女兒揭露更多過程，瑪利安就覺得自己的靈魂被打入更深一層地獄，她的生活成了活生生的夢魘。她會殘酷地不斷在腦中播放影像，想像她的丈夫溜進克麗斯緹房裡，強暴她。狂怒佔據了她，對這個傷害她女兒的男人，她在心裡編織著對他展開報復的情節，只是，漸漸地她開始覺得這都是自己的錯。

想像著自己在樓下一無所知，可能因爲喝了太多紅酒而熟睡，這自我憎恨讓瑪利安覺得像是被撕裂了般，她心中充滿了無盡譴責的悲痛：「如果我知道就好了。」「我怎麼會那麼盲目？」對自己的悲心？不可能，瑪利安覺得對自己慈悲根本是錯的。她告訴自己，她是個母親，發生在克麗斯緹身上的事根本是自己的錯，她活該要受苦。

然後，在某次療程，瑪利安最恐懼的事終於發生了。克麗斯緹以言語攻擊她：「我一整個青春期妳都在睡！」她大叫：「我被強暴，無路可逃，也沒有任何人在那裡照顧我！」克麗斯緹面紅耳赤，雙手緊握拳頭，「好了，我終於說了，我終於告訴妳真相了，現在妳可以再次消失了！我那時很怕告訴妳這些事，現在我終於知道爲什麼，因爲妳根本無法接受真相，妳根本不知道拿我怎麼辦，

妳根本就不能，我恨妳！」克麗斯緹尖叫：「我恨妳！我恨妳！」

　　這番話刺穿了瑪利安的心，看著克麗斯緹軟癱下來哭得死去活來，瑪利安明白這些話一點兒也不假。在克麗斯緹痛苦時，她的確沈睡逃避了，她無力處理女兒嗑藥的問題、跟老師的衝突、曠課問題和退學，因為她根本沒有能力處理自己生命中的任何事。跟她的第一個婚姻一樣，她跟第二任丈夫的關係，很快就因他的外遇瓦解了。她面對沮喪的方式就是跟朋友去喝酒，然後睡到日上三竿。她後來開始接受治療，終於也離了婚，不過兩個女兒也都離家了。如今她明白她是如何造成了克麗斯緹和小女兒的悲慘命運，她把所有重要的事都搞砸了，她沒有理由再活下去。

　　我們都曾經傷害過別人，也因為自己的所作所為而覺得自己很壞。對瑪利安而言，無可避免的事實就是，她在克麗斯緹的苦痛中扮演了直接影響的角色。當我們像瑪利安一樣面對傷害他人的事實時，說實在的，有時候這種罪惡感真會讓我們崩潰。即使當傷害並不大，有一些人還是會覺得自己不值得悲憫、不配獲得救贖。在這個時候，為自己找到悲心的唯一之道，就是在渺小可憐的自我之外，去尋求一個較高的對象。也許我們可以遙呼摯愛者以尋求皈依，比如佛陀或聖母、上帝或耶穌、偉大的神、濕婆或阿拉。我們向慈愛的覺性伸出雙臂，因為它有能力提供慰藉和安全感給我們這破碎的生命。

　　瑪利安是個天主教徒，祈禱的時刻讓她得以享有深切的平靜，得以跟慈愛的上帝交流，但是在這個絕望的時刻，她卻覺得宇宙只剩她孤獨一人。當然，上帝還是存在，但是她覺得自己罪大惡極、卑鄙可恥，不配向祂求助，多瑪斯・牟敦（Thomas Merton）③曾寫道：「當無法祈禱，哀莫大於心死的時刻，我們才能學會真實的愛與祈禱。」瑪利安的因緣時刻已到。

瑪利安怕自己想不開傷害自己，於是她去見耶穌會的神父，也是她大學時的老師，尋求忠告協助。她跌入神父準備好又軟又厚的座椅中，傷心地哭泣：「拜託，求求您幫幫我。」她乞求著，神父仔細聆聽她的故事，在她哽咽啜泣時在一旁靜靜陪伴。當她終於平息下來時，他輕輕地執起她的一隻手，開始在掌心劃圈圈。「這個，就是妳現在所在之處，」他說：「痛苦至極——這是個捶胸頓足、嚎啕大哭、椎心泣血之地，這是個無可避免的所在，任由它發生吧。」

　　然後他用自己的手蓋住她的，「但是如果可以的話，」他繼續說：「要記住，還有一個偉大的境地，一個全然之境，也就是上帝的國度，在這個寬容悲憫的境地，妳當下的生命可以就此開展。而這個痛苦，」他再度碰觸她的掌心，「永遠都由上帝的愛所懷抱，妳知道的，祂懷抱著妳的痛苦和愛，而妳的傷口將會痊癒。」

　　瑪利安覺得好像有一股慈悲的力量，從神父的手上傳過來，溫柔地浸潤著她，邀請她將自己交付給這慈愛的懷抱。當她把自己的絕望獻出去時，她知道她把自己交付在上帝悲憫的手中，放下的愈多，她覺得擁抱愈深。是的，她以前是很盲目無知，造成了無可挽回的傷害，然而，她並非卑微無價值，也不是惡毒的人。上帝無盡的慈悲懷抱著她，讓她得以找到通往心的道路。

　　對自己慈悲，並不表示我們可以逃避行為的責任，而是說，如此我們便得以從自我憎恨中解脫，因為，自我憎恨使得我們無法以清明和穩定的心回應生命。神父並非要瑪利安忽視痛苦，或否認她辜負了自己的女兒，而是要她向這能夠治癒一切的愛敞開心胸。

　　如今，瑪利安不再將自己鎖在苦惱的念頭中，她已經能夠憶持著慈悲的無盡潛力。當自責或自我憎恨的感覺又生起時，她就在心裡說：「請擁抱這個痛苦。」當她感覺到上帝懷抱了自己的痛苦，

她就能夠堅強面對，而不會覺得肝腸寸斷或想要一死了之。隨著心感到平息清明，她於是有能力去思考下一步，如何幫助克麗斯緹。

　　兩個星期之後，她們又在療程中見面了，克麗斯緹看起來既防衛又冷漠，瑪利安悄悄地坐到她身旁的沙發上，克麗斯緹沒有閃避時，瑪利安就慢慢向她靠近一些兒。瑪利安告訴她，她知道自己完全辜負了她，「我本該在那兒保護妳、安慰妳的……但我卻讓妳失望了，我糾纏在自己的痛苦中，看不到妳的痛苦。」她停頓了一下，誠摯地看著女兒的雙眼，「我不知道要怎麼跟妳說我有多抱歉，我也知道我無法讓妳的痛苦消失，克麗斯緹，但是我想要陪著妳找到妳自己，我再也不會消失不見。」

　　輕輕握著克麗斯緹的手，瑪利安告訴她在神父那兒發生的事，她在女兒掌心畫著圈圈，輕聲重複神父的話：「這是個無可避免的所在，任由它發生吧。」然後用自己的手蓋住女兒的手，繼續說：「但是在這寬容悲憫的境地，上帝的國度，妳的生命可以就此開展。」當她們終於相擁時，兩人都淚流滿面。瑪利安抱著她啜泣的孩子，心裡充滿了慈悲──對女兒也對她自己。克麗斯緹讓媽媽抱著，把自己交付給這意料之外、親生母親母愛的力量與踏實感中。她們兩位注定都得經歷這未癒傷口的痛楚，但如今她們總算可以一同療傷了。由於向上帝伸出雙臂，讓上帝的悲憫擁抱著自己，瑪利安終於找到這能夠懷抱容納她們兩個的悲心。

　　瑪利安的故事引起了徹底接納課程學員的共鳴，許多人說到自己「無法祈禱」的過程經歷、覺得自己不值得被愛的時刻。在團體討論中，我們討論了一些方法，比如說，在這樣的時刻如何向某個慈悲的對象求助，而經由這些，學習到如何擁抱自己。我們也探索了徹底接納之心的具智慈悲，是如何肇始於對自己的無條件關愛。

　　覺得疏離孤獨時，我們渴望像個孩子一樣，讓慈愛的母親和仁

全然接受這樣的我

慈寬容的父親以悲心擁抱在懷裡。在這樣的時刻，我們可以伸出雙臂，把破碎的自己交付給具治癒力的懷抱，就好像里爾克所說的：

> 我渴望被擁抱
> 在你心的偉大懷抱中——
> 喔，現在就用這雙臂擁抱我吧！
> 在這懷抱中，我交付破碎的，我的生命……

當我們覺得被一種關愛的存在擁抱入懷、被一個比渺小畏懼的自己還要偉大的對象所關愛時，我們就能在自己心中找到空間，來容納自己生命的碎片以及他人的生命。這些似乎「太多了」的痛苦，能喚醒我們到達悲心的甜美境界。

具覺察力的祈願：「但願痛苦喚醒悲心」

我們也許會認為瑪利安如此虔誠的祈禱，是基督教或以上帝為主的宗教獨具的方式，然而，無論我們信奉什麼，身為人類的我們在絕望的時刻，大都傾向於向外求助。我們會向外尋求偏頭痛的緩解、懇請求職公司錄取、祈願擁有智慧以便引導孩子度過難關等。我們可能會低聲說：「喔，求求您，拜託。」覺得自己是在跟「上天」求助。當我們覺得被斷絕且害怕時，就會渴求來自這個更偉大、更具力量之歸屬的慰藉和寧靜。

修持佛法的學員常常會想，這樣的祈禱是否強化了一種分離且欲求匱乏之自我的概念。看起來我們似乎的確是在向一個比渺小畏懼的自己更偉大的對象哀求，然而我們到底在向誰祈禱呢？我在「一位論派」④的宗教背景中長大，我記得以前我們常開玩笑說，

祈禱信的抬頭是否該寫「敬啓者」。然而追隨佛法之道的我們，可能也會有這樣的疑問。儘管所謂「祈禱」的確暗示了自與他的二元對立，這仍舊可以是一條通往全然歸屬之無二經驗的直接之道。

儘管西方並不總是強調祈願與虔誠心，但是在佛教中卻是現今仍盛行的主流。誠摯的祈願表現在慈心與悲心的修持⑤中——希望我會快樂，希望我脫離痛苦——這些都是不同種類的祈願。我們的祈願以及希望從痛苦中解脫的渴求，雖然不一定指向哪個對象，但有可能會指向佛陀或某一位大師，或認爲是覺醒心靈化現的菩薩。我們的覺察心與虔誠展露之後，這樣的祈願便成爲喚醒心靈的一種方式。

受苦時我們就會轉而禱告，而無論造成痛苦的外在原因是什麼，最根本的緣由都是相同的：我們覺得分離和孤獨，於是我們向外求助以解除孤立的痛苦。凱爾特詩人與學者約翰‧歐達諾琥（John O'Donohue）在他的書《永恆的回音》寫道：「祈願是渴望之聲，它向外也向內求助，揭露了我們遠古的親密歸屬。」對於我稱之爲「覺知的祈願」，這眞是個美麗的描述。我們不僅向外求知我們的親密歸屬，也以覺知的祈願向內仔細傾聽那發出祈願的苦痛要說什麼。當我們願意接觸分離的痛苦時，渴求就會帶領我們到達慈悲之境，也就是我們覺醒的本性。

多年前發生了一件令我心碎的事，讓我經歷了具覺察力的祈願力量所帶來的轉化。那時我愛上了一個人，他住在美國的另一邊，與我相隔二千哩。由於對於家庭的渴求和住處的選擇大相逕庭，我們實在無法一起共創未來，於是這段關係就化爲烏有。失去了他讓我痛徹心扉，有好幾個星期我被強烈的思念所吞沒，不斷哭泣，被悲傷擊垮。我不再聽廣播，因爲收音機傳來的古典搖滾歌曲常常讓我觸景生情。我不去看愛情文藝片，也甚少跟朋友談起他的事，因

爲連提到他的名字都會讓我舊傷復發。

　　一兩個月哀怨的心理過程我還可以接受，但是這種情形不斷持續下去，讓我開始覺得很羞愧，我怎麼可以任由淒涼頹廢的感受佔據自己；除此之外，我也覺得自己一定是哪裡有問題，不然怎麼會這麼病態。那個男人已經開始跟別人約會了，我爲什麼不也這樣？我試圖讓自己從故事中醒來，試圖覺知地讓這痛苦通過，然而我卻一直被渴望和失去的感覺所佔據，感到異常難忍的孤獨，以前我從未如此寂寞過。

　　我的禪修室有一幅西藏唐卡，上面是一位悲心菩薩，西藏稱爲度母，中國則稱之爲觀世音菩薩，祂是救苦救難慈悲的化身。據說，觀世音菩薩一聽到苦難世界的哭喊，就會以心的顫動來回應。大約是崩潰後一個月的某天早晨，我在唐卡前失聲痛哭，發現自己在祈請觀世音菩薩。就像瑪利安一樣，我對自己一點也不慈悲，我感到椎心泣血且沒有價值，我想要讓觀世音菩薩的慈悲擁在懷中。

　　修持佛法這麼多年，我不時會向觀世音菩薩祈請，主要視祂爲一種悲心的象徵，希望能夠助我喚醒自己的心。然而，我從來不曾用瑪利安那樣的方式向祂祈請過，將祂視爲比渺小的我還要偉大的心靈存在而向祂求助。現在，在這個絕望的時刻，一切迥然不同。觀世音菩薩不再只是一種靈感的象徵，祂是那個摯愛——那無遠弗屆充滿了愛的存在，而我，渴望祂能解脫我的痛苦。

　　經由這種求助方式，有好幾天我的確找到了一些慰藉。但是有一天早上，我又碰壁了，我這是在幹嘛？夜以繼日的固定儀式：痛苦、祈請、哭泣、痛恨自己的痛苦，並沒有讓我的傷口眞正痊癒。倏然間，觀世音菩薩似乎成了我腦中喚請來安慰自己的一個想法罷了，但是，若不是因爲向祂尋求皈依庇護，我現在也無處可去、無人可依靠、無法逃離痛苦的深淵。然而最令人難以忍受的就是，這

些痛苦看起來似乎永無止盡，而且毫無價值。

　　雖然這似乎只是另一個概念，我還是記得，對於具有願力的菩薩，痛苦是喚醒心靈的真正途徑。我憶起了過去當我真正活在痛苦的當下，有些東西確實改變了。我瞬間突然明白，也許這個狀態是在告訴我，真實相信痛苦即是途徑。也許這才是重點——無論我覺得有多糟糕，無論這種情形會持續多久，我必須停止抗拒悲傷和寂寞。

　　我憶起了菩薩的誓願：「願這痛苦有助於喚醒悲心。」於是我在內心重複念誦這句話。不斷地念誦讓我開始感到，內在的聲音愈來愈不那麼絕望，且愈來愈真誠。

　　我明白了這是千真萬確的——藉由全面深入直接碰觸痛苦，我的確可以覺醒成為自己所渴望的愛，在我放下自己走入真理的那一剎那，改變就開始了。

　　十四世紀的波斯詩人哈費茲（Hafiz，1319～1389）寫道：

別這麼快
就交出你的寂寞。
讓它刺得更深一點兒吧。
讓它將你發酵醞釀醃漬入味
成為人中之人
甚或是神聖原料之罐。

今晚我的心缺了一角
那缺憾使我雙眸輕柔寬厚，
使我的聲音變得
慈愛十足，

我自己對上帝的需索
已完全地
清晰透徹。

　　那一天，我在禪修室中，讓寂寞更深入地刺進心中，我幾乎快承受不了那椎心刺骨的分離之痛。我好渴望好渴望，但不是渴望某個人，而是渴望愛本身。我渴求歸屬於比孤獨的我更偉大的某物，「我的心缺了一角」，感覺就像是一個痛徹撕裂的破洞。與其抗拒或爭鬥，我愈深入這啃噬般的空洞，就愈能深切地敞開自己接納我對「那摯愛」的渴望。如同哈費茲對上帝的需索，我對親密交流的渴望，感到完全地清晰透徹。

　　隨著愈加放鬆深入這渴望，悲憫甜美的境界生起了，我清晰地感受到觀世音菩薩如同璀璨的悲心廣境包圍著我，呵護著我的傷痛、我脆弱的生命。臣服於祂的存在之下，我的身體也充滿了光芒，我隨著這容納了整個活生生世界的大愛顫動著——它不僅懷抱了我的呼吸、鳥兒的鳴唱、濕潤的眼淚，也懷抱了無垠的天空。我融入這既溫暖又閃亮的廣闊之中，不再感到自己跟觀世音菩薩的心有任何區分，一切只剩下這染著淡淡悲傷的廣大慈愛。而我求助的這「外在的」慈悲的摯愛，其實，就是我自己覺醒的本質。

　　一開始我們也許是透過向外的方式來祈禱，以此方式來憶持這連結性的溫暖與安全感，然而，透過向內觸及孤獨與恐懼的原始感受，我們的祈禱才逐漸地紮實生根。就像一棵大樹，具覺察力的祈禱植根深入黑暗深淵，如此這棵樹才能根深葉茂，向著光源全然開展。痛苦是那麼深，而我們愈全面性地接觸它，就愈能夠放鬆自己進入這無邊無際的慈悲之存在。

　　許許多多案主和學生都發現，具覺察力的祈禱，戲劇性地轉變

了他們日常生活的風貌。有時一天之內有好多次在面對不滿和痛苦時，他們會停歇一下，向內傾聽、接觸痛苦，然後對著愛與悲心伸出雙臂。對於具有虔誠性格的人，這樣的方式應該是再自然不過了，不過我也發現，有些自認為「不愛祈禱」的人，也很驚異這具覺察力的祈願竟然使得他們的生命大為改觀，與其把自己困在批判和恐懼的痛苦中，他們找到了真正的家園，也就是自己心中的慈愛。

困在日常生活瑣碎的焦慮中，也可以轉而進行具覺察力的祈願。也許我們才接到消息說班機因機械故障而取消、因為沒受邀請參加聚會而覺得受傷，抑或保母剛剛來電請假，使你不知如何是好；倘若這時我們能憶起「這些狀態可以喚醒悲心」的祈願，那麼我們的經驗就會有所轉變。透過覺知地感受自己的不滿並祈請悲心，我們的心自然而然地變得更寬廣、更鬆緩。而我們的痛苦，無論是缺乏自我價值感或是障礙，都會成為內在解脫之道。

如同任何一種禪修，穩紮穩打的練習使得具覺察力的祈禱變得更震撼、更具力量。我們一而再、再而三地憶起，自己是多麼渴望變得溫柔慈愛，然後讓自己全然安住於渴望之中，那麼悲心自然就會覺醒。猶如哈費茲所說：

向那位朋友請求愛，
再求他一次。

因為我已經知道　每一顆心都會得到
它所祈求的
最愛。

每當我們覺得心灰意冷、受到傷害或無法原諒時，就深吸一口

氣，輕輕觸及自己最原始的痛，那麼我們就能轉化痛苦成為悲心，持續觀照繃帶包裹之處。猶如魯米所說：讓這光芒進入。呼氣的時候，感受自己渴求連結，並放鬆進入這光芒的廣闊之中，我們可以把自己交付於夢寐以求的光耀璀璨大愛之中。吸氣，呼氣，擁抱自己的痛苦，讓痛苦納於無遠弗屆的悲心之中。

既是懷抱者也是受擁者

當我們的心將痛苦轉化為悲憫時，就會體驗到自己既是自己傷痛的懷抱者，又是那個脆弱的受擁者。丹尼爾發現他可用具治癒力的覺性懷抱自己的傷口；當瑪利安將絕望釋入上帝無遠弗屆的悲憫之中，她發現這悲憫之心不僅容納了她本身的痛苦，也容納了女兒的。藉由具覺察力的祈願，我明白了懷抱者與受擁者兩方如何展露而融入超越一切分離感的悲心之中。懷抱者與受擁者兩方，皆融入了充滿愛的覺性之中。

在明瞭自身的痛苦即是到達悲心的本來途徑之後，我們就會從受苦的自我所編織的囚禁情節中覺醒，當我們仁慈地擁抱自己的憤怒時，這一剎那，我們就不再認同自己是瞋恨的自我，也不再覺得瞋恨是個人缺陷或是沈重負擔。我們開始看清其普遍性本質——這不是自己的瞋恨，這不是自己的痛苦，其實，每一個人都與瞋恨、恐懼與悲痛生活在一起。

下面這首優美的蘇菲派教義告訴我們，為什麼自己的痛苦不是個人的，而是生命固有的一部分：

要克服任何可能來臨的悲苦
因為，你並非那個託付於你的

劇烈痛苦。

猶如世界之母

心中懷抱著全世界的痛苦，

我們每個人皆屬於她心的一部分，

因而天生具有

某些定量的巨大痛苦。

要知道，個人生命的痛苦是一種普遍性痛苦的呈現，它能使我們敞開自己全面地徹底接納。我們的沮喪、恐懼和瞋恨並非一種麻煩，而是「託付給我們」的，對我們的覺醒可以有所貢獻。倘若我們以接納的仁慈態度懷抱自己的痛苦，而不是以悲苦的心抗拒之，那麼，我們的心就會成為無垠的悲心之海。我們便猶如世界之母一般，成為那慈悲存在，以仁慈的態度懷抱不斷生起又消逝的痛苦波濤。

成為苦痛的懷抱者

悲心始於以愛心擁抱個人生命的能力。察覺自己在受苦時，倘若能夠給予自己關愛——無論是藉由觀照、言語或撫觸——那麼，悲心自然而然就會覺醒。這個禪修對於心靈的痛苦特別有用。即使你無法立刻感受到對自己的悲心，你的意願終究能重把你自己和你的愛心重新連結起來；因為，悲心是本性俱生固有的，它必然會綻放成熟。

找個讓自己舒服的姿勢，花點時間自然地做做呼吸並放輕鬆，然後轉而觀照你可能正在經歷的傷痛或悲傷、羞辱或恐懼。你可以利用呼吸來深入觀照這個痛苦——吸氣時，直接觸及傷痛處的感受；呼氣時，感受那懷抱這經驗的覺性虛空，邀請痛苦的感覺，盡情讓它表達，允許它們增強，激烈地通過你的身體和心。

現在開始對著你內心最脆弱之處說說關心的話。你可以悄悄地說：「希望我脫離痛苦。」或是一行禪師建議的，對自己說：「親愛的，我關心這個痛苦。」你也可以有個特定祈願：「願我脫離痛苦。」或者：「願我感到安全且寧靜。」持續祈願之際，你也可以把手擱在臉頰或心口上，讓撫觸所蘊含的慈愛來引發悲心。

在關心自己的痛苦時，要注意自己心中的感受，你是否覺得誠懇、寬廣或仁慈？還是覺得呆板、封閉或麻木？假使覺得冷漠疏離，不必多想，再度確認你的意圖真確又仁慈，繼續保持關愛的態度。假使你真的想要變得慈悲，久而久之你的心自然就會變得柔軟且開闊。

這樣關懷自己的同時，注意情緒性痛苦的知覺與感受如何變

化，是變得更強烈？還是開始消退？最初感受的情緒是否變成另一種不同的情緒？也許你會發現，以慈愛擁抱自己帶來一種深沈的悲傷。就像看到我們摯愛的孩子在害怕一樣，無論你感受到什麼，我們用相同的心態和慈愛來擁抱自己的痛苦。

　　盡情實驗任何能將關懷真正傳達到內心的方式。你可以輕聲說出關懷的話語，你可以真的用手擁抱一下自己，或想像把自己像孩子一樣抱著。花點時間聽聽內在的聲音，感受一下什麼樣的話語或態度最能讓你感到安慰，也許以溫柔關懷的態度承認自己受傷就夠了。練習久了你就會發現，每當恐懼或傷害生起，你真的能夠以自然而溫柔的悲心給予回應了。

祈願摯愛者的到來

　　孤獨寂寞害怕的時刻，我們多麼盼望蜷曲在佛陀、愛或其他智慧化身的懷抱中。當你渴望被如此擁抱時，先向你認為是摯愛的慈悲化身伸出雙臂求助，讓自己重新連結自身的覺醒之心。

　　以舒適的坐姿靜靜地坐好，深呼吸幾次。用一種柔和且開放的觀照，注意你身心所感受的恐懼或傷痛，在無條件的愛之中連結你想要被擁抱的渴望。

　　心中想著某個人的影像或感覺，抑或一個你覺得悲心的精神象徵或本尊；也許是奶奶或知己的臉龐，也許是佛陀、觀世音菩薩、耶穌的影像，或者你也可以想著仁慈的上帝。心中默默祈請，請求這個對象出現在你身邊，你也許會體驗這個對象正以無條件的愛，慈眼悲憫地看顧著你；這時，就注視著體諒你、全然接納你的這雙眼睛，並觀照自己的心，覺察自己的渴求，體驗這慈悲的對象如實到來、如實顯現，萬分樂意與你同在。

　　現在，想像這個對象的形象有著璀璨閃亮且無遠弗屆的光芒，觀想並感覺自己被這溫暖的明光所包圍，讓這個對象懷抱在慈愛之中，看看能將自己交付到什麼程度，讓你的傷痛和恐懼、痛苦和憂傷消融進入這悲憫的存在之中。允許你的整個身體和心靈釋入，與這慈愛的覺性融合。如果你再度遇到懷疑或恐懼，就溫柔地感受此痛苦，並再次向這慈悲的對象求助。

　　隨著不斷練習祈請悲心的化身，你會發現，這即是回到自身覺醒心的道路；隨著每一次的消融與摯愛合而為一，你真實本性的信心也就不斷加深，你於是成為以慈愛擁抱一切痛苦的慈悲。

第九章

擴大悲心的圓周：
菩薩道

我付出生命歲月
擴大
那些向外延展至全世界的圓周，
也許，我永遠無法完成最後一個圈，
然而，我卻樂意為此付出自己。

——瑞尼爾・馬利亞・里爾克

兒子納拉揚六歲生日時，我送他一個螞蟻養殖箱作為生日禮物。他花了好幾個小時，驚奇著迷地看著這些小生物神奇地建造了地底隧道網路，他還給其中幾隻取了名字，持續追蹤牠們的奮鬥過程和進展。幾個星期之後的某天，他指著螞蟻的墳場，臉上帶著迷惘，看著其中幾隻奮力拖著死去的同伴，將屍體安置在那裡。隔天我去接他放學時，他顯得很沮喪，他告訴我，在遊樂場玩耍時，看到別的孩子在玩踩螞蟻的遊戲，看到他們這樣傷害自己喜愛的朋友，他簡直快嚇壞了。

我試著安慰他，跟他解釋，當我們真正花時間與任何生物相處，就好像他跟螞蟻的相處一樣，我們就會知道牠們是真實的，牠們也不斷在改變，是活生生的生命、會餓、會彼此交流。牠們的生命就像我們的生命一樣，也很脆弱，牠們也想要生存。我告訴他，他的同伴並沒有機會像他一樣跟螞蟻相處，如果他們也有機會，就不會傷害螞蟻了。

每當我們全心全意關注身邊的人、前院的樹、樹梢上的松鼠，這活生生的能量就成了我們自身親密的一部分。精神導師克里希那穆提（J. Krishnamurti）①寫道：「所謂的關注（覺照）即是說，我們關心，也代表我們真正去愛。」關注是愛最基本的形式，透過關注、覺照，我們讓自己被生命觸動，然後，我們的心自然而然地變得更加寬廣且投入。

十四世達賴喇嘛有一次談到，「我實在不知道別人為什麼這麼喜歡我，一定是因為我重視菩提心（覺醒之心）的關係，我不能說自己有在修持菩提心，不過我的確很重視它。」我們之所以重視覺醒之心，是因為，菩提心是自身本性的全然了悟，猶如一朵盛開的花。我們最重視的莫過於被愛和去愛，當感到彼此連結，感到與周遭的世界連結在一起，當我們的心覺得開放、寬厚、充滿愛，這就

是我們最能感受「自我」的時刻，即使是我們的心覺得緊繃或麻木，我們實際上還是在乎關愛。

　　甘地在描述自己的心靈開展過程時如此說道：「我讓自己無法怨恨地球上的任何眾生。藉由長期虔誠持守戒律，我已停止怨恨任何人超過四十年了。這樣說似乎是大言不慚，然而，我確實是心懷謙卑地說出這些話。」綜觀我們的生命以及人類歷史，我們清楚地看到，仇恨、憤怒和各種不同形式的怨恨，是生命中普遍且自然的現象。怨恚的產生，源自於我們強烈慣性地認為自己與他人是分離且不同個體的。如同甘地所發覺的，唯有刻意讓自己投入某種形式的訓練，我們才有可能消融這種習性，以徹底接納的心來擁抱一切眾生。

　　德蕾莎修女則為加爾各達的窮人與瀕死之人獻身服務，於此中練習看待每一個人為「用痛苦煩惱偽裝自己的基督」。這使她得以超越心靈僵化的差異，能以無條件的悲心服務每一個她所接觸的人。不斷地訓練自己穿透表相，我們就能認出其實每一個人都是相同的。對德蕾莎修女而言，這代表每一個人都具有神性的光輝；而根據佛陀的教法，我們的真實本性則是超越時間的璀璨覺性。以無條件的悲心接納自己和他人，意味著認清了清淨覺性不但是自身本質，也是原始的人性弱點。

　　本書到此為止已經多方探索：如何把徹底接納的覺察心和悲心帶進自己內在的生命。好比藉由碰觸自身的恐懼、瞋恨和傷悲，來喚醒自己的悲心，我們也清晰關注他人的脆弱，讓自己的心變得開闊而仁慈。對自己悲憫，自然而然也會引生對他人的悲心。「愛」描述了彼此息息相關的基本感受；而對他人的悲心，則是當我們領悟彼此共有的痛苦真相時，所生起的愛的滋味。

　　以智慧慈悲的心過生活，即是菩薩道的精神。上一章我們已經

提過，菩薩的祈願就是：「祈願一切境遇都能讓悲心覺醒。」這祈願能夠引導我們，以接納與關懷的態度去擁抱生命的任何遭遇。如此我們將痛苦轉化為悲心之時，即了悟自身與生命萬物的彼此連結，而這深奧的了悟又生起了菩薩祈願的第二個關鍵層面：「祈願我的生命能夠利益一切眾生。」

　　傳統經典對這個祈願的描述是，菩薩誓願不入涅槃──最究竟的解脫，直到所有眾生都能解脫。儘管有不同的方式來解讀這句話，然而其含意卻是再明確不過：出於悲心之故，菩薩貢獻其生命歲月，修持解除痛苦的方法。這個祈願的無我精神，邀請我們憶持自己的親密歸屬，加深我們證得無盡悲心的能力。我們可以效法悲憫的菩薩，擴展寬廣仁慈的懷抱，以關愛態度擁抱一切眾生的痛苦。在這個章節，我們要來看看，我們的悲心如何藉由關心他人的痛苦，而持續不斷地擴大其圓周，猶如甘地所說的，我們可以訓練自己把每一個人放在心中。

我們同在一起

　　某個新年，「喚醒悲心」閉關營的學員金梅，因為工作上犯了重大錯誤而感到羞愧異常。公司五千份小手冊印刷完畢之後，她才發現有很多字打錯了，她和同事為此發生了嚴重爭執，金梅為了護衛自己，把部分責任推給同事，責怪他花太多時間參加假日餐會，若他那時來幫忙接聽一下電話，也許她就不會這麼累了。她還憤怒地把堆疊整齊的小手冊掃到辦公桌下以示不平。但如今在私底下，她發現自己心裡不斷回想起這些場景，一想到自己當時的語氣，還冷眼看著同事屈身撿起地板上的手冊，她就侷促不安，羞愧得無以復加。

第一次協談時，我鼓勵她放下這些情節，恐懼和羞愧感一在體內或心中生起時，就讓自己深入這些感受。她告訴我，她覺得胸口很痛，喉頭像是被老虎鉗鉗住一樣。我以之前閉關課程已介紹過的傳統悲心禪修為基礎，要金梅先以覺醒的悲心來開始，「用關愛來擁抱容納這些痛苦，你可以利用你學到的這幾句話：『我關心這個痛苦，祈願我脫離痛苦。』」

　　看到金梅終於放鬆下來，我要她想想，有沒有任何家人或朋友也曾因犯錯和情緒性反應而感到羞愧，她馬上想到媽媽和弟弟，她一想起他們感到困窘羞辱的幾次情景，心裡就溢滿了對他們的仁慈心疼；金梅想著她的媽媽和弟弟，輕聲地說：「我關心你們的痛苦，祈願你們脫離痛苦。」

　　我們繼續悲心的練習，金梅開始想著那些已經認識但還不熟的人，將她關愛的圓周擴展到他們身上，比如說，閉關的學員、在健身房看到的人、她孩子朋友的父母等等。由於仍然身處自我懷疑中，金梅可以想像自己所經歷的相同恐懼，也在某些人的冷漠、高傲、忙碌或武裝之下，活生生地上演過。了解接納每個人的弱點，並獻上自己的關愛祈願之後，金梅覺得一股親密的聯繫油然而生。

　　心中感到較開闊以後，她憶起了那個惹惱她的同事。她想到自己猛烈抨擊他之後，他那受傷的眼神；也憶起他習慣性擔憂的神情、身體的緊繃、自我輕視的言詞，意識到他也害怕自己是無價值、無能的。金梅感到一陣痛悔自責，接著又悲傷起來，因為她意識到自己大概打擊到他最脆弱的地方。接下來的一段時間，她繼續以完全專注的觀照，為他獻上自己的關愛，祈願他也能脫離恐懼。

　　我引導金梅完成悲心修持的最後一個步驟──將她的心和觀照全然打開，把關愛擴展到所有受苦、沒有安全感、覺得疏離的的眾生身上。金梅做完禪修後睜開眼，她的神情柔和，身體放鬆。她靠

著椅背，雙手悠閒地放在腿上，給了我一個既悲傷又甜美的笑容，說道：「當我記起其他人也會跟我一樣有不安全感，我就不再覺得自己特別壞了，畢竟我只是個凡人。」她停頓了一下，補充道：「我可以感受到我們是多麼同病相憐。」

　　這個刻意思維自己與他人之痛苦的練習，是佛法悲心修持的基本型式，我們將珍愛的人、不熟悉的人、難以忍受的人、素昧平生的人，所有人的痛苦都包括進來，將這圓周擴展到最大的範圍。在其他的禪修，我們可能沒有正式在每個層面思維這些，而這個練習卻強化了我們悲心的能力。就好像金梅發現的，當我們思維他人的痛苦時，即領悟了在這痛苦中我們並不孤獨，藉由共同的弱點，我們彼此連結在一起。

　　若沒有真正意願讓他人的痛苦進入心房，心靈修持可說是空洞無意義的。基督教神秘主義者席哈楓神父（Father Theophane）②曾在他的書中提過，有次他放下教區的日常工作，到一個偏遠的寺院閉關，他聽說那裡有一位僧侶智慧過人，於是決定去見他。不過，他事先就聽說這位僧侶只以提問作為忠告。他興沖沖前去，急著想得到自己的特殊法門，席哈楓神父向這位智者問道：「我是個教區神父，來這裡閉關，您可否給我一個問題好讓我冥修？」

　　「喔，這樣啊，」這位智者回答，「我要給你的問題就是，他們需要的是什麼？」席哈楓神父聽了不免有點失望，謝過智者後就先行離去。他冥修這個問題好幾個小時，覺得毫無進展，於是決定回去請教這位老師。「請多包涵，」他說；「也許我沒說清楚，您的問題很是有益，但是這次閉關我並不想思考跟我職務有關的事，而是想認真專注在自身的心靈修持。可否請您給我一個有關我自己心靈修持的問題？」「我知道了，」這位智者回答道：「那麼我的問題就是：他們到底需要什麼？」

就像許多人一樣，席哈楓神父也以為真實的心靈修持是專注在個人身上，但是這位智者卻提醒他，心靈的覺醒與他人是糾結相連的。若席哈楓神父將心專注在他誓願服務的人們的需求上，就能夠認出他們的脆弱處，認出他們對愛的渴求，並領會到，他們的需求和他自己的需求並無不同。智者問的問題恰如其分地喚醒了席哈楓神父，真正的心靈深度來自於真心關注他人。

不真實的「他人」之迷惘

當我們困在自我中心的劇本裡，其他人就成為相對於我的「他人」，既不同於我也不真實。整個世界也變成自己特殊經驗的背景，裡面的每一個人都擔任配角，有的是對手，有的是同盟伙伴，大部分則是無關緊要的角色。由於跟自己的貪欲和利害關係糾纏不清，使我們無法專注於關心他人；而我們身邊的人，包括家人和朋友，都可能變得很不真實，成了平面的紙偶，而不是有需求、會害怕、有顆跳動心臟的人類。

他人跟我們之間的差異愈大，我們就愈覺得他們不真實。若是跟我們完全不同種族或宗教，或是另一個社會「階級」的人，我們也很容易忽略或不在乎他們。將他人評斷為上流或低階，優或劣，重要或不重要，將使我們更疏離自己。由於攀執於顯相──他們的外表、行為舉止、說話方式等，我們遂將他人標籤為特定類型：這是愛滋病患、這是酒鬼、這是左派份子或基本主義者、這是犯罪份子或掌權者、這是男女平等主義者或行善者等等。有時我們也以個性來分配角色──這個人很無趣或很自戀、很貧乏或很上進、很有野心或很消沈等。無論我們對他人的標籤到底鮮明或微細，這都使我們對真實的人視而不見，同時也封閉了自己的心。

每個人都有屬於自己的一套極爲複雜、潛意識運作的分類系統。我看報紙或電視新聞時，通常會對某一類人產生瞋恨或厭惡感：富有，白種人，通常是男性，有權有勢的守舊派。由於緊緊抓住自己的是非觀念不放，我將這些參議員、組織管理人、總編輯等標籤爲「壞人」，認爲他們是造成問題的因素之一，他們於是乎成爲一部爛片中的角色，而不是會呼吸的凡人。

作家歐瑟拉・賀姬（Ursula Hegi）的小說《河中石》（*Stones from the River*），描述一個發生在納粹德國的故事，劇中呈現「他人」之痛苦的方式，實在令人印象深刻。故事的主人翁楚狄是一位勇敢的女性，甘冒生命危險窩藏鎮上的猶太人。楚狄是個具洞察力而又令人動容的角色，她本身還是個侏儒。隨著劇情的發展，我們開始從楚狄的眼光中看到什麼是「他人」的痛苦。她渴望鄰居和鎮民能夠了解她，而不是以貌取人，只看到她笨拙短小的身體和過大的臉龐。楚狄對於所收容猶太人的痛苦非常能夠感同身受，因爲她對於周遭不人道的無言輕視或口頭污衊有著切膚之痛。

這個故事猶如當頭棒喝，於是我開始思考，由於不自覺地將別人標籤爲「他人」，我每天不知漠視了多少人，冷淡了多少人。假使我是楚狄鎮上的居民，在街上和她擦肩而過，極有可能也會尷尬地別過頭去，不願正眼看一下像她這樣的「怪人」。我們對他人的真實感和痛苦瞞心昧己的能力，時常導致可怕的後果。有許多年的時間，世界上大部分人袖手旁觀納粹德國的猶太人身陷困境，而今日，我們也有可能漠視爲數眾多、瀕臨死亡的愛滋病患者，以及中東、阿富汗或許多遭受戰火與極端貧窮所摧殘的驚懼人們。

一九九一年夏天，我搭飛機到美國西岸，在跟鄰座女士聊天時，她說她的兒子是空軍，才從伊拉克沙漠風暴之役安全歸來，然後她傾身向前，臉上帶著微笑，悄聲說：「知道嗎，那一戰眞是銳

不可當，我們只有幾個士兵戰死。」我的心直往下沈，我們只有幾個士兵戰死？那麼伊拉克的士兵、伊拉克的婦女、伊拉克的孩子呢？還有因為輻射污染而瀕臨死亡的幾百萬人呢？還有因為戰爭封鎖貨物出入港，而遭受飢餓與疾病之苦的人們呢？我們只有幾個士兵戰死！

　　一旦他人在我們眼中只是一個不真實的角色，我們就會無視於他們有多麼痛苦，因為我們沒有體會到，他們也是活生生有感覺的人，我們不僅漠視他們，還毫無良知地將痛苦加諸在他們身上。由於無視於他人的真實存在，導致父親與同性戀兒子斷絕關係，離婚的父母把孩子當作武器。所有源自戰爭和暴力而來的巨大痛苦，都是因為我們一開始就不將他人當成真實的人。

　　我們對於貪執或瞋恨、喜好或漠視的立即反應，其實是求生存的生理設定之一。他人的長相、氣味或說話的方式，這些傳達的訊息顯示了他們是否屬於自己的族群。假使將自己綑綁在這樣的生理迷惘中，我們就只能將（他人的）行為舉止和意見，狹隘地解讀為朋友或敵人的象徵。儘管感知差異的演進反射作用是這麼強大，我們還是擁有卸下武裝的能力。我們可以擴大族群感，這即是徹底接納的經驗，亦是菩薩道的核心。我們可以學習看到彼此共同的脆弱處，並了解我們與一切眾生彼此之間的親密歸屬。

擴大我們的族群：看看顯相的背後

　　一九七○年代中期，我是美國麻州烏斯特市低收入戶租屋權益抗爭份子，透過組織租戶聯盟，我們對房東施加壓力，要求他們維持合理的租金和良好的居住品質。某個租戶聯盟有幾個住戶屬於同一家族，他們的房東是烏斯特市最惡名昭彰冷酷無情的一位。聯盟

的領導人丹妮斯是個非常堅強且能言善道的女士，她很努力地把大家集合起來，打算付諸行動抗議房租調漲，那次調漲的幅度太高了，沒人負擔得起。

在組織這個聯盟的幾個月中，我成了丹妮斯一家人的朋友，常去她家吃晚飯，跟她的孩子玩在一塊兒，心裡很同情他們的困境。他們的公寓被破壞了好幾次，老鼠蟑螂更是橫行無阻，丹妮斯的大兒子在坐牢，另一個在嗑藥，現任丈夫是個無業遊民，一家子負債累累，她得面對養育幾個年幼孩子和沒有暖氣的困境。我很欣賞她的勇氣，一家子都靠她，時局如此艱難，她還願意挺身而出協助組織聯盟。

就在丹妮斯協助策畫的房租抗爭行動前兩天，她在我桌上留了張紙條，說要退出聯盟。我既驚訝又失望，但心裡猜到了幾分；房東常常會買通租戶聯盟領導人以使聯盟陷入癱瘓。果然不出我所料，有人買通了丹妮斯，給她一個全新的兩段鎖、一段時間免付房租，還有一份兼職工作給她兒子。

其他租戶都覺得被背叛而士氣低落，說丹妮斯是個兩面人、沒有骨氣，在街上看到丹妮斯時，就會閃避到街道的另一邊，也不讓自己的小孩跟丹妮斯的小孩玩，現在她可是個局外人了，她是「他們」的人。過去當聯盟領導人被買通時，我也會有同樣的感覺，因為他們在阻礙我們的進展。

但這次因為丹妮斯我卻有了不同感受，我知道她不顧一切拚命為家人著想的情景，也親眼見過她對自己的生命有多麼焦慮，她有多麼渴望愛，就像我自己一樣。詩人朗費羅（Longfellow）③曾寫道：「假使能夠讀到仇敵的秘密歷史，我們就會發現，每個人生命中的悲傷與痛苦，足以讓我們卸除所有的敵意。」我已經讀夠了丹妮斯的秘密歷史，對我而言，她是個活生生的人，我真的關心她。

另一方面，縱然我還能忘卻丹妮斯的行為，對她敞開我的心，然而，我當然還是沒有肚量接受那些房東，我仍舊把他們分類為「壞人」。幾年之後，我正好有個機會面對這樣的一個壞人，於是有了深入了解。有個朋友認識某個財團法人的執行長，他想要為公司員工設計一個正念覺察的課程，我朋友要我先跟這位仁兄開個午餐會議。這位執行長恰好符合我對有錢白人的刻板印象，他是一樁紅極一時的階級訴訟的主人翁，一貫主張女性不該擁有跟男性一樣的升遷機會，對黑人女性的歧視尤為苛刻。基本上我同意跟他談談看，但是我對這次會面感到十分不自在，我想我們之間一定會有很大的分歧和不友善。

　　見了面之後，我發現他蠻人性、挺真實的，他自吹自擂了一下，顯然急著想要別人喜歡他。他的媽媽幾個星期以前才剛接受三段人工分流手術，大兒子有少年糖尿病。週末的時候，太太都會抱怨他太少待在家裡陪孩子玩，他真的也很想，他實在很愛他的孩子，不過，不管是在打桌球、烤肉或者一起看影片，總是會有緊急電話把他從他們身邊拉走。他很迷惑，「正念覺察會不會讓我放鬆一點？因為不管到哪裡，我都得面對別人的要求。」我們彼此是否有不同的政治立場或社會事件訴求已經不再重要了，我喜歡他，也想要他快樂起來。

　　即使是我們不喜歡的人，看到他們脆弱的一面也會使我們敞開心房。我們可能不會把選票投給某些人，可能永遠不會邀請某些人來家裡坐坐，甚至還認為某些人應該被拘禁才不會傷害別人。儘管如此，我們都有基本能力看清他人也跟自己一樣會受苦、也想要快樂，這個能力並不必然會被慣性的貪執和瞋恨所否決。若把面前的人看個仔細，我們就不會想要他們受苦，而悲心的圓周即自然而然地擴大，將他們納入其中。

住在真實人物的世界裡

　　十四世達賴喇嘛最令我印象深刻的，就是平等對待所有的人。在報上一下看到他慈愛地擁抱傑西・赫姆斯（Jesse Helms）④，一下又看到他摟著貧苦的西藏難民。達賴喇嘛說：「我的宗教就是仁慈。」他所指的是以無條件開放且慈愛的悲心來過生活。仁慈是悲心寶石的琢面，當我們念念不忘自己跟所有相遇的眾生是連結一起時，一種想幫忙的欲望就會生起。每一個人都是珍貴的，每一個人都是脆弱的，每一個人都很重要。

　　在某位受人愛戴的猶太祭司的喪禮上，一位年輕的初學祭司轉頭問已跟隨老祭司幾十年的資深使徒：「我們的老師最重視什麼？」這位使徒微笑答道：「當下跟他在一起的那個人。」如同達賴喇嘛，這位猶太祭司並沒有把自己的生命和精力特別留給那些有錢有勢的人、他的家人或親近的使徒，他全心全意地關注當下跟他在一起的人，送給他們全然慈悲覺醒的心。

　　即使沒有因瞋恨或怨懟而拒人於千里之外，我們還是很容易忽略他人，我們的慈愛之心也會不自覺地有所保留。最明顯的就是佛教悲心修持中提到的所謂「中性」的對象──也就是那些既沒有引起我們負面反應，也沒有引起正面反應的人。也許是郵差、也許是共乘車輛的孩子、某個朋友的配偶或遠房親戚等。我在教導悲心修持的時候，有時會要求學生選擇一個他們時常見到、但沒什麼交情的對象，當他們想著這個對象時，請他們思考一下：「這個人需要什麼？」「他最恐懼的是什麼？」「這個人的生活是怎樣的呢？」

　　有一次做完這個禪修，維琪來向我報告說，開始這個修持之後，發生了一件很棒的事。在看到公司同事、遛狗的鄰居、商店店

員時，她就會在心裡說著：「你是眞實的人，你是眞實的人。」後來她發現，這些人變成活生生的人，而不再只是生活中的布景。她開始注意到人們眼中的好奇、大方的微笑，或是焦慮地咬牙切齒，或是因失望或打算放棄時雙肩下垂、還有萎靡眼神中的悲傷。如果在他們身上停留稍久些，她還可以感覺人們的害羞、尷尬或恐懼。維琪說：「他們在我眼中愈眞實，我自己也愈覺得眞實、溫暖、有活力，我感到一種同爲人類的親密，他們到底是誰並不重要……我覺得自己可以接受他們也是我生命的一部分。」

　　當我們停下來去關注、看待他人是眞實的人，這就揭開了存於所有生物之間的隱密聯繫，內奧米・謝哈布・奈（Naomi Shihab Nye）⑤在她的詩作〈仁慈〉（*Kindness*）寫道：

> 在學會仁慈的溫柔引力之前，
> 你必得經過那著白袍的印地安
> 曝屍於路旁。
> 他行過夜晚，
> 心中帶著計劃，
> 還有那維生的簡單呼吸。
> 你必得看清楚這可就是你，
> 亦可是他人。

　　我們每一個人都深謀遠慮地穿越黑夜，呼吸著自己謎樣的生命。我們愈關注他人，「仁慈的溫柔引力」就會油然覺醒。

心門關閉時，怎麼辦？

　　幾年前，在一個我主持的心靈成長團體中，有個學員讓我覺得很煩躁、被佔盡便宜。每次聚會結束，這位名叫湯姆的學員就會留下來，問一些跟當晚話題無關或太過冗長的問題，聚會時，他也很容易激怒他人。一天晚上，有個年輕學員在分享時，說到他太太永無休止的批判，讓他跟她相處時總是覺得又緊張又不自在，這時湯姆竟然用一種權威的姿態告訴他，他應該假裝很有自信的樣子，不然他太太永遠也不會尊敬他。這個年輕人臉色一沈，整個晚上再不發一言。在其他聚會的時段，我也常常得硬生生打斷湯姆冗長的發言，因爲其他學員分享完自己的故事，湯姆就會長篇大論地說他以前也曾面對類似的情況，自己又是如何解決這些問題。顯然他想成爲眾人關注的中心，想得到大家的重視，無論我再怎麼嘗試，他還是繼續搶著要當眾所矚目的焦點。

　　那是我們第十五次聚會，結束之後又看到湯姆在等其他人離去，我的心直往下沈，我發現自己心裡生著悶氣，希望他快走。深呼吸一口氣，我走向他，在他身邊坐下來。他說他想談談自己跟這個團體的格格不入，這是個很合理的請求，但是我心裡感到又困難又緊繃，我知道他想要我的照顧和關注，但是我卻不想給他。湯姆訴說團體成員組成不當，有過度敏感的女人、有消極又情緒壓抑的男人，這時我開始覺得惱怒生氣。我感到無法忍受、沒有耐心又充滿了鄙視輕蔑，我心裡想：「好，那你爲什麼不離開？這樣大家的問題都解決了。」

　　我那時發覺，在面對別人的需求時，要一直保持慈悲並非那麼容易，有時我們反而會覺得憤恨、被佔便宜、厭惡、無力感、罪

惡、害怕等等。當我們的心因護衛自己而變得冷硬時，也並不表示我們這個菩薩當得很失敗，這些境遇只是讓我們知道，我們應該要與心中的一切境遇爲友，如此，對他人的悲心才會自然而然生起。

湯姆和我繼續交談時，我將部分注意力轉入內在，看到了我無法忍受的背後其實是一種受侵犯的感覺；他在佔用我的時間、讓其他成員無法在團體中感到安全、輕蔑地毀謗他人。瞋恨的燥熱和高漲的壓力充斥著我的胸口時，我開始對付自己：「我應該要幫助他，而不是對他發脾氣……他才是那個受苦的人。」但是當我注意到自己有多麼激動時，才發現自己其實也在受苦。我溫柔地告訴自己：「沒關係，沒關係。」僅僅是簡單地認知這個痛苦，讓我得以放鬆下來，想起要傳達一個訊息給我的心：「我關心這個痛苦。」

仁慈地看待我的瞋恨，使我能夠將心打開，關心湯姆當時的感受，我注視著面前這個人，心裡問道：「你到底需要什麼？」我彷彿可以聽到他的心在說話，感覺他極度渴望我陪伴他、看顧他且關心他。他很擔心我會誤解他，不認爲他是個可以付出很多的熱心人。

我的煩躁感和優越感開始柔軟下來，我一直以「案主」和「心理治療師」的角色跟湯姆保持距離，如今在這裡我們都一樣，兩個都是脆弱受苦的人類。我愈把湯姆當成眞實的、受傷的、敏感的人來對待，對他和他所受的痛苦就愈覺溫柔仁慈。

我伸手觸摸湯姆的手臂，我們互相交談、彼此傾聽，到最後兩個人還大笑起來，因爲他開玩笑說，我們的上課時間剛好衝突到他每週最愛看的電視節目「歡樂一家親」（Frasier）⑥，對他的忠貞度可是一大考驗。現在，我不再一腳門內一腳門外，而是全心全意地投入且關心。最後當我給湯姆關於他在團體角色的建議時，他專心聽著，沒有再防衛自己。我也跟他分享了我最愛的席哈楓神父的問題：「他們到底需要什麼？」他聽了之後也很急切地想用這個問題

引領自己。這個話題結束之後，他不再那麼執著，企圖要證明自己或再從我這裡得到什麼。最後他踩著輕快的步伐離開，因為他已得到滋養。至於我自己也覺得輕鬆多了，我脫離了自己的憤怒優越感，回到了連結又仁慈的家。

結果，湯姆真的很用心地做了這個問題，「他們到底需要什麼？」在另一次聚會時，他甚至跟那個他冒犯到的年輕人說，他真的很抱歉，「你某些方面讓我想到我兒子，我想要你把我當成知識淵博的父親，但是我卻在你身上犯了教養自己兒子時的同樣錯誤，我忘了去發現你真正需要的。」年輕人很明顯地受到了感動，他靜默了好一會兒，緩慢但堅定地說：「我真正需要的，是我太太和大家都重視我的存在，而我剛剛真的從你身上感覺到了。」

出乎意料之外的，被我標籤為「最不受歡迎的人」，最後竟然扮演了關鍵性的角色，打開了團體成員的心。縱然湯姆一開始的愚鈍粗糙讓他成為眾矢之的，一旦他打開了心門，其他人就認清了，他們所表達的傷害、恐懼或瞋恨，其實跟湯姆只有些微關連，甚至一點關連也沒有。之後在這個團體中綻放的深切親密感，皆源自於每一個參與者願意與自己的痛苦相伴，並且因為這樣而得以敞開心胸面對他人的痛苦。彼此一齊軟化自己的心，使我們打開了悲心的圓周——每一個人都很真實，而且對彼此都很重要。

以對方的眼光來看世界

有時候，跟我們最親近的人反而變得最不真實。我們可能輕易地假定自己對他們的生命瞭如指掌，忘了他們跟我們一樣，隨時在改變、經驗也不斷在更新。我們忽略了他們同樣也帶著傷害和恐懼在過生活，忘了他們的內心生活可能也很艱困。

傑夫和瑪格因為婚姻亮起了紅燈而來尋求協助。傑夫以前是個精力充沛的人，直到八年前在露營中感染了萊姆症。疼痛和疲勞的現象逐月惡化，手指腫大硬化，再也無法勝任專業木匠的工作。雖然他還是試圖出手幫忙，但沮喪卻日益加深，瑪格已盡她所能，不斷加班、準備三餐、打掃家裡，但是她覺得傑夫並不真心感激她的所作所為，「我永遠都做不夠。」她說道。

　　傑夫則是覺得瑪格心中對這一切充滿了不甘願，光從她冷漠高抬的下巴和簡答式的對話就知道了，她還讓他感到罪惡極了，好像生病是他的錯，他沒能盡到自己的責任。

　　協談時，我們進行了簡單的心理戲劇扮演，也就是所謂的「角色互換」。首先，瑪格專心傾聽，傑夫描述他的病讓他覺得多麼羞辱挫敗；他好無力，因為他像個令人無法依靠的懦夫。他也說到了對未來的恐懼，還有孤獨感，因為瑪格似乎沒有意識到發生在他身上的事有多慘重。他不僅失去了健康的身體，也失去了生活。

　　他說完了之後，兩人就互換座位，瑪格要扮演傑夫，她得盡其所能設想他的心境，甚至連表情和聲音都要像傑夫，從他的立場訴說與萊姆病一起生活是怎樣的光景。當他們換回自己的座位之後，傑夫讓瑪格知道，聽到她這麼清楚地敘述他的經驗，讓他覺得她更了解自己了。

　　換瑪格描述自己的經驗了，她先說到她覺得不受感激，但接下來，一段靜默之後，她衝口說出：「我真的覺得好無力，你病了這麼久，你，這個我所愛的人，而我卻沒辦法讓你覺得好過一點，然後我也不知道未來到底會怎樣。」瑪格氣憤的是生命，而不是傑夫，在這個憤怒感之下，是一種對現今生活的深沈悲傷。他們互換座位之後，傑夫就學瑪格說話，形容她的無力感，感受他們的生命遭到破壞，而她卻完全無能為力。

整個過程完成之後，瑪格和傑夫互相擁抱，兩人都眼光含淚。他之前並不知道她因為挫折感和悲傷而感到如此痛苦；而她也不了解，沒有她的體諒，他是如此地孤單。他們之前對彼此的指責「你讓我覺得……」如今已變成「我可以幫上什麼忙？」

梭羅曾寫道：「從對方的眼光來看世界，即使只有一剎那，還有比這更偉大的奇蹟嗎？」猶如瑪格與傑夫所發現的，透過對方的眼光來看世界，即是悲心。我們不需要正式的角色互換練習，才能了解配偶、孩子、姊妹、朋友的生活是怎樣的狀態，我們可以想像，以這人的身心過生活是什麼感受。只要讓自己全然敞開心胸面對他們的知覺與脆弱，我們自然就會感到親密且仁慈。波斯詩人哈費茲寫道：

這是天堂常有的事，
有一天
這事會再度發生
在地球上——

那個男人和那個女人……
給了彼此
生命之光，
而且常常雙膝下跪

然後……兩人眼光含淚，
彼此真誠交談，說：

「親愛的，

我可以怎樣更多愛你一些？

我可以怎樣

更仁慈一點兒？」

遇見任何人的時候，無論是朋友或陌生人，假使我們問問自己：「我可以怎樣更仁慈一點兒？」那麼我們必然會認清對方需要有人去傾聽、去愛、去體諒，我們可能先覺知周邊人們的需求，但是也可能對一切生物付出關注和關愛。我們愈徹底付出關懷，就會愈深刻了解，生命中最重要的就是成為仁慈的人。一旦對他人的脆弱敞開心胸，分離感的面紗就會飄落，而我們的自然反應就是，伸出援手。

眾生的圓周

有個錫克教的故事非常感人：一位年高德劭的大師將他兩個最虔誠的弟子叫到跟前來，在他木屋前的花園中，慎重地交給兩人各一隻雞，囑咐他們：「找個沒人看得見的地方，把雞殺了。」其中一個馬上回到自己的木屋，拿起一把斧頭，把雞頭給斬了。另外一個人轉了幾個小時，最後回到大師面前，手裡那隻雞還活砰亂跳著，「怎麼啦？」大師問道。弟子於是答道：「我找不到沒人看得見的地方殺雞，不管我去到哪裡，雞都看得見。」

對這個弟子來說，這隻雞是真實的、活生生的，有知覺、有痛苦。隨著開始仁慈地關懷自己知覺的、脆弱的生命，我們於是乎更能覺察，為什麼所有的生物都有知覺、有感情，他們如何受到傷害、多麼想要生存下去。我們也許並不覺得一隻雞跟我們有什麼共通之處，但是倘若我們能夠更深入去關注，就好像我兒子對螞蟻所

做的一樣，我們就能夠認同所有生物的根本振動與共同弱點，而與之共鳴共舞。詩人蓋瑞・羅列（Gary Lawless）⑦寫道：

> 當動物來到我們面前，
> 向我們乞求幫助，
> 我們會不會懂得它們的話語？
> 當植物以它們纖弱美麗的語言
> 跟我們對話時，
> 我們能否回應它們？
> 當這大地星球
> 在我們的夢中歌唱時，
> 我們能否喚醒自己，並付諸行動？

當我們知道動物和植物都是自身的一部分時，我們就能傾聽並回應。漠視樹木就好像知道自己的肺充血無法呼吸，但是卻置之不理；鳴禽的絕種意味著，活生生的音樂即將消失無蹤；而當地球在夢中呼喚我們的時候，假使能觸及我們彼此親密歸屬的真諦，我們的心自然就會與關懷交纏共鳴，我們會記得，生命之網即是自己的家。

菩薩的誓願：「祈願我的生命有利於所有眾生。」這是個有助於憶起親密歸屬、擴大悲心圓周的有力工具。菩薩決心要幫助所有受苦眾生，但菩薩並不自傲於一個冠冕堂皇的角色，也不堅持於某種遙不可及的理想。假使我們看待自己為一個渺小且分離的自我，試圖將這個世界視為一種責任扛在肩上，那麼我們注定要陷入迷惑與失敗之中。相反地，我們利他的誓願應該生起於：徹底了解彼此歸屬於生命之網，其中的一切都息息相關。我們的每一個念頭、每一個行為，都具有對善或惡的衝擊與影響。有個澳洲原住民女性對

這連結性提出了有力的見解：「假使你是來幫助我的，那你就白來了，但是如果你的到來，是因為你我的命運彼此息息相關，那麼，就讓我們一起努力吧。」

當我們感受彼此的親密無間，表達關懷的方式有無數種，有些人把生命專注在為家人創造一個充滿愛的家，有些人則為了幫助窮苦孩子改善生活與教育，致力於改變法律。有些人在寂靜處不斷祈禱，有些人則忙碌於接聽電話。我們很容易陷入一種信念，覺得自己應該多做一點或做不同的事，其實真正重要的，是我們真的關心。德蕾莎修女教導我們：「世界上沒有偉大的成就，只有偉大的愛所成就的小事。」

猶如燦爛的太陽融化冰塊一般，在感受這連結性和仁慈的時刻，我們就創造了溫馨的環境，鼓舞了身旁的人，使他們願意放鬆且敞開心胸。隨著每一次擴大關懷的圓周——即使只是一個微笑、一個擁抱、一種傾聽的態度、祈禱，這微波蕩漾的漣漪就會無限向外擴大。當我們安慰身旁的人，慈愛就散播到了全世界，無論是對內在或對他人，菩薩的悲心就像溫柔的雨一樣，無偏不倚地觸動所有的生命。

喚醒悲心的「施受法」

　　西藏的「施受法」（tonglen）修持可以培養廣博的悲心，此字意思是：「吸入和釋出」。這個修持跟入出息有關，可以訓練你直接敞開心胸接納痛苦——無論是自己的或是他人的，並提供緩解與關懷，下面所說的禪修是施受法的一種，幫助你在面對痛苦時喚醒悲心。

　　有些時候不適合這個修持，假使你正在掙扎於被虐的恐懼、憂鬱的無情摧殘或劇烈的情緒失控，施受法可能會導致情緒崩潰或更深的受困情結。若有上述狀態，先不要做這個練習，去諮詢心理治療師，或尋求熟悉這個修持的老師、可信任的心靈指導者來引導。

　　選一個能讓你放鬆但保持警醒的姿勢坐下來，感覺自己呼吸的自然節奏，讓身體和心都安定下來。

　　傳統上，施受法修持是以回憶的閃現為開始，來認證覺醒的心靈。眼睛張開，花一段時間感受虛空的無限，以及覺性自然的開闊和空性。

　　現在開始回想一個令你痛苦的經驗，可能是你自己的，或是親密的人的，比方說朋友、家人、寵物或其他生物。以一種當下的、清明的、全面性的方式讓自己感受這痛苦，使這個痛苦真實呈現在心中——無論是失去、傷害或恐懼。吸氣的時候，讓這悲痛完全充滿你的身體和心。假使是另一個眾生的痛苦，要感同身受，就好像自己的痛苦一樣。敞開心胸經歷這些劇烈的感受，無論它們是什麼。

　　呼氣的時候，釋出你正在經歷的悲痛，就這樣進入覺性的開闊中，把這悲痛釋入蓬勃新鮮的開闊虛空。隨著呼出去的氣息，獻上

內心自然湧現的關懷祈願或言語，例如：「祈願你從痛苦中解脫，我關心你的痛苦，希望你能得到快樂與平靜。」諸如此類。

有時候，你可能會發現自己無法連結傷害、恐懼或悲傷的痛苦感受，如果是這樣，你可能要花上幾分鐘，讓自己專注在吸氣，專注在「吸入」悲痛這個部分。要特別注意體內生起的一切感受，然後，開始全然地經歷痛苦感受時，就恢復吸入痛苦，釋出關懷緩解的規律練習。

不具任何批判性地，覺察自己如何面對痛苦。有時候你可能會覺得勇於敞開心胸接受痛苦的劇烈與刺痛，但有時你可能會覺得恐懼無比，你的心也許會感到防衛或麻木。假使你覺得抗拒，那麼就以抗拒感來做施受法的練習。（你可以用任何生起的經驗來做施受法的練習。）吸入恐懼感或麻木感，徹底接觸這些感受。呼出寬恕，將抗拒感釋入覺性的寬廣之中。無論你覺得願意或抗拒，都持續隨著呼吸做練習，吸入痛苦的原始感受，釋出關懷緩解，在開闊性中放下鬆緩。

現在，想著世界上跟你有著相同痛苦經驗的眾生，深深地感受，儘管生命情節不同，但是生理痛苦與憂傷情緒實際上毫無二致。假設你正在禪修的是自卑或被拒絕的感受，同一時刻有幾百萬人正在經歷同樣的感受。讓自己感覺這痛苦的真實不虛，以此方式，為那些正在受苦的人吸入此時此刻所感受到的不安全感、悲傷或傷害，在心中經歷他們全然、劇烈的痛苦。呼氣時，將這巨大的痛苦釋入無邊無際的虛空，讓痛苦被擁抱在無遠弗屆的覺性中；如前述所說，呼氣時就獻上任何可以減緩痛苦的祈願。

繼續吸氣、呼氣，敞開心胸接納這全體共有的痛苦經驗，隨著祈願放下鬆緩進入廣大虛空。在你的心敞開接納巨大痛苦之時，你就是那開闊性。藉由獻上自己的溫柔仁慈，你的覺性於是充滿了大

悲。持續不斷地吸入痛苦，釋出關懷，感受你的心成爲這些憂苦的轉換者。

　　每當你察覺痛苦時，就可以練習施受法。你也許在看電視，新聞報導有某個家庭因水災或祝融肆虐而失去家園；也許在高速公路看到一起車禍；也許你是戒酒無名會的成員，正在聆聽他人描述酗酒的痛苦掙扎。這個時候，你可以深吸一口氣，讓自己感受那悲痛、恐懼的當下與尖銳；呼氣的時候，隨著關懷安慰的祈願，把痛苦釋入覺性的開闊之中。這樣做幾分鐘之後，就擴大悲心的範圍，爲所有因失去、生命創傷或癮頭而受苦的眾生吸入痛苦。

第十章

認證我們的本善：
通往寬恕與關愛心之門

猶如慈愛的母親
懷抱著、守護著
獨子的生命，
像這樣，以無私的心
懷抱自己和一切眾生吧。

——佛陀

我遠比自己想像的還要寬大、還要良善，
沒想到我竟然擁有這麼多的仁慈良善。

——華特·惠特曼（Walt Whitman）①

艾美今天來協談時既激動又焦慮。過去這兩個月的協談，她都顯得很安靜，幾乎是壓抑的狀態。我們要一起解決的主題是缺乏自我價值感。今天，艾美終於告訴我當初發現先生外遇的經過。過去半年，他經常在週末加班，說是「有案子要做」；艾美很狐疑，決定要在一個週末偷看他公司的電子信箱。結果，發現了不少來自同一個女人的郵件，是他公司的同事，遣詞用語在在顯示兩人的親密關係，這使得她火冒三丈顫抖不已。那天晚上，艾美跟唐對質，唐臉色發白，一副潰敗悲哀的樣子，點點頭說：「沒錯，這是真的。」他還想繼續解釋，但是她已無法接受，她告訴他，一切都完了，她永遠無法原諒他。

承認自己外遇的那天晚上，唐就結束了這段外遇關係。他哀求艾美寬恕他，給他們的婚姻第二次機會，但是艾美太憤恨了，無法給他任何承諾。起先艾美只是持續冷戰，後來乾脆告訴他，如果不是因為他們的女兒席莉雅，她早就跟他勞燕分飛了。

她說，那晚之後，她的心充塞了各種想法，不斷地想著當初他如何誤導她，說他必須參加研討會、必須加班、必須開小組會議等等。被背叛的憤怒像熾烈的無名火一般在胸中燃燒，他真是個下流的騙子、沒有良心的惡魔，他所說的每一句話都是整個騙局的一部分，這樁婚姻真是個恥辱。

當有人背叛我們，首先的反應就是激烈斥責對方。我們編織充滿善惡的情節，把自己的憤怒指向那些帶給我們痛苦的人，以一種強烈的怨恚憤慨，築起一道圍牆將他們拒之千里之外，而且通常還有足夠的證據，證明自己應該把他們從生命中完全剔除。「怨恚憤慨」的英文字（resentment）代表的是「再度感受」②，我們每一次在心裡重複自己受到委曲對待的情節妄想，身與心就再一次感受遭到侵犯污辱的瞋恨。然而，對他人的怨恚憤慨通常也代表對自己的

全然接受這樣的我

怨恚憤慨。當他人拒絕我們時，這人可能再度強化了我們內心的預設觀點——自己不夠好、不夠仁慈、不夠討人喜歡。

縱然艾美一開始是把自己的憤慨瞋恨投注在唐的身上，但很快地，她就把這一切轉向來對付自己。唐的外遇證實了她最深層的恐懼：她活該被丟在一邊，唐的拒絕強化了她感到自卑的一切。對外，她也許表現出一副溫暖關懷的態度，然而在內心，她卻感到虛偽、木然而且可笑。唐是最了解她的人，而他竟然拒絕了她。如今，艾美迷失在缺乏自我價值感的迷惘之中，她確信自己一點兒也不可愛。

當人生四分五裂支離破碎時——工作丟了、因嚴重受傷而受苦、與心愛的人相隔兩地等，我們的生命可能會受縛於痛苦的經驗，認為一定是自己哪裡出了差錯。我們捲進一種信念中，認為自己根本就有缺陷、很拙劣、不配得到別人的關愛。就像艾美一樣，我們遺忘了自己的良善，也覺得自己跟內心完全斷絕了。然而，佛陀教導，無論我們多麼迷失在迷惑妄念中，我們的本質「佛性」仍舊是清淨無染的。西藏禪修大師邱陽・創巴仁波切寫道：「每個人都具有良善本質。」這本善就是佛性的光輝，它是我們俱生固有的覺性和愛。

然而這並不表示我們不會做錯事。我們很多人都是亞當與夏娃的子孫，而佛教的觀點剛好跟西方文化背景大相逕庭，佛教並不認為有所謂罪惡或邪惡的人。當我們傷害自己或他人時，並非因為我們是壞人，而是因為我們無知。無知也就是漠視我們與眾生息息相關的真理，而貪執與仇恨只會製造更多分離和痛苦；無知也是漠視覺性的清淨、漠視展現本善的愛的能力。

要認出每個人的本善，需要很大的勇氣。創巴仁波切稱之為心靈勇士的任務，他也說，人類勇氣的本質即是：「拒絕放棄任何人

或任何事。」特別困難的是試圖看到殺人兇手、污染地球的財團總裁或兒童性侵害者的本善。本善也許就埋藏在糾結的恐懼、貪婪和敵意之下，但是看見它，並不表示可以忽視人我的傷害性行為。要徹底接納生命，端視能否全然清楚看到生命的真諦。大文豪兼神秘家羅曼羅蘭（Romaine Rolland）③說：「世界上只有一種英雄氣概：如實地見到這世界，並且熱愛它。」如實地見到這個世界，意味著不僅是看到每個人的弱點與痛苦，也見到每個人的本善。當我們以徹底接納的態度擁抱自己和他人時，我們也超越了遮障我們真實本性的角色、故事和行為舉止。

想要看到他人的良善，就要先看到自己內在的良善，即便是覺得羞辱或沮喪、憤慨或缺乏安全感，我們也不能放棄自己。在傳統佛法中，有許多正規禪修是專門為了協助我們從迷惘中解脫，重新連結良善和充滿愛的覺性，意即我們的真實本性。禪修步驟通常以寬恕為始，這能使我們卸下縈繞心頭的怨恚苛責，因為怨恚苛責使我們無法感受人我內在的良善。慈心的修持喚醒了愛，這愛即是我們內在的良善花朵。

這些禪修核心的徹底接納，全賴於信心的躍進。迷妄的想法可能會告訴我們一定有什麼出了差錯，我們應該勇於將這些想法放下，信任良善的潛力。儘管悲痛的情緒塞滿了我們的身體，但我們並不臨陣脫逃，反而將自己交付給具療癒力的慈悲存在。也許為了保護自己，我們早已把心門關上，但是現在，為了愛，我們不再將任何人，包含我們自己，拒於心門之外。倘若我們樂於躍進，我們的信心一定不會失望，因為，當迷妄層層剝離之後，我們便會發現早已存在的良善和愛。

寬恕自己：釋放束縛心靈的苛責

下一次的協談，艾美像連珠砲般一股腦兒說盡自己的缺點，說自己是個不稱職的母親、是個壞妻子，無論在家裡或職場，她都是個笨拙失敗的人。她對自己和十四歲女兒席莉雅之間漸行漸遠尤其敏感；兩人現在很少聊天，她也不甚了解席莉雅的想法和感受。而唐會投向另一個女人的懷抱，應該也是意料中事，像她這樣惡毒暴躁又自私的女人，誰想跟她長相廝守？一下嫌他又髒又亂，一下抱怨他的度假計畫，一下又批評他開車的方式。有一幕她一直歷歷在目；去年某天晚上，他們一起躺在床上，唐才開始說他跟老闆吵了一架，她馬上生氣地打斷他：「這下可好了，你是不是把升遷的機會搞砸了？你闖禍了對不對？」唐從床上跳起來，在黑暗中站了好一會兒，「艾美，我沒有。」說完就離開房間，那天晚上沒再回房，隔天也沒有。敘述完這件事之後，艾美背往後靠，兩眼盯著地板，聲音裡透著疲乏：「我實在不知道，我比較氣我自己，還是比較氣唐！」

無論我們的瞋恨憤慨到底指向他人或自己，結果都一樣——只會讓我們跟更深層的傷害感、愧疚感愈離愈遠。只要還在逃避這些感覺，我們就會一直困在自己的武裝裡，閉鎖自己，遠離對自我及他人的愛。

如同我們一再見證的，開始徹底接納自己的痛苦，才是唯一的出路。當我們釋放自己充滿苛責的生命故事，允許自己直接經驗體內羞辱與恐懼的感受，我們就能以悲心來尊重關心自己。與其活在過去事件的陰影中，與其讓自己成為瞋恨的人、被背叛的人、壞人，我們不如解脫自己，以智慧和仁慈活在當下。這也就是寬恕的

核心。不管我們瞋恨自己或別人，都要把苛責放下，敞開心胸接納企圖推開的痛苦，以這樣的態度來寬恕原諒。

倘若我們強烈地與自己為敵，寬恕看來就遙遙無期了。就好像瑪利安對克麗斯緹受到的性侵害感到罪無可赦一樣，當我們認為他人劇烈的痛苦是我們造成的，實在很難想像怎麼對自己慈悲。我問艾美，「妳覺得自己是否能夠原諒自己那麼吹毛求疵、原諒自己所造成的錯誤？」她毫不猶豫地答道：「當然不行！原諒自己只是讓自己逃脫罪名罷了，這樣我怎麼可能成為更好的母親和太太？」我輕柔地繼續說道：「還有什麼讓妳覺得無法原諒自己，艾美？」

她悲苦地答道：「我為什麼要原諒自己？原諒自己也無法彌補我犯下的錯誤，我已經毀了我的家庭，一切都太遲了。」但是我知道，艾美心裡還是有部分極度渴望解開脖子上那條自我憎恨的繩圈，我再問她：「我們只是假設，如果把自己是壞人的故事暫時放一邊，會怎樣？」她說她不知道，但是她很樂意試試看。

我開始引導艾美將覺照放在她體內的感覺，她說她覺得自己好像墮入了羞愧的深淵、邪惡的泥沼。不一會兒，多年前的一個記憶在心中浮現；艾美看到自己在家中的辦公室，席莉雅不斷哭鬧搞得她又煩又躁，於是她乾脆抓著女兒的一隻手臂，把她拖到起居室，打開電視，禁止她離開這個房間；她把席莉雅關了兩個小時，對間歇傳來的哀求哭泣充耳不聞。說完這件事，她問我：「塔拉，我那樣對待孩子，怎麼原諒自己？我真是羞愧到了極點。」

於是我建議艾美，與其企圖寬恕自己，倒不如試著向羞愧感發出寬恕的訊息，「妳可以原諒羞愧感的存在嗎？」我問道，艾美點點頭，悄聲說：「我寬恕這羞愧感……我寬恕這羞愧感。」接著她靜默了很長一段時間，我問她發生了什麼事，「嗯，」她緩緩地說：「現在感覺不像是羞愧，倒比較像是恐懼。」我告訴她可以用

同樣的方式與恐懼相處，讓恐懼呈現，感受它，寬恕它。幾分鐘之後，艾美說：「我知道我在怕什麼了，我在怕我永遠也無法親近別人。我把每個人推開，我不想要任何人知道我是什麼胚子。」艾美掩著臉，哽咽哭泣，我則溫柔地提醒她，也要寬恕現在感受到的恐懼和悲傷。我跟她說，她若想要，也可以只是簡單說：「寬恕，寬恕！」艾美把雙膝抱在胸前，前後搖擺著，她終於寬恕並敞開心胸接納了埋藏在憤怒下的悲傷。「我本來可以更愛席莉雅、更愛唐、更愛朋友的，但是我卻沒這麼做！」

　　無論顯現的是什麼，千仇萬恨、啃噬般的焦慮、殘酷的念頭、徹底的消沈沮喪，藉由直接獻上寬恕的心，我們於是允許自己的內在生命如實地存在。與其寬恕一個「自我」，我們原諒的是我們將之視為自我的這些經驗。由於抗拒感僵化了我們的心，讓我們身心緊繃，所以當我們說：「我寬恕這個。」或簡單說：「寬恕」，就創造了溫馨與柔軟，允許所有的情緒感受呈現展露，並隨之改變。

　　當悲傷終於消退，艾美的身體靜止不動了，臉龐也柔和放鬆多了，她讓自己的頭靠在椅背上休息，呼吸變得緩慢深長，注視著我時，雙眼雖然又紅又腫，卻平靜極了。她仍舊蜷曲在椅子上，一邊告訴我，小學二年級時，有天回到家，看到一隻迷路的小狗在她家垃圾堆邊徘徊，她對那隻狗可說是「一見鍾情」，她說，當時爸媽好像要把狗狗送到流浪狗之家，讓她哭了又哭，結果，爸媽竟然收養了這隻狗狗，取名魯迪。繼魯迪之後，他們又收養了許多流浪動物，包括好幾隻狗狗、貓咪和一隻受傷的小鳥，都由艾美負責悉心照料。她臉上的線條變得更溫柔了，說道：「以前大家都說我對動物很有愛心，我愛死牠們了，牠們是我的朋友。」她開玩笑說，因為唐輕微的過敏症狀，才讓她打消主意，沒乾脆弄個熱鬧的動物園呢。

　　接著她悄聲說：「妳知道嗎，我真的很關心別人，很關心動

物，我一直都是這樣的。」從她嘴裡吐出這些話來，我知道她願意自我治療了。「艾美，妳是個善良的人，我真的希望妳自己能如此確信。」我問她是否還有跟動物合照的照片，如果有，就花點時間重溫一下，也順便看看自己嬰兒時期的照片，看看會發現什麼。

協談結束之後，我提醒艾美，寬恕自己、學習信任自己的良善，可能要花好一段時間。我告訴她，曾經有段日子我必須一再地原諒自己，重複二十次，甚至三十次之多。我通常不是以禪座方式來練習，而是當下認出自己在批判或厭惡自己，並以悲心面對所感受的苦痛。我自覺地讓自己想著要放掉苛責，並試著對自己更加仁慈。

我也建議她，每晚睡前可以做做「寬恕掃瞄」，檢查看看那天對自己是否有任何不滿；也許是工作上犯了錯，或對先生說了什麼污衊的話。假使發現對自己很失望，就感受一下自責、恐懼、瞋恨或羞愧的痛苦，並發出「寬恕、寬恕」的訊息，柔和地提醒一下自己已經盡力了。

寬恕自己是一輩子的功課。由於我們的心習於不斷重演人我過錯的情節妄想，因此，用憤慨緊繃的心過生活成了我們最熟悉的生活方式。我們可能會發現自己無數次受困在做錯事的陰影中；無數次被自責掌控，無法看清自責之下更深一層的痛苦。隨著一次次寬恕使自己解脫，我們一次次更清楚認識自己的本善，就如同艾美所領悟的，我們再度信任自己其實是關懷生命的。

假以時日，對自我的寬恕就會全然地轉化生命。我們都聽過死刑犯臨刑前的一些故事，藉由真誠面對自己造成的悲劇痛苦，而得以寬恕自己；藉由敞開心胸接納巨大的痛苦，他們的心變得柔和仁慈且覺醒，獄友、守衛、牧師和親友都看得到他們因內在解脫而散發的容光。這些死囚並沒有任由自己逃脫罪名，在擔負自己的行為責任時，他們也得以認清自我之本善的真諦。

就好像艾美的擔憂一樣，我們可能也會憂慮，就某方面而言寬恕自己是否在赦免自己的行為，允許自己繼續犯錯。然而，寬恕自己並非在說「我就是無法控制自己……乾脆算了。」釋放自責的念頭也並非表示我們敷衍塞責。後悔自己的所作所為、覺得罪惡，也許能暫時遏止自己不再傷害他人，但是根本的自我苛責、自我仇視只會導致更多傷害的行為。我們無法用責罰的方式讓自己變成良善的人，只有用寬恕的悲心來擁抱自己，我們才能經驗自己的本善、能以智慧和關愛來對應一切。

學習看見自己的良善

接下來幾個星期，艾美對唐幾乎一語不發。他睡在客廳沙發，而她也不確定接下來應該怎麼做。她告訴我，她並不想結束這段婚姻，不過她也無法假裝一切正常，白白讓他洗脫罪名。撇開艾美的痛苦和疑慮不談，協談時我其實看得出來，她內心已經開始轉化、敞開了。

下一次協談時，艾美帶來一小疊相片，她把照片排在茶几上，我們並肩坐在沙發上一起欣賞。一張是艾美被媽媽抱在胸前的嬰兒照，我們對著照片裡那個可愛的大眼寶寶會心一笑；另一張照片艾美約兩歲，坐在爸爸肩上，抱著他的頭開心地笑著。艾美咧嘴一笑，「妳知道嗎，看到她這麼快樂，我也好高興。」還有一些八歲時的照片，照片裡她親熱地抱著她收養的朋友魯迪，有一張她躺在床上而貓咪山姆就睡在她胸前，還有一張她手裡小心翼翼地捧著小鳥。隨著一張張她跟小動物在一起的照片，艾美說她開始記得良善的感覺了。「塔拉，上個星期妳這樣告訴我時，我實在很難相信，但是現在看著這些照片，我想我感覺到了。那良善和天真，還是在

我心裡。」

　　想要試著記得自己的良善，還有賴於艾美自己先得放下認為自己很壞、很惹人厭的想法。在之前的協談中，她已經開始進入寬恕的過程了，敞開接納痛苦，並以悲心擁抱痛苦。她認為「寬恕掃瞄」也很有幫助。有一天晚上，她一想起白天跟房地產客戶見面時，既散亂又沒效率，當下就讓自己感受體內的焦慮和羞慚，並寬恕它們的存在。艾美微笑著說：「我終於明白，煩躁不安時還是可以當個好人。」

　　艾美開始收拾照片時，我站起身來從辦公室書架上拿了一本書，翻到我非常喜歡的一首詩，為艾美讀了幾行。這位詩人迦比爾說道：

> 我們感受到某種神性
> 鍾愛著飛鳥、動物和螞蟻——
> 許是同一個賜予你光芒的神性
> 當你還在母親子宮時……

　　「這讓我想到妳，妳的愛心，艾美，那些曾經受妳照料的動物幫妳憶起了妳的本性。」她笑著表示同意，拍拍那疊照片，「我應該把這些照片放在聖壇上，當我需要提醒自己時，這就是了！」

　　在佛法修持中，思維自己的良善是一種方便道，因為這能敞開我們的心，能鼓舞我們性靈展現之道的信心，假使深陷「自己很壞」的信念中，我們就會緊繃侷促、隱藏自己。相反地，如果能夠信任自己的良善，我們就能向他人敞開自己，就會鼓舞自己去幫助他人，就會以奉獻、喜樂的心在性靈之道上持續邁進。

　　傳統有幾個修持是為了幫助我們憶起自己的良善。我們可以先

簡單想想自己到底欣賞自己哪些特質或行為，比如說：當想起自己對某人很慈愛，就嚐到了心懷關愛與慷慨的甜美滋味；也許我又記起了某次把工作放一邊，用心傾聽某人相訴；或即興送給朋友一本她應該很喜歡的書等。當我為莫札特的音樂感動不已，或讚嘆美妙的黑夜星空時，我也感受了良善的一部分和生命的美。當生命待我以苦，這使我感到真實、人性且徹底安好！

　　不過有時候，對自己心存欣賞實在令人覺得尷尬或自私，如果有這種情形，承認自己渴望快樂的基本欲望，會讓我覺得心裡較踏實；要認清楚，我就像所有人類一樣，憧憬有人愛、渴望感受自己的良善。當我仔細觀照深入這些渴求，我於是重新連結了對自己真正溫馨的感受。

　　有時候，最容易感謝欣賞自己的方法，就是透過那些愛我們的人的雙眼來看自己。某個朋友告訴我，透過他心靈導師的眼睛看到自己時，他就會記起自己對真理的追尋有多麼投入。我的一個案主每次想起奶奶以前總是很歡喜他孩子氣似的好奇心和創造力，就明白自己可以很討人喜歡。有時候，透過知己的雙眼來看自己，也可以幫助憶起自己美好的特質。可能朋友很喜歡我們的幽默感和溫暖、喜歡我們對環保的熱誠、喜歡我們對自己生活毫無保留的傾心相訴，我們其實沒有必要限制他人對我們的欣賞感激。有一次，我看到前車保險桿貼紙寫著：「主啊，請讓我像家裡的狗仰望我一樣，仰望我自己。」我們倒想問問自己，家裡的狗看到我們時，為什麼這麼高興。即使答案只是為了要我們餵養牠、帶牠出去遛遛，然而寵物對我們恆常照顧的感激，卻反映了我們有價值的一面。透過愛我們的人的雙眼來看自己，這個練習可以是一種具足威力且異常直接的方式，有助於記得自己的美和良善。

　　藉由簡單練習認清自己的良善，我們就解開了使自己感到孤

獨、無價值的苛責與自我憎恨，這些習性深植內心已久。當代印度大師巴普吉（Bapuji）④慈愛地提醒我們要珍惜自己的良善：

我親愛的孩子啊，
別再讓自己心碎了。
你每批判自己一次，就讓自己心碎一次。
你停止餵養自己以愛，愛是你生命力的泉源啊，
是時候了，是你

盡情生活的時候了，慶祝仁慈、看清仁慈，那就是你啊……

千萬別讓任何人、任何事、任何概念或虛設空想障礙你
即使障礙假藉「真理」之名到來，你也要寬恕它的
無知
別抗拒，
放下吧，
呼吸——呼吸這仁慈，這就是你啊。

每一次我們背叛自己，看不見自己的良善，我們就讓自己心碎一次；當我們批判自己的失敗時，我們又讓自己心碎一次。儘管艾美已經讓自己心碎好多年了，但如今她終於看清自己的良善，逐漸地療傷痊癒。由於人際關係深刻影響了我們看待自己的方式，因此對艾美而言，若能覺得他人寬恕了自己，就會讓她對內在良善的信賴感更加深切。

寬恕的加持

　　有天下午，艾美下班開車回家途中，發現路上車水馬龍塞車塞得厲害，終於回到家時，只剩一點點時間可以準備晚餐。那天唐出城去了，艾美邀了新老闆和她先生來家裡吃晚飯。一走進廚房，竟然發現流理台堆滿了沾滿番茄醬汁的碗盤，還有幾罐喝了一半的汽水罐，她一看就火冒三丈，馬上衝進席莉雅房間，關掉震天價響的音樂，把她的朋友都請回家。

　　大門在他們身後一關上，她馬上對席莉雅發飆：「妳怎麼會這麼粗心自私？妳明明知道我們今天有客人！」席莉雅才回說：「妳說一聲要我幫忙不就得了。」但艾美馬上打斷她，吼著說她在家裡竟然還得到處請求幫忙：「妳只在意妳的朋友、妳的音樂，其他事根本不屑一顧！」說完艾美就把房門用力一關，氣呼呼離開席莉雅房間。

　　接下來一陣沈默，艾美聽到自己怒罵的聲音不斷在耳邊迴響，她的心怦怦亂跳，呼吸淺快急促；突然間，女兒小時候的一幕情景浮現心頭，她想起席莉雅以前常常摘蒲公英給她，接著又想到她和席莉雅用春花幫彼此編頭髮，兩人都成了五月的春天之后；於是，艾美轉身輕敲房門，席莉雅把門打開，等在門邊，「席莉雅，我真不敢相信，我怎麼會這樣對待妳。」艾美在床上坐下，然後一股腦兒傾洩吐訴：她很抱歉把大家的生活搞得這麼悲慘，很抱歉她和席莉雅父親之間發生的事，很抱歉她是個爛媽媽，很抱歉自己沒能常常陪伴席莉雅，她很抱歉很抱歉真的很抱歉。

　　席莉雅沈默了好一會兒，然後說道：「媽，沒有人是完美的，不過我一直都知道妳很愛我，這不就夠了？」艾美看著女兒清澈湛

藍的雙眼，知道這些話真的發自內心；席莉雅從沒懷疑過母親對她的關愛，即使當艾美焦慮、疲憊、吹毛求疵，席莉雅也感受得到她的愛，知道這份愛是不可動搖。當然她也會很氣媽媽，有時也不想待在她身邊，但是她知道，只要她需要幫助，艾美就會出現。艾美終於感到一陣寬慰，她不再充滿罪惡感，不再覺得自己惡劣可鄙，她終於寬恕了自己。

接下來幾天，每當艾美注意到自己又開始暴躁惡毒、吹毛求疵時，她就想著席莉雅甜美的藍眼睛，這時候緊咬不放的自責痛苦就會開始鬆脫，雖然批判自我的習性還在，但是覺得自己很惡劣的感受已不再堆積了，除非這些感受又再度掌控她。由於席莉雅已原諒她，艾美因此得以對待自己更加溫柔仁慈。

知道自己獲得寬恕是多麼自在解脫啊，特別是當失敗被慈悲全然擁抱時。我曾聽過一個非常感人的故事：某醫院裡一個得了愛滋病即將往生的女士，她生命的最後十年都在海洛因毒癮中度過，她完全不管何時能得到下一針，只在意當下是否能滿足毒癮。她這一生唯一愛過的人就是女兒，然而連這份愛都無法阻止她摧毀自己的生命。

有一天，一位年輕的天主教神父剛好在巡視社區醫院，他來到這位女士身邊，她神情疲憊、臉上染著肝病的膽黃色。他在床邊坐下，問她好不好，「我迷失了，」她答道：「我毀了我的生命，毀了親友的人生，我是毫無指望了，我就要下地獄了。」

神父靜靜地坐了一會兒，注意到梳妝台上面有張照片，裡面有個漂亮女孩，「那是誰？」他問，女士眼神一亮，「她是我女兒，我生命中最美的東西。」

「如果她遇到麻煩或犯錯的話，妳會不會幫助她？妳會不會原諒她？妳還會不會愛她？」

「當然會！」女士哭道：「我願意爲她付出一切！她對我來說永遠都是最珍貴最美的！您爲什麼這麼問呢？」

「因爲我要妳明白，」神父說：「上帝的梳妝台也有一張妳的照片。」

神父的話捎來了無條件的寬恕與愛，他在幫助這位女士還原她的良善和天眞。從佛教的觀點來說，當我們能夠以悲憫之眼來看待自己的錯誤和罪過，我們就釋放了讓自己困在自我憎恨與自我苛責的「無知」；我們就會看到，自己的不完美並不會玷污我們的本善。這就是被寬恕的感覺，覺察了自己的眞實本性，我們就會明白，沒有什麼是錯誤的。

感受了寬恕，確實能讓我們敞開心胸，傳統佛法的許多修持都認知了這股力量。我們要修持將慈愛傳送給所有眾生之前，首先得靜默地請求寬恕，寬恕自己曾經傷害他人，無論是刻意或無心的。僅僅是請求寬恕的基本姿態，就足以軟化我們的心了，接下來我們就能迎向更深一層的寬恕，心裡想著過去曾經傷害的人，靜默地請求他們的寬恕。

如同艾美所體會的，他人的寬恕使我們得以更深切地原諒自己，而傳統上寬恕修持的另一步就是寬恕自己。獲得自己和他人寬恕之後，我們就得以釋放自責的痛苦武裝，得以在禪修中眞誠地原諒他人。

寬恕他人：不排拒他人於心門之外

猶如生活的任何層面，寬恕也有其自然逐漸展露的過程。通常我們都還沒準備好要原諒自己，也不準備原諒傷害我們的人。我們無法催促自己去寬恕——因爲寬恕不是靠努力得來，而是一種開放

接納的心。這就解釋了，寬恕的意圖是過程中最重要的關鍵元素。願意寬恕但尚未準備周全，其實心門已打開了一條縫。

　　熟識的人傷害了我們，我們還得鼓起勇氣，不將他們排拒於心門之外，這實在很困難。然而身為心靈勇士，當嚴重侵犯我們的人跟我們毫無關係，「不放棄任何人的意念」就會受到嚴厲考驗，我們怎麼原諒強暴女兒的陌生人？怎麼原諒把我們朋友炸死的恐怖份子？

　　一個參加禪修閉關的學生，跟我訴說她試圖原諒使兒子終生癱瘓的兇手的掙扎過程。一天傍晚，兒子布萊恩的猶太戒律課程結束，她去接他回家，途中有個駕駛人酒後駕車，從對面車道衝過安全島，撞上他們的車。她自己只受了輕傷，但是布萊恩卻被傾覆的車子壓住，雙腿碎裂。寬恕是個漫長而痛苦的過程，憤怒和極度的悲痛無數次在內心狂暴地肆虐而過，而當仇恨佔據她時，她也感受到內心變得極為冷酷麻木。她知道回歸愛與解脫的唯一途徑就是寬恕，於是，她決定要寬恕這個人。她花了好幾年的時間，允許這些感覺通過她，只要這些感覺一生起就寬恕它們；逐漸地，她終於可以放寬心接納這個兇手。雖然她沒有聽聞任何有關他的事，但是她知道，他也在受苦，她也明白他並非有意造成他們的痛苦。藉由憶起一切眾生的良善，她終於能夠以一顆寬恕的心，接納這個人。

　　要堅守寬恕的心。因為我們知道，不寬恕只會僵化禁錮自己的心。假使對任何人心存仇恨，我們就會被過去的痛苦所牽絆，無法找到真正的祥和寂靜。為了解脫自己的心，我們要寬恕。

　　發現唐外遇之後的六個月，艾美的傷痛和憤恨強烈到讓她覺得，自己永遠也無法原諒他。但是隨著敞開自己的心寬恕自己，那一線曙光讓艾美覺得，有朝一日她應該也可以原諒唐。她告訴我，有一天她真的覺得想要原諒他了，等她心裡準備好就可以了。

　　不知不覺中事情就發生了。艾美察覺他對席莉雅很慈愛，很仔

細聆聽她說的話，讓她一點一滴軟下心來；他們有個朋友生病了，她看到唐熱心地載他去看醫生，每天晚上幫他買晚餐；而對她，當然也是非常努力地對她好，早上她打扮好要去上班時，唐還會刻意稱讚她，出差時也一定清楚告知目的地和聯絡方法。有天晚餐，唐聊到公司業餘排球隊的表演時，她發現自己竟然笑了；他邊聊著，她也開始憶起自己以前有多麼欣賞唐信手拈來的幽默功夫。當然，還是有很多時候，那背叛的感覺仍會洶湧而來，但是，有些東西已經轉變了。

艾美不甚清楚這到底是什麼時候開始的，但是她說她有一天發現自己盯著玄關牆上的結婚照，心裡明白唐其實並不是個壞人。他是犯了個大錯，也許這打擊也讓她看到自己的某些部分而感到痛苦異常，然而，他絕非邪惡或惡意的人。「並不是有個時間點讓我對自己說：『好吧，我原諒他，』」她說道：「只是這樣一路走來，我已不再需要這麼費力推開他了。」

艾美也許不甚明白箇中道理，但是在我們的協談中，我清楚看到，她對自己愈好，就愈能對唐敞開心胸；看到了自己的良善，讓她亦得以敞開心看到唐的良善。在某些外遇的案例中，有些夫婦可以像艾美與唐一樣，回到彼此身邊，並建立更真誠深刻的關係。雙方其實都有改變，但是我會將大部分功勞歸功於艾美，她願意接納並寬恕隱藏已久的缺乏自我價值感。

願意寬恕、願意放下憤恨與苛責，並不表示我們原諒傷害行為或容許更進一步的傷害。以艾美的例子來說，寬恕並不表示她認同唐對婚姻不滿的表達方式，或赦免他的欺騙行為；她堅持兩人要做婚姻諮詢，而她也繼續自己的心理治療。寬恕並不意味著她得任人踐踏，或有時得否認憤怒的感受，也並非表示丈夫下次背叛婚姻時，她得放任他去。她可以看著唐的良善，但同時也釐清界線。

看到他人的良善

兒子納拉揚小的時候，我常常會在他睡著後坐在他床邊，思考他到底是誰。看著他甜美的臉龐、輕柔呼吸的模樣，我會刻意做一種練習，試圖超越他物質的身體，看清楚他到底是誰，無論有什麼念頭或影像浮現心頭，一經察覺就放開。有時我心中會因記起他問問題的模樣、跟狗狗玩耍的模樣、還有他說「愛妳，媽咪」的模樣而感到一陣溫馨，然而我會再問自己：「你到底是誰？」這個問題引導我超越了一切我對他的所有概念，顯現出他的本質對我而言其實就是覺性，就是活生生的愛的生命。我也會問自己：「我是誰？」並超越身為母親角色的概念，超越我對物質身體的認同，超越坐在他床邊正在做某些事的那些想法念頭。再一次揭露的，還是那清淨的覺性與愛，我們是相同的，我們不是分開的兩者，我們的本質是毫無差異性的。

幾乎所有的父母都有相同的經驗，看著孩子熟睡的臉龐，感受到一種清淨單純、油然而生的慈愛。在孩子熟睡的當時，我們不必禁止他們吃太多餅乾，不必因為要共乘別人的車而催促他們，不必因為要跟別人講電話而吆喝他們。當他們睡著時，我們就得以深深地觀照，看到他們靈魂的甜美天真。假使我們真的想努力不放棄任何人，這是一種很有用的練習，我們可以把他人想像成嬰兒或孩子。另一個幫助我們穿透個性和角色，看到那珍貴存在的方法，就是想像這是最後一次見到他人，或者想像他們已經過世。藉由放下對他人的慣性定義，我們就能看到燦爛的覺性，也就是他們真實本性的良善。

然而，大部分人都會落入一種習性，以狹隘僵固的觀感定義我

全然接受這樣的我

們身邊的人，而且常常都是以令我們覺得不愉快或厭惡的行為舉止為主。我們可能總是認為自己的孩子很固執或很粗魯，總是對喜歡自吹自擂的同事有著刻板印象。假使某些人曾經侵犯我們，每次見到他們就會覺得腹背受敵、嚴陣以待；倘若上班前伴侶對我們說了些冷嘲熱諷的話，我們也會覺得晚上回到家時，這個狀態還會持續下去。我們忘了，每個人，包含自己在內，在每一瞬間都是嶄新的。

艾略特⑤在劇作《雞尾酒會》寫道：

我們對他人的所知
只是自己與他們片刻相處
所得的片段記憶，而他們
自那時起，已經改變了⋯⋯

我們勢必也得
記得
我們在每個片刻遇見的
都是個陌生人。

儘管我們可以認出自己和他人的行為模式，但是我們的諸多設想卻無法定義一個人。當我們停下來問道：「你到底是誰？」就會有更深刻的認知；就如同我在納拉揚身上發現的，我們將會看到良善、看到佛性，而我們也一定會以愛回應之。

喚醒慈心

當我們看到良善，立即反應內在自然覺醒的仁慈、愛與善心，

這樣的本質就稱為「慈心」或慈愛。雖然慈心是與生俱來的，但是也可以經由一整套精確的修持來養成，這些修持經由不間斷的法教開示，已傳承了二千五百多年了。

當我們愛他人的時候，心中自然希望他們快樂安康。這樣的反應在所謂的「慈心」修持上闡述得很清楚。傳統上，禪修一開始，我們會先思維自己的良善，並獻上簡單的關懷之語：「願我快樂、願我祥和平靜、願我充滿慈愛心。」這些是標準用語，但是任何能跟心共振的祝福語都是慈心的一種表現。就像擴大悲心的圓周一樣，慈心要從自己身上開始，然後逐漸打開擴大到他人身上，包括我們所愛的人、對我們來說「中性」的人、那些我們無法生起善意的人，最後則是遍及一切的所有眾生。

傳送慈愛給我們所愛的人時，要先從最容易感受其良善的人開始。倘若我們想起自己的孩子或奶奶時，心裡感到最溫柔慈愛，那麼就以他們為開始。我們可能會想起他們之所以成為最親愛之人的原因，並獻上我們的關懷。當我們說著：「願你快樂」，並深深感受這祈願的意義時，可以想像他們的臉上散發著快樂的光芒。於是我們的溫馨感就愈加強烈，也更加感激他們的存在。

若想擴大圓周，以慈心容納我們覺得對立的人，必須具有心靈勇士的勇氣。即使是那些挑起我們瞋恨或厭惡感的人，我們還是要盡力找出自己可以欣賞的小優點。當我覺得很不喜歡某人時，這個方法對我很管用：我會想像那人被愛他的人抱在懷中，感到溫暖又快慰。有時則想像他們在虔誠地祈禱，或驚奇地徘徊在新雪大地。這樣的想像並非企圖虛構什麼，或推翻自己的感受，而是要穿透慣性判斷，以便看清楚真正存的美。達賴喇嘛說：「追求快樂是每個人共同的願望，沒有人想要受苦。」即使那些令我們退避三舍的人，看起來沒什麼良善可言，我們還是要記得，他們跟我們一樣都

想快樂，不想受苦。儘管，傳送慈心給這些我們覺得難以相處的人是那麼困難，但是卻能擴大自己的心量，無條件地付出自己的愛。

麥特非常愛他母親，但她缺乏安全感和需索無度，有時讓他覺得「毛骨悚然」。麥特成年以後，母親就依賴他，這樣讓她覺得自己的生命很不錯、她做的決定沒有錯、她這個人還不賴。麥特後來搬到美國另一岸，部分原因是為了躲避媽媽。他通常定時去看她，每當她需要幫忙時，他總是及時出現，但是，他發現在相聚的時刻，自己常常將媽媽排拒在心門外，抗拒媽媽過度溫暖的擁抱，也絕口不提自己的私生活。有時候一想到她說的話或做的事，他就會覺得很怨恚厭惡。麥特對他人的不信任感和冷漠的習性，在他母親身上最為顯著。我認識麥特已經好幾年了，好多次他談到對自己的反應感到很罪惡，然而他就是不知道怎麼觸及內心愛的感覺。

一天，麥特打電話給我，我一聽就知道大事不妙，他既生氣又沮喪地告訴我，他聽說媽媽陷入彌留，千里迢迢趕去東岸，才剛回來。這已經是三年來第六次，他放下手邊事務搭飛機趕去守護她臨終，而每一次她都奇蹟似地痊癒，然後乞求他留下來，訴說她有多麼害怕死亡，多麼害怕自己上不了天堂。然後他就會盡力安慰她。他告訴我：「說實在的，塔拉，我覺得她好像把我拉進了黑洞，有時，我還真希望她已經死了！」

麥特已經禪修好幾年了，雖然我們從未針對他的修持討論，不過我知道他一定會接受這個建議，因此我說：「麥特，也許你能盡的最大努力就是修持慈心，對你媽媽和你自己的慈心。」他說他幾個月前曾經做過這個練習，但是並沒有努力，也不認真。「這真的很難，」他說：「但我會再試試看，對我所愛的人閉起心房的感覺真的很不好。」

即使很難欣賞某些人的良善，但我們無論如何還是可以送出慈

愛。剛開始可能會覺得很虛偽或煩躁，善願也許感覺起來很空洞或粗淺，但是如能仁慈看待這些感覺，持續練習，那麼，令人驚奇的事就會發生。透過單純地獻上關愛，我們的關愛之心就會開始覺醒。

　　每天早上做完禪修早課，麥特會再多坐幾分鐘，修持慈心。憶起自己的優點的確讓他的心自在些，把快樂傳送給朋友和中性之人也很容易，感覺很好。輪到他媽媽時，一開始他覺得生硬極了，但他還是本著慈心把話說了：「媽，願您快樂，願您感到祥和平靜，願您充滿慈愛心。」有些日子，他一再重複說著：「願您如實接納您自己。」

　　日子一天天過去，麥特發現自己開始一點一滴自然憶起媽媽的優點。她是個愛心媽媽，社區不管有誰生病或需要幫忙，她會自告奮勇，幫忙買餐點或陪在一旁；他也記得當他申請的大學通知入學時，她那笑顏逐開的模樣；還有他跟心愛的女人步上紅毯那一端的時刻，她臉上也掛了兩行喜悅的淚水。隨著幾個星期過去，希望媽媽快樂的願望愈來愈誠摯了，他祈願她能感到祥和平靜、認出自己的良善；而在完全敞開心胸的時刻，他也得以擴展祈願，真誠地將所有眾生容納於慈心圓周之中。

　　有天半夜，那通電話終於來了，他得知母親病危，真的再過幾天就要與世長辭了，麥特的內心這時已經有所轉變。一開始他還懷疑到底是真是假，但在這個她需要他的時刻，他衷心願意隨侍在側。他飛到東岸去看她，這大概真的是最後一次了。他決心放下被強迫或壓抑時就會推諉抗拒的舊習，他想親身體驗慈心禪修時對媽媽生起的愛。

　　佛陀曾說，沒有任何心靈修持比慈心來得有價值，他說道：「慈心，即是心的自在解脫，引納了一切；慈心發光發熱，光華四射。」我們愈加修持祈願自己與他人的祥和快樂，就會愈加觸及真

實本性的美麗純淨。認出良善能喚醒慈心，而慈心修持使我們更覺知內外的良善，走過生命。

愛與溫柔的心：真實本性的光華

達賴喇嘛有個簡單卻深厚的開示：「我有一個根本信念，人類的本性就是仁慈。」又說，他對這一點清楚得「無須依靠佛性的教法」。

> 舉例來說，看看我們存在的模式，從童年直到死亡為止，我們看到，我們基本上是由情感培育教養而成的……此外，當自己覺得充滿溫情時，也清楚看到它如何自然地由內影響我們。不僅如此，就其對身體健康的作用而言，讓行為與念頭充滿溫情且合乎健康，對身體的生理構造來說，似乎是更合宜的方式……我們也要注意，反其道而行是有害健康的。因此，我們可以推論，人類的本性就是仁慈。

這個俱生本性的簡單「證明」，是大家在生活中都曾體驗的，當我們去愛，就覺得自己的存在既肯定又真誠。當我們終於回到佛性的家，慈心即在愛之中變得寬廣而無條件，麥特的故事正好說明了這一點。

麥特抵達醫院後，發現媽媽全身疼痛難當，癌症摧殘得她奄奄待斃，而髖部骨折使她動彈不得。他一連五天坐在床邊，握著她的手，目睹她經歷洶湧而來、幾乎沒有停歇的劇痛，心中不停重複著慈心的祈願。第五天晚上，這個時刻終於來了，大限已到，媽媽真的進入彌留狀態，他們相聚的時間不多了。他凝視著她蒼白憔悴的

臉龐，聽著人工呼吸器的聲音；如今在他眼前的，不是那個索求無度、想從他身上求得什麼的人，也不是那個恐懼害怕、一再要求保證的人，而是一個想要被愛的生命；十五年來，她像窗戶般等待著。這些年來，有誰曾經真正擁抱過她？有誰曾經真正懷抱著她，讓她展現脆弱、讓她覺得被愛、受接納？如今，在他定義的母親角色和身份之外，麥特看到的真相是，她內心真正想要的就是愛人與被愛。

麥特將床架放下來，靠近她，輕柔地用雙臂環抱著媽媽瘦骨如柴的身子，感受著她的脆弱，他忽地憶起童年生病時，媽媽會安慰地摸著他的額頭。遠比她憧憬被愛更加深刻的，卻是她心的本質；麥特覺得她即是愛本身的璀璨光華。「願慈愛充滿您，」他悄聲說：「願您平靜祥和，媽媽，願您從痛苦中解脫。」

他靠近她的臉龐，一次又一次地告訴她，他愛她，他就在她身旁，愛已經到來了。他親吻媽媽的額頭，看到她整個存在因自己的良善實性而閃閃發亮。他就這樣抱著她好幾個小時，時而輕聲跟她說話，時而啜泣，感受著她脆弱絲線般珍貴的生命力，愈來愈微弱。當他離開醫院的時候，她的氣息似乎輕鬆多了，臉色看起來也異常祥和。

隔天早上七點鐘，麥特接到醫院打來的電話，通知他母親的死訊。他緩緩地掛上電話，在床邊坐定，他知道，她終於能自在的離開，她已經隨著單純清淨之愛的加持祝福，進入死亡。幾分鐘之後，他潸然淚下；麥特啜泣著，發現自己嘴裡不斷重複著：「每個人都想有人愛。」多年來一直伴隨著的抗拒、批判和不信任，如今已由仁慈溫柔的心取代了。

當天晚上麥特打電話給我時，他說，他最深切的祈願就是，永遠不要忘記「每個人只是想要有人愛而已。」著名的心理醫生與作

家瑞秋・奈歐蜜・雷門（Rachel Naomi Remen）說：「一剎那無條件的愛，能瓦解並摧毀一輩子缺乏的自我價值感。」麥特已見證了愛的治癒力。他淚如雨下，說道：「現在我終於知道我此生的使命是什麼了，我要讓每個人知道，他們多麼值得被愛。」麥特找到了內在愛的良善，這愛即是祈願他人喜悅快樂。

一行禪師寫道：「當你說著……（比如我愛你）這樣的話時，要用整個生命來說，而不是只是嘴上說說或心裡想想而已，它能夠超越整個世界。」由於我們是息息相關的，當我們喚醒並展露內在之愛時，愛就會改變周遭的世界。我們接觸的人會敞開心房，之後他們也會觸及他人的心。愛是所有眾生的本性、所有眾生的良善，只等著開顯展露而已。無論是靜默地獻上我們的愛，或大聲說出來，我們都在幫助芸芸眾生，使他們的愛綻放茂盛。我們最深奧本性的展現就是慈心活生生的力量，猶如佛陀所說：「慈心發光發熱，光華四射。」

活在愛之中

基督教神秘家多瑪斯・牟敦說：「生命是這麼單純，我們生活在一個絕對透明的世界，神性無時無刻透射著光芒。這並非只是美好的故事或神話而已，這是真實的。」對我而言，神性即是愛的覺性，而愛的覺性即是我們的源頭與本質。假使能仔細觀照，我們就會看到，每個人都是我們所珍視的愛與良善的展現，每個人都成為心中的那位摯愛；牟敦曾如此形容他所領悟的轉化真諦：

然後，我倏然好像親見了他們心的秘密之美，那罪惡與知識不可及的心的深邃，那實相的核心，那具有神性之眼的

每個人。假使他們能夠看到自己的本質，假使我們隨時能
夠如此看待彼此，那麼，戰爭、仇恨、貪婪、殘酷就沒有
存在的必要了。我想，屆時的困擾會是，大家都趴在地上
膜拜彼此。

當我們看到他人或自己的秘密之美，我們就穿透了自己的批判
和恐懼，進入本性的核心——我們並非遭欺瞞的自我，而是那良善
的光華。

隨著我們對本善的信心日益增深，而得以在這個世界更完整地
表達愛與創造力。與其臆測自己、因自我懷疑而癱瘓麻痺，倒不如
看重並且回應良善的激勵。同樣的，當我們信任他人內在的良善
時，我們就會成為一面鏡子，幫助他人信任自己。實踐由慈心生起
的行持就是菩薩道的一部分。當苛責和瞋恨無法耗損我們時，我們
就能游刃有餘地培養才華與天賦，藉以服務世界。我們可以自在地
愛彼此，愛生命的全部，而不會再退轉。

培養寬恕的心

　　軟化、敞開心胸是勉強不得的，以下的禪修可以培養我們實踐寬恕的意願。這些修持基本上以傳統佛法修持為基礎。一開始先向他人請求寬恕，再寬恕自己，最後，寬恕那些傷害我們的人。

請求寬恕

　　用舒服的姿勢坐下來，閉上眼睛，讓自己安靜專注在當下。將覺照放在呼吸上幾分鐘，吸氣時放鬆，呼氣時放鬆。

　　現在想著曾經傷害別人的場景。也許你故意用不堪入耳的話辱罵某人，在盛怒下掛斷別人的電話，無心之過造成愛人的痛苦而結束戀情，因為太忙碌而忽略孩子正需要特別照顧。也許你感覺自己多年來一再讓某人痛苦，由於自己脾氣暴躁或無心照顧而不斷侵犯傷害那個人。花點時間想想這些突顯自己傷害他人的狀態，體會那人感受的傷害、失望或被背叛的感受。

　　然後，用你的覺性擁抱這個人，開始請求寬恕。心裡念著這人的名字，說：「我了解你所受的傷害，我請求你的寬恕，請你原諒我。」誠摯地重複幾次請求寬恕，然後靜默一小段時間，迎接受寬恕的可能性。

寬恕自己

　　現在想著某個你覺得罪不可赦的狀態。也許你無法原諒自己是個苛刻挑剔、掌控欲很強的人，或者無法原諒自己曾如何傷害別

人；也許你恨自己的懦弱，恨自己無能承擔風險伸展生命抱負；也許你無法原諒自己因上癮而毀了生活；你可能對自己的鬼迷心竅或嫉妒感到噁心。感受一下你罪不可赦的行為、情緒或思考方式，為什麼讓你覺得很糟糕？這些使你如何看待自己？如何讓你不快樂？這些痛苦使你想要推開上癮、不安全或苛刻的自我，允許自己感受一下這些痛苦。

接著，更深切地探索一下，到底是什麼驅動了這部分你無法接納的生命。假使你對食物、尼古丁或酒精有癮頭，想一想你到底要滿足什麼？或者說，你到底想安撫什麼恐懼？你批判他人，是不是因為自己心裡很恐懼？傷害另一個人時，是不是在反射自己的傷痛和不安全感？是不是因為你需要感受權力或安全感？隨著愈來愈清楚隱藏的缺憾和恐懼，允許自己直接體驗它們在體內、在心中的感覺。

把誠摯的寬恕信息獻給你正在抗拒的一切感受、念頭或行為，你可以在心中默念：「我看到自己如何造成自己的痛苦，現在我原諒我自己。」或對自己簡單地說：「寬恕，寬恕。」以寬恕的心迎接心中生起的一切感受，無論是恐懼或批判，羞辱或悲痛，讓傷痛在寬恕心的開闊性中解開糾結。

在練習當中，你可能會覺得自己好像正在經歷這些過程，你實在沒有能力寬恕自己；也許你相信自己不值得被原諒，你也怕原諒了自己後又會重蹈覆轍；也許你害怕真的敞開心原諒自己之後，你就得要面對真正的自己，而這是你無法忍受的真相。當這些疑慮和恐懼生起，就以悲心承認、接納，然後對自己說：「我想要在有能力的時候，寬恕自己。」你願意寬恕的心就是寬恕的種子——這個意願會逐漸讓你的心敞開、放鬆。

寬恕他人

　　每個人都曾傷害他人，反之，我們也都在人際關係中受過傷害。現在想著你曾被強烈辜負、拒絕、虐待或背叛的經驗。不要批判自己，注意你是否還在瞋恨或責備那個傷害你的人，你是否已經把這個人拒於心門之外？

　　回憶一下特別讓你感到受傷的狀態，也許你想到了父母親臉上憤怒的表情、某個朋友說了刺耳苛刻的話、發現信任的人竟然欺騙自己、伴侶氣沖沖地飆出家門的一刻。覺察當下生起的感覺，無論悲痛或羞辱、瞋恨或恐懼。以接納、仁慈的態度，感受這痛苦，讓這些感受在體內、在心中盡情展現。

　　現在，仔細觀照這個傷害你的人，感受一下可能導致他犯下傷害行為的恐懼、傷痛或貪婪。體會一下此人只是個不完美的人類，既脆弱又真實。感受此人的存在，默念他的名字，並獻上寬恕的信息：「我感受這已造成的痛苦，我以目前最大的能力，寬恕你。」倘若你現在無法寬恕此人，就說：「我感受這已造成的痛苦，我想要寬恕你。」持續感受自己的脆弱，重複寬恕的信息或意願，直到想暫停為止。

　　你也可以在日常生活中隨性練習寬恕。發現自己在嚴重批判自我或他人時，你可以緩一緩，提醒自己察覺這些苛責的念頭和感受。花一點時間，連結那驅動批判心態的缺憾與恐懼，然後將各種你覺得最自然的寬恕信息，擴展到自己和他人的內在生命中。要有耐心，只要常加練習，你想要全然去愛的意願就會綻放成為一顆寬恕的心。

喚醒慈心

透過慈心的禪修，我們敞開心去接納自己、他人和遍一切處的眾生。

以舒適的姿勢坐下來，放輕鬆。檢視自己的身體，盡可能釋放壓力。肩膀、雙手和腹部盡量放鬆。花點時間感受「微笑」的影像和感覺（參考第四章的禪修練習「以微笑擁抱生命」）。讓自己跟仁慈自在的心靈連結。

現在，讓自己憶起並接受自己的本善，你可以想想自己仁慈或慷慨的時候，回憶自己想要快樂不要受苦的原始欲望，尊敬自己的本質覺性、誠實與愛。倘若此刻很難承認自己的良善，那麼就藉由愛你者的眼睛來看自己，那人愛你的哪一點？也可以想一想你認為是摯愛化身的對象——佛陀、觀音、聖母、耶穌、濕婆等，透過這些對象的智慧與愛之眼來看自己。

接著，心中默念關懷的祈願，將慈心獻給自己。每重複一次祈願，就領會這些話語的意義，讓它們從內心深處真摯地生起，選幾句你覺得有意義的話，比如：

願我充滿了慈心，願我被慈心所擁抱。

願我如實接納自己。

願我快樂。

願我能觸及那偉大自然的寂靜。

願我明瞭活在世上的自然喜樂。

願我的心靈覺醒，願我自在解脫。

全然接受這樣的我

也許剛開始說這些慈心的祈願時覺得很煩躁；假使你對自己正感到消沈失望，這些話聽起來可能很刺耳很造作。有時候，這些關懷自己的練習只會突顯你自覺多麼不值和惡劣。丟下你的批判，將這個反應加入禪修之中：「祈願這個也被擁抱在慈心之中。」然後重新開始你所選擇的關懷話語，保持察覺心，接納任何生起的念頭或感受。

無論在此禪修的哪一階段，發現自己機械式地重複這些話時，別擔心；因為在寬恕的練習中，你的心本來就有著開放與封閉的自然調味，最重要的是你那想要喚醒慈心的意願。

現在你可以開始打開慈心的圓周，想著你摯愛的人。思維此人的本善，感受你到底喜愛此人的什麼特質，也許你喜愛他愛人的能力，也許是他的誠實或幽默；你可能也會想起，此人也想要快樂，不想受苦。要清楚他的本質是良善、覺醒、充滿愛的。在心中如實感受你欣賞感激這個親愛的人，獻上你的祈願。你可以利用下面這幾句話，或者，也可以用自己的。心中默念著慈心的話語，想像這個人體驗你祝福果實的狀態——自我接納、祥和平靜、喜樂和自在解脫。

願你也充滿慈心，願你被慈心所擁抱。

願你現在就感受我的愛。

願你如實接納自己。

願你快樂。

願你明瞭偉大自然的寂靜。

願你明瞭活在世上的自然喜樂。

願你的心靈覺醒，願你自在解脫。

爲摯愛的人祈願幾分鐘之後，擴大關懷與覺性的圓周，開始想著一個「中性」的人，某個你經常見到、但是跟他不熟、對他沒啥強烈負面或正面感受的人。明瞭他也想要快樂，不想受苦，以此來思維他的良善。

　　體會這個人活生生的生命，以及他對生命的關懷。利用以上建議的詞句，或你自己喜歡的，把慈愛獻給這個人。

　　接下來，想著一個跟你關係惡劣的人——某個會引起你瞋恨、恐懼或傷痛的人。想起這人時，你心中可能會生起很多感受，首先花點時間對這些感受發出善意的關注，用慈心懷抱自己的感受；然後，將覺照轉移到這人身上，試著尋找這人的良善層面。假使在此人身上很難找到仁慈或誠實，簡單思維他也多麼想要快樂，不想受苦，這樣就好。體會此人的根本覺性，並記得，他也如你一般珍視自己的生命。將他懷抱在溫柔的關照之中，獻上你心中覺得最自然的慈愛話語。

　　然後，想像把剛剛祈禱的對象都聚在一起——自己、摯愛的人、中性的人、關係惡劣的人，同時對他們獻上慈愛的祈願。感受你們共同的人性、脆弱以及本善。祈禱的時候，把自己和這些人懷抱在你心中，認清你們全都浸淫在此中。

　　現在，讓你的覺性向四面八方敞開，前方、左方、右方、後方、下方和上方，在這廣闊的虛空中，感受你的愛正懷抱著眾生，在野地飛翔、游泳、奔跑的野生動物，家中畜養的寵物貓狗，瀕臨絕種的生命，花草樹木，世界各地的孩童，窮困潦倒的人以及富商巨賈，生活在兵荒馬亂中的人以及安居樂業的人，瀕臨死亡的人以及初生的嬰兒等等。想像自己能夠懷抱我們的地球母親，而你無邊際的心容納了所有生命，清楚認知眾生經歷的喜樂和悲傷，再一次獻上你的祈願：

願眾生充滿慈心。

願眾生明瞭偉大自然的寂靜。

願地球上充滿和平，到處和平。

願眾生覺醒，祈願他們自在解脫。

重複念誦這些祈願，然後安住在開闊性與靜默之中，讓慈心觸動你心中與覺性所生起的一切。

你也可以將慈心修持融入日常生活，無論是跟摯愛者或某個讓你惱怒或感到不安全的人相處時，你都可以緩一緩自己，覺察自己的心，並默念：「願你快樂。」你也可以試試看，連續一個星期的早晨，刻意想想跟你同住一個屋簷下的人的良善，然後，在日間每當你一想到，就默默對他們獻上慈心的祈願。你可以選定一個經常見到、對他沒啥特別感覺的人，連續一個星期每次見到他，就默默地祝他萬事如意。或者，你也可以選一個跟你關係惡劣的人，每天把慈愛獻給他。在練習的時候，注意自己對選定的人有什麼感覺變化，他們的行為舉止對你而言是否有所改變？

由於形式禪修的詞語和過程很可能會變得機械化，有一些方法可以讓你的體驗保持新鮮活潑，以這樣的精神，實驗下面這些方法：

一、選擇與當下共鳴的詞語。

二、輕聲說出你的祈願。

三、把祈願對象的名字說出來。

四、想像自己把祈願對象懷抱在心中，或想像自己慈愛地摸摸他們的臉頰。

五、想像他們因為你的祈願而感受了愛、療癒和淨化。

即使只是浮光掠影的慈愛，都能讓你重新連結心的純淨。

第十一章

共同覺醒：
修持人際關係的徹底接納

朋友，要同心協力，

　　別四分五裂、沈睡不醒，

我們的友誼

　　建立在覺性之中。

　　　　　　　　　　——魯米

我尋找我的上帝，

　　見不著祂的蹤影

我尋找我的靈魂，

　　我的靈魂避而不見

我尋找我的兄弟

　　三者竟然同時都找到了。

　　　　　　　　　　——佚名

歌劇《聖盃》的傳奇人物巴西法爾，是個愛探險的年輕武士，在一片荒蕪乾枯的原野上流浪，當他終於抵達荒野中的城堡時，發現城裡的居民竟然若無其事般生活，他們沒有「這樣的悲劇怎麼降臨在我們身上？」或「現在怎麼辦？」的種種疑惑，他們繼續單調而機械地活著，好像被下了魔咒一樣。

巴西法爾受邀進入城堡，很驚異地發現國王倒臥病榻，臉色蒼白奄奄一息，就像他的國土一樣，生命危在旦夕。巴西法爾心中充滿了疑問，但是因為一位年長的武士曾告誡他，提出疑問有損武士風範，於是他選擇緘口不言。隔天早上他就離開了城堡繼續旅程；離開不久，他在途中遇見女巫師琨瑞。聽到這位武士竟然沒有問候國王的病情，琨瑞勃然大怒，他怎會如此冷酷無情？他若這樣做也許就拯救了國王、拯救了這個國家，甚至拯救了他自己。

巴西法爾謹記她的話，回到了荒野，直奔城堡。他大步邁開毫不猶豫地走向國王所在之處，國王還躺在臥榻上，巴西法爾在他尊前跪下，輕聲問道：「喔，陛下，您到底生了什麼病？」倏然間，國王的臉色紅潤了起來，他站起身來，病痛都痊癒了；接著，全國上下恢復了生機，人民彷彿重生了，大夥兒生氣勃勃地聊著天，一起歡笑歌唱，踏著輕快活力的步伐；莊稼也開始生長，春天的山丘上綠草如茵一片欣欣向榮。

當我們覺得孤立無援時，就好像故事裡的國王一樣，我們的生命也因此變得如同荒野一般，失去了意義，既空洞又單薄。我們既無法將自己從缺乏自我價值感的迷惘中喚醒，也無法喚醒周圍的人。這時我們的荒野如果來了一位真正關心我們的人，那麼生命就會在一瞬間回復生機盎然。我的一個朋友不時會在陷入憂鬱時打個電話給我，也許她已經感到消沈好幾個星期或好幾個月了，不明白到底是什麼苦惱著她，覺得無法跟導致悲傷的痛苦連結上；而我一

句誠摯的問候：「你好嗎？」就會使她崩潰痛哭。

走在心靈之道的我們，可能會認為，要從情緒的煎熬中解脫，關鍵就在更多的禪修和祈願。然而無論再怎麼禪修或祈願，我們還是需要他人從旁協助，拆毀那孤立隔離的高牆，提醒我們憶起自己的歸屬。心中銘記我們跟他人以及這個世界息息相關，這就是治癒力的重點所在。

安是我的一個禪修學生，四歲的時候舉家搬到隔壁鎮的一棟新房子，就在搬家那天，一團混亂中發生了一件事，使她後來關閉心房好多年。安整個早上都在地下室玩，這時大人忙著打包，把一箱箱物品搬到車上去。過了一會兒，她突然發現沒有人再回到房子裡，於是她爬上階梯去找媽媽；但是地下室的門被鎖起來了，整間房子靜得可怕，安不斷敲門踢門，嚎啕大哭一陣子之後，把自己蜷縮在一個角落，嚇得六神無主，不發一語。等到父母親兩人發現彼此都誤以為安跟對方在一起時，幾小時已經過去了。

雖然安早已是個成人，卻經常發現自己心裡像個孩子一樣惶恐不安。在自己的公寓裡，有時會發現被一種難忍的寂寞所控制；隨著禪修課程所學習的，安會盡力嘗試用仁慈的態度來擁抱劇烈的脆弱感，然而在內心深處，她總是會聽到一個孩子驚叫著：「我不要自己一個人，我自己做不到！」

由於安是個禪修行者，當她來到我面前尋求心靈引導時，她以為我會教她某種禪修技巧來處理她的恐懼，但是她很驚異地發現，我強調的竟然是：性靈的康復癒合及覺醒跟他人息息相關。我們在人際關係中受傷害，因此也需要在人際關係中康復癒合。對於安而言，當她知曉孩子的驚叫慟哭並非「非靈性的」，這令她大為鬆了一口氣，她不必因為需要他人而覺得慚愧。就如同巴西法爾的國王，令他甦醒的關鍵就在於感受他人真正的關懷和關注。

我們是群居的動物。我們飲食、睡眠、工作、愛、癒合、自我實踐與覺醒，可說彼此息息相關。即使是獨處，我們內心也還帶著一種歸屬他人的感受，時時關注他人對我們的觀感。感受他人的關懷，可使我們像那位國王一樣，從迷惘中甦醒，從而變得完整。所有的人際關係都具有滋養這朵盛開之花的潛力，無論是跟老師、治療師、同事、家人或朋友。以現代的觀點來說，這些就是我們的「僧」，而其包含了有意識的人際關係網絡，在這網絡中，我們開始康復並覺醒。

儘管某些人際關係對彼此而言的確比較具有治癒力，也比較充實完整，但實際上，所有的人際關係都能夠揭露我們彼此的相互連結。當徹底接納的雙翼，察覺與慈悲兩者都顯露而出時，我們與他人的關係就會成為心靈解脫的神聖器皿。

有意識的人際關係：心靈修持的精神

佛教西傳後產生了某些調整，這些調整傾向於專注在個人的禪修練習，反而忽略了佛教傳統中保有的人際交流。我們不斷尋求具保護性且寧靜的空間來磨練覺性，學習如何變得平靜、覺察而清明，儘管依靜處的時間很珍貴，也是心靈修持不可或缺的部分，但是將寂靜之禪修列為首要，以個人內在生命為焦點的教法，很可能導致根本的誤解。他們可能會強調一種錯謬的概念，使我們以為自己步上了一條冷漠孤寂的道路，覺得我們只能在孤立空白中了悟心靈最終的目標。

《三輪車》（*Tricycle*）雜誌登過一幅漫畫，上面是一則佛教徒的徵友廣告：

身材高大，皮膚黝黑，英俊瀟灑

佛教徒尋找自我。

這則漫畫以巧妙的手法顯示，當我們將法教解讀為，我們只能靠著禪修、精進努力才能解脫累贅的自我時，那是多麼地與世隔絕啊。與他人的關係其實異常重要，然而在心靈覺醒上卻可能被視作無關緊要。

假使我們認為修持只有在上座禪修才夠稱為「很靈性」，那我們就不曾領會，日常生活的人際關係對我們的覺醒多麼具關鍵性。我們其實在逃避人際關係所引發的不安、刺激和迷惑的情緒；我們不想承認，一個靜修閉關中顯得慈愛平靜的人，在接觸別人時，竟然成了一個既憤怒又具傷害性的人。

我自己在回顧過去多年的心靈修持時，發現深刻的人際關係使我心靈覺醒得最為深切——生孩子養孩子、心碎的時刻、幫助他人也接受幫助、面對親密關係的恐懼、跟苛刻批判的心掙扎奮戰、企圖更全然地去愛等等，密切的人際關係讓我生起緊張不安的反應，也讓我更珍惜彼此連結的經驗。

第一次參加為期六個星期的內觀閉關時，行程結束之後，我帶著快樂、和諧、輕鬆的心情回家。納拉揚的爹，艾力克司，在我閉關期間待在家裡幫忙照顧我們的兒子，我實在很期待見到他們兩個。那天晚上我們三個一起大吃爆米花，天南地北地聊天相聚。隔天早上，我走進家中的辦公室，發現裝著房貸繳款的信封袋還在書桌上，那是我請艾力克司在我閉關時千萬要寄出去的，現在已經過了繳款期限，我要繳滯納金了。我打了通電話給他，開始對他大聲咆哮，說我上個月已經沒收入了，他怎麼可以那麼不可靠，連一封信都寄不好。顯然地，我是在發洩積怨已久的憤怒，然而我的瞋恨

是如此鮮明尖銳。

　　他讓我講了一會兒後才說：「你去參加佛法閉關學到的就是這些嗎？」這聽起來似乎是挖苦人的話，但其實不然，我聽得出他話中失望的語調，他急著想見證我深入修持所獲得的利益，然而我們似乎又落入了相同的窠臼。掛上電話之後我立即感到一陣痛悔自責，倘若我還這麼容易猛烈抨擊別人，一下就陷入舊有的模式中，那麼我那些接納和寂靜的深沈體驗有什麼用處？艾力克司的反應像閉關的鐘聲一樣，給了我一記當頭棒喝，我立即被拉回徹底接納的修持，以察覺心和關懷來經歷當下生起的感受。懊悔和憂傷提醒了我，跟他人的人際關係其實正是心靈生活的重點。

　　佛陀把遵循其教法的比丘與比丘尼僧團，視為心靈之道最根本的寶藏。他自己跟忠心耿耿的表弟兼侍從阿難的關係，即是恆久心靈之愛與友誼的最佳典範。阿難尊者在僧團中最為人津津樂道的就是他仁慈慷慨的精神，總是無我地照料佛陀的生活所需，而佛陀則給予他心靈之道殷殷關愛的引導。事實上，多年相處下來，阿難尊者所提出的疑問亦成了闡明佛陀教法的一種莊嚴。「佛告阿難，勿作是言」是佛典常見的開場白，提醒我們接下來就要領受具關鍵性的訊息了。阿難尊者提出了許多疑問，有一次他問道：「如果有善知識的引導，涅槃解脫的修行就完成一半了！」佛陀答曰：「勿作是言」，然後繼續說道：「有知識的引導，必能圓滿完成清靜的修行。有了善知識、善同伴，就是修行的全部了。」①佛陀並非在否定獨處靜修的價值，而是在肯定人際相互扶持在心靈覺醒中的重要性。

　　佛陀年復一年風塵僕僕地到處講學，他也教導徒眾在團體中和諧共存的原則，最基本的一條戒律就是不傷害他人——以敬畏之心看待所有生命。僧團中真有人行為舉止傷害他人時，佛陀就會勸告他們要調解彼此之間的紛爭。他也指示了所謂的「正語」，也就是

對他人誠實有益的言語,這也是八正道之一。一行禪師在其著作《體味平和》(*Touching Peace*)中,引用了佛陀的一段開示來告訴我們,傷害他人時應該如何處理,其關鍵元素就是:要對他人所受到的傷害負責任,仔細聆聽此人以了解他的痛苦,誠心道歉,並矢志以悲心對待此人與所有眾生。戒癮的十二階段康復療程亦類似如此。關懷他人並明智地與他人相處,這些簡單卻有力的方法使我們心胸開放、自在解脫。

那天早晨對艾力克司發完一頓脾氣之後,我又打了一通電話給他,請他到家裡吃午飯,我們好好談一談。兩人都坐定以後,我立刻向他道了歉。我們談了一會兒,彼此坦承心中的感受,我告訴他,真的好感激兩人可以如此相處。我們一起在做的,正是幾個星期以來我在閉關寂靜處所練習的:觀照、穿越層層暴風雨、從另一端破繭而出,變得更有連結、更覺知。

在關懷的安全保護之下,我們也就能夠期待以後如何避免這樣的互動。艾力克司說他會更注意我們協議的事,而我則承認我當時反應過度,並決心克制自己不在怒火中燒時攻擊他。這已經是十年前的事了,回顧往事,顯然地,由於我們彼此接納,使得那些正面衝突有所改善──即使進展緩慢,也不盡完美。我在閉關時發現的徹底接納之深奧泉源,在人際關係當中生氣勃勃地湧現川流。

為了掩蓋自己在密切的人際關係中所感受的強烈缺憾和恐懼,我們常把自己隱藏在個人角色背後,我們以習性彼此對待,瞬然之間,就迷失在防衛、偽裝、批判和冷淡之中。內觀老師桂格瑞・克雷蒙(Gregory Kramer)[2]在其著作《相伴禪修,寂靜發聲》(*Meditating Together, Speaking from Silence*)一書中,談到了能幫助我們在溝通當下就突破舊有反應模式的練習,他寫道:「既然有所謂的上座禪修,有行走禪修,怎麼會沒有傾聽與言語的禪修?在人

際關係中做正念覺察的練習，並逐漸擅長於此，不是一件很正常明智的事嗎？」

桂格瑞把人際禪修練習稱爲「洞察力的對話」，與人交談之際，與其立即反應他人的話語，不如先緩一緩，放鬆身心，並覺知地觀照當下的經歷，也許我們可以問自己：「到底是什麼在要求關注？」並對當下生起的感覺和念頭加以注意，我們是否在評判、詮釋、註解對方的話？透過停歇與觀照，我們就會對自己的反應模式更加敏銳覺知。

無論是正規的人際關係禪修，或是日常生活與他人的互動，以此方式來練習彼此徹底接納，就能增加我們人際關係的體諒與仁慈。假使能和緩自己、加深覺照，我們就不會被無意識的缺憾與恐懼所擺佈，就能游刃有餘地選擇。我們可以選擇放下自己內心的評判，仔細傾聽對方的話和經驗；我們可以選擇制止企圖證明自己是對的；我們可以選擇大聲說出創傷的感受；我們學習仔細聆聽對方，以正念覺察的態度來陳述，說出眞實有益的話語。

藉由有意識的人際關係來覺醒自己，即是心靈生活的重點。與他人相處時所經驗的恐懼與缺憾，如水載舟覆舟，可能引發我們的孤立感與缺乏自我價值感，或者，若待之以徹底接納，就能將之轉換爲慈悲。就好像我跟艾力克司的經驗，在我停止反應模式以後，我們得以一同覺知地交談，兩個人的心都再度打開了。

一行禪師說道：「對西方世界而言，僧團等同於佛。」由於我們的文化造成極端傾向，認爲自己是孤立隔絕的個體，因此，了悟佛性最直接有力的方式，就是藉由與他人的關係，直接逆轉令我們陷入分離之迷惘的因緣條件。

人性弱點的挑戰與加持

　　安的協談療程主要在於束縛她的一種感覺──獨處的恐懼，以及與他人相處的恐懼，特別是跟不熟的人相處時。有一天，她懷著焦慮憂傷的心情來協談，她覺得自己快被最深層的恐懼逼得喘不過氣來了。安很喜歡唱歌，她參加頗富盛名的市立合唱團已經好幾年了。最近，三十人組成的合唱團正在計畫巡迴演唱。下個週末將會舉行一整天的合唱營，來探討巡迴演唱的發展並決定宣傳與募款事宜。這景象把她嚇壞了，她很喜歡以往毫無壓力地跟合唱團員相處的經驗，這裡已經成為一個安全空間，讓她既能擁有自我，又能享受自己豐厚宏亮的女中音與他人的和諧共鳴。然而，要參加合唱營而且可能還要去巡迴演唱，這可難倒她了，這樣她就免不了得跟他人頻繁互動，但假使她不去，她又會覺得受到冷落。

　　我們談到了去合唱營時，她可以藉由緩和自己的心、給自己關懷，以面對恐懼的來襲。即使是跟別人談話，也可以試著停頓久一點來放鬆自己，認出當下在心中生起的感覺或情節。我告訴她，仔細傾聽並關心他人正在經歷的事，也能讓她更感到處於當下，而不是無端陷入恐懼之中。我補充道：「安，大聲說出『我現在很焦慮。』並不是種罪過，妳知道嗎？」

　　「跟整團的人說嗎？」安抗議，臉上帶著一絲激動的神情。我知道對他人坦承自己的感受並不簡單，另外，我們當然還得挑對時機。假使身邊的人基本上是親切善良的，他們其實也非常歡迎別人表現真實的自己。「坦承自己的感受需要很大的勇氣，尤其我們又不知道別人到底如何接收這些訊息。」我說道：「不過，敞開自己的心也可以是送給別人的一份大禮……會讓大家都敞開心胸。」那

天安離開時心裡還是很恐懼，但是她已經決定要參加合唱營，盡力做好她自己。

合唱營當天早上，大夥兒陷入一團混亂，七嘴八舌討論這趟巡迴演唱是否太過野心勃勃，並且也所費不貲。安的心開始怦怦亂跳，身體不斷發抖，她覺得自己好像被關在一個不斷縮小的盒子裡，隨著時間一點一滴流逝，愈感窒息困頓。於是她決定午餐時就離開，她可以說她不舒服就好了，這是事實。

安望著手錶，還有二十分鐘才到午餐時間，突然間，那個地下室的記憶清晰地浮現心頭，在身旁三十人的圍繞中，她卻感到完全孤立絕望。她想起了我們討論過的方法，試圖陪伴自己的感受，傳送親切仁慈，但是她整個人還是凍結在恐懼中。她聽到團長挫折的聲音，提醒大家半天過去了，但是團體對於該做什麼卻仍然沒有共識。團長停下來時，安聽到自己微弱顫抖的聲音說道：「可不可以讓我……我有話要說。」整個房間倏地靜了下來，大家都豎起了耳朵。她嚥了嚥口水，繼續說：「我不知道為什麼，我現在真的很害怕。」說完之後她再也說不出話來，她的眼淚決堤，全身劇烈顫抖。跟她一同坐在沙發上的女士說：「喔，親愛的，沒有關係。」她靠近安，安慰地摟住安的雙肩，安躲入她懷中，涕淚交流。

幾分鐘之後，她終於冷靜下來，摟著她的那位女士溫柔地說：「要不要跟大家說說看發生什麼事？」安環視大家，每個人都望著她，但是卻沒有一絲驚訝或厭惡的神情，大家都很有耐心地等著。她的頭還在抽痛著，但已經開始找話頭了。她告訴大家，這種情況有時會發生，一不注意她就會陷入孤立和恐懼，她只讓少數幾個人目睹過這種狀態，但是她不想再這樣生活下去了。她現在只是需要大家了解她，這樣她就不會覺得那麼孤獨了。她看到大家點著頭，親切地微笑，於是她的身體也開始放鬆了。

有好幾個人告訴安，實在很佩服她的勇氣；團裡有位女士表示，早上的討論也讓她覺得很難過、很不舒服，雖然大家並沒有爭吵，不過氣氛還是不夠友善。身旁的一位男士也同意她的看法，他原本以為合唱營不會這麼形式化，而是一個讓大家更了解彼此，能夠共同創造新局面的機會。

安一邊聆聽大家的話，一邊感到防衛的外衣逐漸融化了，頭部劇烈的抽痛變成微微的脈動，心跳也緩和多了。接下來的幾個小時，大家把原本的議題擺在一旁，反而開始討論自己的恐懼、挑戰、喜樂和分享音樂的充實感。到了合唱營尾聲，巡迴演唱已經不再是個疑問，有幾個人自願擔任志工，這是有史以來大家最親密、最興奮的一次。出乎安的意料之外，這次安並沒有感到受藐視或被拒絕，她也覺得跟幾乎所有人都親密多了。透過敲響人性弱點的音符，安竟然為她的合唱團增添了豐富而深刻的音色。

當我們暴露自己的傷痛或恐懼時，其實也在允許他人透露他們的真實面，幸好對安而言，事情是如此順利進展。挑對時機是很重要的，因為他人有可能源於自己的瞋恨或迷惑，而無法明白你的作為，或無法以開放的方式與你對應。暴露自己的弱點，我們是在冒險，有時也會受到傷害。我們之所以願意如此，是因為更大的傷痛，即真正的痛苦，仍然武裝著、孤立著自己。當個脆弱的人是需要勇氣的，然而果實卻是甜美無比：我們因此而喚醒慈悲，喚醒人我關係中真正的親密感。

來自徹底接納的禮物

安東尼‧迪米羅，一位耶穌會教士，在他的書中提到改變他一生的徹底接納經驗。他在書中寫道，多年來他一直很神經質，「既

焦慮又沮喪又自私。」就像我們很多人一樣，他參加了心靈成長課程，一個接著一個，但一切似乎毫無起色，而他已經瀕臨崩潰邊緣。之所以那麼痛苦的原因，是連朋友都覺得他真的需要改變自己，還常常力勸他不要那麼自私，總是只關心自己而已。

一天，他的悲慘世界因為朋友的一句話而終了：「不要改變，我就是愛原來的你。」這句話像天賜的恩典一樣在他心靈中川流不歇：「不要改變，不要改變，不要改變……我就愛原來的你。」矛盾的是，就在有人允許他不需要改變時，他卻感到可以自在改變了。迪米羅神父說，他終於可以放鬆地迎接多年來閉鎖已久的生命力。

別人如實接納原來的我們，並不表示他們喜歡我們做的每一件事，也不表示他們在我們傷害自己或他人時，會被動順從地支持我們。幸運的話，家人朋友會在我們變成酒鬼或賭鬼時，跳出來阻止干預，讓我們清楚知道，我們傷了他們的心。更幸運的話，還會讓我們明白，他們仍然深愛著我們，也接受我們隱藏在表達痛苦的傷害行為背後的人性迷惑。

結合坦率誠實與關愛接納，是極為關鍵的元素，這即是物質濫用研究專家所稱的「介入」。我的母親，南茜・布萊克在協助戒癮症狀的領域奉獻了幾十年，她曾說到，在介入期的協談，「嚴密輔導家屬，以關愛的、非批判的態度，面對家中的酒精或藥物濫用者。」即使這樣的對策極具對抗性，她在書中亦提到：「物質濫用研究專家放下了以往的老舊格言，說是必須等到案主『準備好了』，才引導他走上十二階段的康復療程。太多上癮症患者在『準備好』之前就死亡了，而他們的家人也早就『準備好』在他把大家拖入深淵之前，乾脆殺了他算了。」

上癮症狀開始摧毀家人、朋友或同事的生活時，其實可以安排這樣的協談，然後預先登記病床，順利的話，上癮者就可以直接從

協談進入療程。我母親最喜歡的一個介入期故事，恰好展現了徹底接納的威力，她寫道：

> 我原本以為，亨利永遠也不可能躺上那張為他預約好的病床。他不斷酗酒的行為，導致結果已顯而易見了；眼睛和臉頰浮現細小血管，體重嚴重下降，行為舉止浮誇不穩定，工作也快丟了。
>
> 我很擔心與會者──他的妻子、兩個兒子和年老的父親，在對他滿心怨恨的狀態下，還得強裝「關愛、不批判」。他們心中充滿了對他的不滿：兩個兒子無法讓朋友到家裡，因為他們的爸爸是這麼一個癮三；太太失去了曾經愛護她、能依靠一生的伴侶；而父親則從來不去看他唯一的兒子。我很害怕他們會咒罵他，而不是去關心他。
>
> 結果我錯了，過後亨利告訴我，他一進到房間，環視著這幾張全世界他最深愛的臉孔，他們也注視著他，大家都支持著他，房間裡的空氣突然發生了什麼變化，他說道，好似在震動一般。他坐定之後，我建議由他太太瑪姬開始質詢，然而，她並沒有數落他不待在家裡，沒有履行諾言等等，她只是站起身來，親了親他，「謝謝你願意來這裡，亨利。」她說道。然後，出乎我意料之外，在場的每一個人，包括兩個兒子，都站起來擁抱他，接下來的情形，實在令人動容，我們每一個人都哭了。當他的家人繼續說出自己要說的話時，亨利真的用心傾聽，之後，他也欣然接受了那張為他預約好的病床。這已經是十五年前的事了，

我最後聽到的消息是，亨利還繼續參加十二階段的療程，
而且仍然憶持著那具勇氣的大愛——接納性和眞心告白，
這可能救了他一命。

見證徹底接納的威力時，總是讓我驚奇不已。我見過有人多年
背負著羞於見人的祕密，在參加十二階段康復療程或心靈之友團體
（下文會加以解釋）之後，感到立即而深刻的寬慰放鬆，因爲他們
明白了自己只是人類，有不完美的時候，但還是可愛的，因此得以
輕鬆地大口呼吸，重新開始。我也見過一個案主在某個團體的關愛
接納之下，幾個月後，跟她的伴侶竟然得以展開以前想都不必想的
親密關係。我更見過有人勇敢轉移事業或開創他們的夢想事業，只
因爲他們體驗了所謂的接納。徹底接納似乎打開了我們的牢籠，邀
請我們在自己的世界中自在遨遊。

與心靈之友同行

我們太隨便使用「朋友」這字眼，以至於遺忘了它的威力與深
度。友情是巴利文metta或「慈心、慈愛」的主要譯文之一。朋友
的愛與體諒猶如最純淨的深泉，使我們存在的最根源得到更新與補
充，假使所有的宗教與偉大的思想體系都消失無蹤，而我們唯一的
追尋只剩下友誼——對彼此無條件的友情，我們的內在生命，這一
切的本質——那會是多麼美妙的世界啊！

跟知己好友相處能幫助我們放鬆心情，讓我們不再將痛苦的情
緒或混亂的行爲視爲心靈墮落的症狀；隨著將自己的脆弱、洞察力
與內心帶入有意識的人際關係之中，我們發現彼此一同在覺醒。在
這患難與共的氛圍中，深層的康復癒合就開始了。

我的禪修學生凱倫，在結婚十五年之後，面臨離婚的巨變，夫婦兩人捲入孩子監護權的糾葛，凱倫覺得人生四分五裂，在這場混戰中感到既孤獨又寂寞。

凱倫來問我如何處理憤怒與自我懷疑，我建議她考慮加入禪修社區的心靈支持團體。這些團體巴利文稱爲kalyanna mitta，也就是「心靈之友」，起先是由舊金山郊外的心靈磐石禪修中心（Spirit Rock Meditation Center）的老師和學生所組成，由於成效顯著，因此全國各地的佛學禪修中心開始群起效之。團體成員通常有八位左右，大部分兩個星期聚會一次，聚會通常以一小段靜坐爲開始，接著才進入正念覺察的對話。討論的內容也許是在日常生活保持心靈覺醒的挑戰，無論是在職場或親密關係、面對癮頭、面對疾病與死亡的恐懼。有時話題則以加深正規禪修練習爲中心。無論焦點是什麼，成員之間共同的意願就是誠摯地交談與聆聽，打從內心願意在場並彼此溝通。

凱倫聽了很有興趣，馬上加入心靈之友的聚會。她發現在團體裡她可以很放心地談到自己的憤怒感、無能和恐懼，而不會覺得格格不入或受批判。當她被前夫非難或誤導時，她甚至可以在這裡承認她的醜行、她的發飆，或表現突然的情緒失控。團體仁慈的接納使得凱倫相信「這都是」可修道的一部分。她的失控並沒有讓她成爲「壞人」，這些感受並非什麼不靈性的出軌；反之，這些痛苦的情緒其實是一聲聲加深覺照、修習慈悲的呼喚。

聽著團體成員談到他們生活中的迷惑和混亂，凱倫知道她一點也不奇怪，「我以前參加禪修聚會時，以爲大家那麼平靜、如如不動，好像都在了悟自己的佛性，我則是在場唯一一個神經質的人，困在自己不斷的創痛而不可自拔。」現在她明白了，別人所經歷的喜怒與動盪不能用來定義他們；猶如天氣一般，這些都是會改變、

也會推移流逝的。此外，與心靈之友的相處也幫助她記得自己最寶貴的部分——同情心、幽默和直覺智慧。

加入心靈之友不但改變了凱倫跟自我的關係，也改變了她對前夫理查的態度。在這段婚姻之中，凱倫相信她如此容易受傷害，代表她很軟弱，而她對情感和伴侶的海誓山盟如此渴望，則是根本缺乏安全感的一種徵兆。然而加入心靈之友幾個月，聽著大家分享自己的傷痛和恐懼，她現在終於知道，她並沒有什麼「不對勁」。以前每次跟理查互動之後，都會覺得不勝負荷、崩潰或狂怒不已，現在她已發展較深刻的自信，一個更穩固堅實的中心。

有次聚會，凱倫說到了幾天前發生的一件事。那時她和理查在通電話，討論是否應該讓大女兒馬蓮妮轉到私立學校。理查很惡劣地說，希望這不是她缺乏安全感作祟，才導致女兒對公立學校不滿足。凱倫感到怒火中燒，但是她並沒說什麼，她想像著心靈之友，那些既熟悉又關懷的臉孔，她憶起他們接納她的感覺，感恩不已，因為她再也不必相信從他嘴裡吐出來的話，批評著她的缺陷和短處。凱倫還是覺得很煩擾，很快地就掛了電話，但同時她也覺得既興奮又充滿希望。由於他人的支持與接納，她得以走出與理查相處時舊有的反應模式。

凱倫逐漸成長的自信，在幫助女兒挑選最適合的學校時，扮演了恰如其份的角色。由於放鬆多了，她於是能夠更敞開心去聆聽馬蓮妮的需求和恐懼，而不會覺得不勝負荷或無法承受。她們一起去見了馬蓮妮的高中輔導老師，拜訪了她想就讀的魁格高中，「我越仔細聆聽馬蓮妮，心裡越覺得她對自己需求的考慮是對的。」凱倫說道：「我知道轉到這所學校對她比較好。」結果下次她再跟理查通話時，他竟然沒再爭執了。「我想，因為我上了岸，所以他也上岸了——我已經有一些自信了。」凱倫從心靈之友獲得的接納性已

經生根了，她對自己的信賴，令她得以用一種逐漸成長的和諧平靜及力量跟身邊的人相處。

當徹底接納在人際關係茂盛綻放時，它就成為心靈的再生父母，使我們能夠信任自己本質的良善和美麗。猶如好父母反映給孩子的是他們有多麼可愛，當我們了解並接納他人，我們也肯定了他們內在俱生的價值與親密歸屬，領受了這樣的徹底接納，就能轉化我們的生命。當我們把他人的良善反映給他們，我們就送出了無價禮物，而這份祝福將會微波蕩漾一輩子。

瑞秋・奈歐蜜・雷門曾寫道：「認出他人內在上帝的火花時，就以自己的覺照和力量吹旺它，無論這火花被埋藏在爐灰下多深、多久。當我們加持祝福他人，就觸動了他們尚未誕生的良善，並祝它安好。」反映內在的美是我們可以彼此給予的加持祝福，我們只需要停歇一下，看清楚面前的人，打開我們的心。

有些最深層的覺醒，必須透過能提醒我們最全然本質的親密摯愛的關係。蘇菲教老師伊德里斯夏（Idries Shah）③曾說過一個苦行僧故事：苦行僧是這麼有智慧、受人敬愛，每次他到最喜愛的咖啡屋小坐時，周圍馬上圍滿了學生和追隨者。他謙遜和氣，從來不聲稱他是什麼特別人物，吸引徒眾的顫動靈氣部分就來自這些特質。他被問及許多有關心靈生活的問題，但是徒眾最常問到的問題則是有關他個人的：「您如何成為一個聖人？」他的回答總是一成不變：「因為我明白古蘭經有什麼。」

這樣的情形持續了一段時間，後來有個初來乍到的成員，聽到這個回答後，頗自大地提出問題挑戰：「是嗎？那您倒說說看古蘭經裡有什麼？」苦行僧慈愛地注視著他一會兒之後，答道：「古蘭經有兩朵壓扁的花，還有一封我朋友阿布度拉的信。」

雖然經典能引導我們，修持能令我們專注平靜，但是，就如同

這位苦行僧所暗示的，愛的生活經驗才能揭露我們內在固有的完整和光輝。我們的生命栽種在生命相互依賴的田地上，因此，當我們有意識地互動——就像魯米所說「我們的友情是在覺知中形成的。」個人迷惘的痛苦就會就此消融。

痛苦不是個人的經驗

著名的短篇小說家兼老師麥克·梅德（Michael Meade），曾提過尚比亞一個極具療效的儀式。部落裡有人生病了，無論是心理或生理疾病，他們相信這是因為祖靈的惡力侵入人體內，以致造成了疾病。由於部落裡所有人都是彼此連結的，一個人的痛苦會影響其他人，因此所有人都得參與治療的過程。梅德解釋，他們對治療儀式的認知是，「惡力將隨著真相開展而形跡敗露。」病人必須表露心中的憤怒、仇恨或欲望，而部落的每一個人也必須表達隱藏在內心的傷痛、恐懼、瞋恨和失望。梅德如此形容：「在舞蹈、歌唱與鼓聲之中，一切都顯露無遺；這時，一種放鬆的狀態才會發生。藉由釋放這些令人煎熬的真相，因而釋放了惡力，然後，整個村莊得以淨化。」

這個儀式蘊含了偉大的智慧。在我們的文化中，疾病或沮喪被視為個人的責任或煩惱，但這個部落的成員卻不會因自己的痛苦而被苛責或孤立。他們共同關注痛苦，將之視為每一個人生命的一部分，痛苦並非屬於個人的。不把痛苦個人化，即是徹底接納的要點。猶如佛陀所教導的，生命的痛苦並非個體所有，也非由個體所造成，而是千千萬萬個變數影響我們身心變化的狀態。當我們如是了知，並保持開放、虛柔不防、彼此接納，我們就能一同癒合康復。

不把痛苦個人化，改變了我們以往看待生命的舊有習性，這是

多麼深刻啊。即使我們試圖不批判他人，卻容易把自己嫉妒的念頭、自私的習性、強迫性行爲與不斷的批判性，視爲個人問題以及個人缺陷的徵兆。不過，倘若我們能細心關照他人，就像凱倫在心靈之友所做的，或向尙比亞的部落見賢思齊，我們就會知道，在缺憾與恐懼之中，自己其實並不孤單；也會明白，大家一樣都憧憬成爲更有愛心、更覺醒的人。領悟了親密歸屬的眞相，也就是說，我們在這心靈之道的痛苦與覺醒是共同的，就是對治個人缺乏自我價值感最具威力的解藥。當我的恐懼或我的羞愧成爲我們共同的痛苦，那麼，徹底接納就顯露綻放了。

分離感的習性在我們生命當中會不斷生起──這純粹是生命狀態的一部分。印度大師殊利·尼薩噶達他提出了簡單又美妙的建言：「放下其他的念頭，這個除外：『我是神……你的確是神』。」藉由彼此徹底接納，我們確定了自己的本質。在友情之中，我們將所有疏離的念頭與概念鬆綁釋放，當我們以光明與愛相互看待之時，就滋養了解脫的種子。

覺性溝通

　　聆聽他人、與他人交談的方式在在傳達了愛與恨、接納或拒絕。佛陀描述的智慧之語，即是傳達對生命敬畏的言語，也就是說，只說真實有益的言語。然而，我們深陷由缺憾與恐懼而起的反應中，又如何認清什麼是真實的？又怎麼分辨什麼是有益的？我們如何真心地交談聆聽？

　　以下的禪修方法主要在指導我們，如何在相互溝通時保持正念覺察與坦率。這些方法是多方參考而來的，為心靈之友和全美類似的團體所採用。每次與人交談時，即可以藉機練習。兩個人或兩人以上聚會時，也可用以下方法進行正規的人際禪修，進行正念覺察的對話。

確立意向

　　將之視為基本的心靈修持，也就是在跟他人有所關連的狀態中，都要確立你的心當下確實在場，而且誠摯寬容。每天一早醒來、開始人際禪修、跟他人互動，都要提醒自己你的決心毅力。

讓身體成為安穩的錨

　　選兩處或三處身體的定點，提醒你一種存在感的定點，也許是呼吸的感覺，或肩膀、手部、腹部、腳部的感覺，跟他人交談的時候，盡可能頻繁地留意這些定點。在上座禪修或日常生活之中，倘若你能多加留意這些定點，你就愈容易在跟他人相處時，保持一種

具體在場的心態。

傾心地聆聽

別人說話的時候，試著先放下自己的念頭，注意聽聽對方在說什麼，也就是說，把話題的目的性放下，然後，不斷留意體內出現的感覺和感受，特別是心口部分的感覺。尤其要留意，別讓你的心迷失在批判想法中，發現自己在批判、分析或解讀時，就以正念察覺這些想法，放下它們，再回到具接受性的聆聽之中。這並非表示你同意對方的話，而是一種尊重對方的表現，因為，你獻出了自己全然的存在和覺照。注意對方的語氣、聲調、音量和言語，讓你的聆聽變得真摯且深刻；除了說話內容之外，要讓自己接收對方正在傳達的情緒和精神。

由衷地說話

盡量不要預先準備或練習你要說的話，特別是當對方正在說話的時候；應該說出當下你感覺最真實而有意義的話，內容有可能是回應剛才所聽的。或者在進行禪修對話時，不盡然都要回應。你要說的應該是從當下經驗所生起的。由衷說話要從向內聆聽開始，慢慢地說，讓你跟自己的身心保持警覺的連結性。

停歇、放鬆、觀照

互動之中要再三地停歇自己，說話前和說話後都簡短地停歇一下，談話當中也要緩和自己，讓身心重新連結。別人的話講完時，

你也要停歇一會兒，給點兒空間沈澱對方說的話。隨著每一次停歇，放鬆身心，安住在開闊性之中，全然觀照當下的經驗。

停歇之後，你可以用問題來加深覺照，跟心靈溝通一下，問自己：「當下最真實的是什麼？我現在是什麼感覺？」再問自己問題，來加深對他人的覺照：「此人現在正在經歷什麼？」這個問題既積極又具接受性。你蓄意地詢問調查，同時又接納正在發生的一切。盡可能常常運用「停歇、放鬆、觀照」三部曲，邁向趨入當下的神聖大道。

練習徹底接納

要在彼此關係中保持覺醒與具現的心態，並不是那麼容易。事實可能是我們忘記了自己的意向，忘記跟身體的連結，忘記要不抱想法地聆聽，忘記千萬不要預先練習，忘記忘記忘記了一切。這時要以徹底接納的心容納這些過程，一再地原諒自己和他人的不完美，當徹底接納成為人際關係的容器時，真正的親密感才有可能出現。

訓練自己在人際關係中保持當下具現的心，一種將正念覺察與慈愛融入日常生活的方式。在我們以真誠仁慈來溝通的當下，就開始消融分離感的迷惘了。與其被缺憾與恐懼所驅使，不如讓自己逐漸感到自然而真實。就如同任何禪修一樣，藉由彼此相互覺醒地對待，這些練習使我們品嚐彼此連結與親密歸屬的甜美滋味。

第十二章
了悟我們的眞實本性

喔，渴求的心，

就居住在

你自身純淨本性的深處。

別在他處尋覓家園了⋯⋯

你赤裸的覺性，你的心啊，

就是你夢寐以求

取之不盡、用之不竭的富庶之地。

——殊利・尼薩噶達他

古印度有個傳說，在某個新春的早晨，有隻麝香鹿嗅到了空氣中一股神祕而美妙的香味，這氣味似乎暗藏著寧靜、美麗和愛，低語似地引誘著牠循跡前去。牠情不自禁地下定決心，就算找遍全世界，也要找到香味的源頭。牠爬上險峻結冰的山巔，行過炎熱的叢林，千里跋涉無邊的沙漠，無論牠到哪裡，那股香味都無所不在，雖清淡卻清晰可聞。到了該是生命終了的時刻，牠因爲努力不懈地尋找而精疲力竭，終於倒在地上了。就在向前倒下之際，他的角竟然刺穿了自己的腹部，突然間，整個空中充滿了這神妙的香味，牠倒臥在地瀕臨死亡的時刻才領悟到，這竟然一直是自己身上發出來的香味。

陷入疏離感與缺乏自我價值感的迷惘中時，佛性看起來似乎存於我們之外，而心靈覺醒——假使缺陷的自我還可以覺醒的話，看起來也如此遙不可及，像是屬於另一個時空一樣。我們可能會想像，開悟只發生在亞洲，只發生在幾百年前，只發生在在寺廟裡，或者只發生在比我們虔誠、持戒的人身上；即使我們真的遵循他們的道路，我們可能也只會得到跟那隻麝香鹿相同的結果。我們可能花了一輩子找尋原本就存於我們內在的東西，其實，我們只消停下來，加深自己的覺照就行了，然而我們卻散亂地浪費生命走向他處。

隨著靈性逐漸成熟，我們對於領悟真理、以開放心態過生活的憧憬渴望，變得比以往來得更加迫切，遠遠超過那逃避痛苦追求享樂的本能反射。我們可能會覺得被同伴錯待而憤慨不已，不過卻開始樂意看清自己的部分，體諒他人的痛苦，寬恕他們，並繼續愛他們。寂寞或悲傷的時刻，我們也比較不會利用食物、藥物或持續的忙碌來減輕痛苦。我們逐漸和自己未來的天命更加緊密——在本身自然不造作的智慧和慈悲之中覺醒。

我們真正的、俱生的本性，就大乘佛法的解釋，稱之爲般若波

羅密多①，圓滿智慧之心髓。此智慧的圓滿狀態稱爲「諸佛之母」，「如實展現世界者」，她被視爲「光之源……一切恐懼與悲苦因而皆被斷除。」當我們接觸自己的眞實本性時，就完全解脫了迷惘，不再覺得害怕或畏縮；因爲我們明白，自己最深切的本質即是那以愛注視著宇宙萬物的純淨、覺醒之覺性。

偶爾我們會對自己的眞實本性有突然且深入的洞察，然而，想回到這個眞理的家、在日常生活確信它，通常有賴於逐步漸次的開展顯露；因此，了悟自我本質的過程就稱爲覺醒之道。儘管所謂的「道」似乎意味著要到達另一個完全不同的地方，但是在靈性生活中，「道」使我們得以敞開在愛與覺性中，就如同艾略特所說的「此處、當下、永恆」。

懷疑我們的佛性

某次閉關時，老師問了我們一個簡潔又深切的問題：「你眞的相信自己是佛嗎？」我內在的回應是：「當然相信……有時是這樣。」我早已無數次察覺到自己的心隨著覺醒而逐漸自在，在那些時刻，信心確實已從「我的俱生本質即是清淨覺性」的巨大了悟中生起；安住於那眞理的時刻，我感到鮮活眞誠且回到了家，然而我也清楚，自己每天大部分時間仍堅信自己是個不符合標準的小我，仍舊需要做些不同凡響的事才會覺得自己還過得去。

我但願能更加覺察這個持續不斷的迷幻小我，因此，在閉關期間，我不時問自己：「我認爲自己是什麼樣的人？」我是個被妄想牽著鼻子跑的禪修者，又不夠精進；我修持佛法閉關，卻穿著性感，一點也不端莊；我是個愛批判的人，腦袋瓜裡老是在評斷他人的表現和行爲；我是個自我中心的瑜伽行者，跟老師面會時只想表

現自己好讓他印象深刻。這些問題的確有用，清楚揭露了自己有多常完全陷入迷惘之中。我可以看到，每當看待自己是某種小我時，就已經沒有認知或確信最深本質的覺醒存在；雖然不盡然都很緊繃極端，但是某些恐懼和分離感卻總是存在。

那次閉關結束後有一段時間，懷疑自己真實本性的習性似乎變得更極端了。有天早上，納拉揚準備上學，我正好在臥室中禪修，我的心感到相當寧靜、如如不動，我並沒有集中觀照什麼，只是安住在覺性之中。隨著影像、聲音和感覺在無遠弗屆的心之虛空中生起、又消融，我領會了那不執著任何事物的美妙自在境界，感受對世界的強烈慈愛，佛性的形跡顫動顯露：我感到如同虛空一樣開闊，如同燦爛太陽一樣覺醒；沒有任何地方需要到達，沒有一絲一毫遺漏錯失，或在覺性之外。

就在禪座當中，忽然間敲門聲大作，納拉揚冷不防地闖進我的房間，氣喘吁吁地道著歉，問我可不可以載他上學，他說他已經用百米速度，但還是錯過了校車；我開闊閃亮的宇宙陡然間毀滅在母親的角色和責任中。我答應了他，隨便穿上一條牛仔褲，就一起往門外走去。車子在華盛頓尖峰時段的車水馬龍中緩慢蠕行，我開始覺得不耐煩。我問他今天的科學小考準備妥當沒，他嘀咕著說：「還沒。」再問他，才說他前一天忘了把實驗室的報告帶回家了。表面上我試圖不要像平常一樣，念他怎麼如此不善於安排自己的生活，也試圖阻止自己說出苛刻的話，但是實際上，我可以感覺五臟六腑隨著怒氣而愈顯緊繃。當他習慣性地轉開收音機時，我低聲咕噥：「不可以！」然後生氣地把他的手推開，現在要聽饒舌歌未免也太過火了。

我感覺下巴陰森無情的線條、心中的緊縮，提醒自己這也是練習正念覺察的機會，然而這個提醒似乎只是個空想，真正的事實是

我覺得既緊繃又武裝，我只是個陷入反射作用的神經質媽媽，我所珍惜的覺性，我最近才知道是我真實本性的覺性，當下也只是飄盪空中的香味，既疏離又遙遠，跟這個在車陣中穿梭的女人一點關係也沒有。

好不容易回到家，車子轉進車道，我將引擎熄了火，就坐在那兒不動了；有時候，車子防護罩般的保護空間，跟最神聖的禪修殿一樣，有助於深入觸及當下此刻。一開始我實在很焦躁不安，按捺著想衝進屋裡查看電郵和電話留言的衝動；我在原地等了一下，感受身體的反應，檢測到底是什麼在要求我的關注。我坐在那兒，看著庭院中小松鼠在樹梢彼此追逐，就好像我的感受追逐著彼此一樣，我知道我什麼也不必做，只消等待它們散場結束就好了，在雙肩拱起以及緩緩蔓延的疲累中，我認出了失敗感。

在兒子闖進房間之前的一刻，我才感到如此平靜寬廣，怎麼可以突然間又覺得如此不勝負荷、惱怒不安、緊繃不堪？無論是禪修、為人母或生活層面，我又全面戰敗了。這種自我懷疑的感受很是熟悉，我到底有沒有辦法在生命的高低起伏之中，不斷保持關愛與開放的態度？

在釋迦牟尼佛即將覺醒的關鍵時刻，他面臨了異常強烈的懷疑。他一整夜坐在菩提樹下，以覺察心和慈悲心對應貪欲之神、仇恨之神與妄想等魔羅的種種挑戰。黑夜漸漸退去之際，釋迦牟尼佛知道他的心靈已然覺醒，但是他尚未完全解脫，因此魔羅決定使出嚴苛的最後一擊：悉達多有什麼資格證得佛果？換句話說，「你以為你是什麼大人物？」魔羅的話慫恿我們一再地背叛自己，慫恿我們放棄修行，試圖說服我們，說我們在原地踏步。

於是，釋迦牟伸手做觸地印以回應這個挑戰，呼喚大地見證他千劫累世的慈悲心，藉由接觸大地，也意味著他觸及覺醒心的基

礎——也就是茁長所有證悟者的圓滿智慧心。他在呼求自己的眞實本性，以掃除使他無法圓滿解脫的懷疑心。據說，當他觸摸大地的那一刹那，整個大地爲之震撼動搖，空中隆隆作響，而魔羅看到面前並非凡人，而是覺性本身的創造力，於是害怕地鳴金收兵了。

那天早上，我坐在車內，記起要徹底接納那混亂一片的感受。心口上緊繃僵硬的感覺逐漸軟化了，我認出當下那自我懷疑的痛楚，並允許它存在，這使我感到更加眞實覺醒。隨著時間流逝，我逐漸回到關懷開放的覺性中。

小松鼠已停止樹梢上狂鬧的嬉戲，微風輕輕穿過葉間；內心，我感受到那不斷增益的寧靜。懷疑仍存在，但是我已不再把自己標籤爲失敗的母親或無能的禪修者，倒比較像是心神不寧小心翼翼的自我在悄聲細語。爲了防止自己再次緊縮墮入任何「自我」感受，我繼續問自己：「當下是誰在覺察？」我只覺察到覺性，任何「我」都不存在。沒有任何實體經歷失敗，沒有自我煩惱害怕，沒有任何使「自我懷疑」得以存在的立足點；當感受和情緒之流通過我的身心時，沒有任何自我在背後佔有或操控，我只見到覺性無盡的虛空——無形無色、開放覺知。

猶如佛陀回應魔羅最後的挑戰，伸手觸摸大地一樣，當懷疑的聲音折磨我們，藉由觸及當下這一刻，就好像我們也觸摸了大地；藉由直接連結大地、生命、呼吸、內在境界，我們也觸摸了大地；藉由清楚直觀生命之源——覺性，我們也觸摸了大地。當我們與眼前經歷的一切連結了，我們就了悟了自身本質的眞實寬廣。

洞見自我，放下一切，進入覺性

上座禪修時，首先從當下的經驗著手，用仁慈的態度對待我們

最希望被關注的領域，我們的身與心就會逐漸放鬆；倘若我們仔細觀照，就會認出自我感也逐漸在鬆脫。這時候，我們還是會有一種習性，慣於陷在一種微妙、持續的緊縮感，好像還有一個「我」似的。我是「那個平靜下來的人」，或是「那個在禪修中引導自己的人」。這個較為鬆散無稜角的自我感，我稱之為「幽靈」自我。有些人稱之為觀察目擊者，或觀察者。雖然不如瞋恨或恐懼的自我那般難纏，但是這個幽靈自我仍然攀執著一種身份特質，阻礙了我們解脫自在。

　　佛陀教導我們，若攀執任何事物，包含攀執身為觀察者的觀念感受，都會遮障覺性，使之無法完全解脫。在這些時刻，我們可以做的就是，拉下這覆蓋著僅剩微弱氛圍之自我的帷幔，問道：「是誰在覺知？」就像當時我在車道所做的一樣。我們也可以問：「是什麼東西在覺知？」，或「我是誰？」，抑或「是誰在思考？」來覺察覺性本身；我們要深入覺性之中。藉由提問、深入覺性，我們得以把那使自身感到分離且束縛之自我，徹底斬斷並驅散。

　　吉姆參加我的每週禪修課程已經八個月了。由於深感挫折，下課後他來找過我幾次。每次他的心都能夠安靜下來深入覺性，到最後就會意識到那個觀察目擊者的存在，當他問：「誰在覺知這個觀察目擊者？」那個觀察者就再次跳出來，他很憂慮自己「沒搞懂」，因此某天晚上下課後又來見我。我請他以正念覺察來感知觀察目擊者的知覺感受、形象和心情，他說，他看到一團光在他身後，聽到自己的聲音在說：「這就是我。」我問道：「是誰在覺知這團光跟這個聲音？」他馬上回答：「當然是我！」他說他真的很煩，這就好比有個人——佛法的我——挑戰他認為絕對真實存在的自我。過了一會兒，他的煩躁變成了氣餒，洩氣地說道：「我真的不知道該怎麼辦才好。我好迷惑，禪修搞得我很不自在。」

深入覺性的時候，假使我們很急進，試圖得到某種特定的經驗，我們的覺照就會固著在念頭、聲音或知覺感受，反而無法保持不偏不倚與容納性。與其認出並接納現象的變動之流，我們反倒會覺得一定得抓住什麼，留住什麼，什麼都好。爲了要定位自己，我們擷取自身經驗內在的短暫印象，再加上註解，儘管剛開始也許我們並沒有帶著任何概念或期望去深入覺性，一會兒之後，我們就再次回到概念之心，試圖理解所發生的一切。這些行爲的基礎就是攀執恆常不變的自我概念，我們試圖藉由確認自身經驗，保衛對自我的認同感。

我鼓勵吉姆去尋找能讓自己在練習深入覺性時，更全面性放鬆的方法。我跟他分享了我的西藏禪修老師措尼仁波切（Tsokney Rinpoche）開示的認出自身眞實本性的指導口訣：「觀照察看，放下，自在放鬆。」仁波切在開示這個口訣時，首先把雙手放在離臉龐約一呎遠的地方，向外張開。我們的注意力就像這兩隻向外張開的手掌，總是專注在生命的影片——我們的外在以及內在世界。

然後仁波切把手掌轉向自己，代表直觀覺性的動作——「觀照察看」，放下對念頭與其他經驗的注意力，我們直觀這觀照者，然後，「放下，自在放鬆。」仁波切的手緩緩放下，放在大腿上。當我們深入覺性，看到那眞實性，我們於是放鬆，完全放下，進入實相。

接下來的那個禮拜，吉姆課後來告訴我，前一天晚上禪坐時，他終於碰觸一個深刻了悟的經驗。跟之前一樣，他的心安靜下來之後，又意識到觀察目擊者以一團光的熟悉面相出現在他背後，他好奇地問：「是誰在覺知這個？」他接著形容：「我可以感覺到心中的緊繃，一直想要找到所謂的『我』，但事實上，我實在找不到任何可以著力的事物，在那一瞬間，在我的心想出任何解釋之前，我完全放鬆了，這就是了……整個世界都是覺性。」

著名的禪宗公案，菩提達摩祖師的弟子慧可，問師父說：「請師父替我安心。」菩提達摩則答道：「把你的心拿來給我，我才能幫你把心安好。」很長的一陣靜默之後，慧可說：「但是我找不著。」「你看，」菩提達摩微笑著：「我已經安好你的心了。」

就像慧可大師一樣，我們往內看時，發現其實沒有實質，沒有心的實體，沒有我，也沒有任何可辨別的事物。剩下的只有覺性，開闊空無的覺性，我們找不著自身經驗的任何中心點，也找不著邊際；除非我們讓自己攀執念頭，或追逐喜歡的知覺或感受，否則，沒有任何著力點，也沒有任何堅實的基礎。這有時候也可能會讓我們覺得慌亂害怕，覺得太過神祕。儘管周遭還是充斥著大量的活動——聲音、知覺感受、影像等等，卻沒有任何事物可以執取，沒有幕後的自我操控一切。這個無見之見，就是西藏老師所說的「無上見」。

然而這個空性，這所謂的「空無一物」，並非表示生命的一切都沒有了；而是說，在這空性的覺性之中②充滿了當下的一切，活生生地認知體驗。覺性的本質即是感知，一種對經驗之流的持續性認知體驗。你正在讀這本書，在這當下，聲音仍舊聽得到，顫動也感受得到，色相與顏色也能見到；這個認知體驗在一瞬間自然發生。猶如陽光照亮的天空，覺性在感知之中光華四射，如此無邊無際、能容納所有生命。

就像吉姆所領會的，要認出這純淨的覺性，我們就必須先解下那覆蓋本性的情節編織、念頭、缺憾以及恐懼的遮蔽。殊利·尼薩噶達他曾經說：「真實世界超越我們的想法和概念，我們透過自己的欲望之網看它，欲望又區分為愉悅與痛苦，是與非，內與外。要如實見到這宇宙，必須超越這張網，這並不難，因為，這張網到處都是孔。」

我們的注意力總是攀執情境──別人的阿諛奉承、下星期六的計畫、廚房骯髒的一角、腦中重播跟他人的爭執……實相成了內心電影中看到的念頭和劇碼。但是藉由放下我們編織的情節，繼續轉向覺性，我們就能超越這張網；這就像回頭看到投影機，意會到其實是光線讓這些影像活起來的。我們回頭深入空性，那裡是一切情節妄想與情緒的創造之源，回頭深入無形無色、使所有存在生起的豐饒虛空，在那兒，我們就「如實見到了宇宙。」

我們所見到、聽到、感覺、甚至想像的一切──這整個世界，都是一種神奇的展現，在覺性中顯露，然後消逝。當念頭生起時，它們到底從何而來？又去向何處？當你去探索，深入念頭之間的空間，從網孔中望出去，你就在深入覺性本身了。也許你可以靜靜地坐著，好好聆聽一會兒，注意聲音如何生起，又如何消融回到無形無色的覺性。你是否注意到聲音的起始和聲音的結束？起始和結束之間的空間呢？這些都在覺性中發生，也為覺性所感知。

「觀照察看，放下，自在放鬆。」是逆勢、違反本能，與其試圖控制或解讀經驗，倒不如訓練自己鬆開自己的掌控。透過覺醒地放下進入③當下的一切，我們就回到了玄奧美妙的家園，也就是我們最深的本性中。

喇嘛甘敦仁波切（Gendun Rinpoche）曾說：

> 喜樂無法透過勤勇努力和意志力而獲得，
> 然而它就在那兒了，在鬆坦與放下之中。
> 別耗盡自己，因為無事可做……
> 我們追尋喜樂反而無法見到喜樂……
> 別相信善惡經驗的現實世界，
> 它們就如同彩虹一般。

全然接受這樣的我

意欲抓住那無法掌握的，你只是緣木求魚白費力氣，

一旦放鬆了這緊握，即是虛空

──開闊、開放、安詳自在。

所以，好好利用吧，這一切原本就是你的，

別再尋找了……

無事可做。

無事需全力以赴，

無事可求，

──萬事萬物自行發生。

　　覺性之道的過程，其實只是覺醒而深奧的放鬆過程，我們見到當下的一切，放下、進入如實的生活中，多麼解脫自在啊！

　　隨著不斷練習，我們愈來愈不需要努力或費力，就能認出自然的覺性。與其努力爬上山坡去看風景，不如學習這寬坦放鬆的藝術，覺醒地安住在全面的景色中；我們回頭深入覺性，然後簡單地放下、進入眼前所見的一切。於是我們身居覺性的家園，而不是流浪在瑕疵自我的情節妄想中，抑或誤入歧途；我們身處家園，因為我們已親眼見到、親身體會寬廣燦爛的存在，我們最究竟的根源。

了悟自身的本性即是空性與愛

　　大乘佛法中，開闊覺醒的覺空（覺性之空性）即是我們的絕對本性（absolute nature）④；我們的俱生本性是不變的、非因緣和合的、超越時間且純淨的。假使我們將覺性帶入物質形色的相對世界，那麼，愛就會覺醒；於是我們就會以接納的態度、恆常開闊的

心來經歷不斷改變的生命之流，也就是這生死呼吸的世界。心認知為覺空的，心靈則感受為愛。

我們的生命本質存在於非展現與展現兩者中，也就是存在於絕對與相對中。這個真理，即《心經》裡所說的，被視為大乘教法的珍寶。《心經》說道：「色即是空，空即是色，色不異空，空不異色。」覺性無形色的大海中，生起了生命千變萬化無窮無盡的波濤：情緒、樹木、人們、星辰等。由於見到了生命的一切都從覺性中湧現，我們於是領悟了連結性，感受了愛的完整性。因為以慈悲心珍愛所有生命，我們於是認知了空性，也就是覺醒的覺性、共同的根源。

珍愛生命以及了悟自身本質是無形色的覺性，兩者是相輔相成不可分的。有句日本諺語說道：「不用愛過生活，卻想見到純淨的覺性，根本是白日夢罷了；活在相對的世界，卻沒有洞察力，真是惡夢一場。」有時在追求不執著時，我們會想要隔離於身心的狂野混亂之外，以及和身及情緒的關係。這樣的抽離使我們活在脫離現實的白日夢裡，並非以我們生活的世界之覺性為基礎。另一方面而言，假使我們埋首於生活中的內心戲碼和不斷變化的情緒中，不記得這空性、覺醒的覺性——我們的俱生本性，那我們就會迷失在認定自己是分離受苦之自我的夢魘中。

有時候，我們對愛與空性相依而存⑤的深刻了悟，來自於面對「失去」的悲痛。我自己最近就失去了最好的一個朋友——我的愛犬，這個經驗證明了此言不虛。她的名字也是塔拉⑥，是隻標準的黑色獅子狗，既幽默又好玩。在我們的慢跑路線上，每當遇到較高陡的上坡路時，我有一種很清楚的直覺，感覺她在幫我打氣；當我速度變慢時，她就會在我身邊繞著圈子跑。有幾次她急奔到我面前，當街撲向我，我也清楚她並非想傷害我。她出人意表、楚楚可

憐、親切體貼。應該有很多人熟悉這樣的友誼，如此溫和安靜，常常居於幕後，卻支持著我們的生命。

發現塔拉長腦瘤時，腦瘤已經有六個月了，她變得嗜睡，也失去了平衡感，但是她還是跟著我到處跑，勇敢掙扎著要陪伴我。得知這個噩耗之後，我盡一切能事想辦法救她；她有自己的藥箱，也耐心地忍受了好幾個月的輻射治療，我一刻也沒敢鬆懈，期盼能夠戰勝病魔。

但是治療還是失敗了，她的痛苦日益加劇。由於類固醇的關係，她的毛開始大把大把地掉落，一早醒來，我就會看到她倚在床角，身上又一塊皮膚紅腫光禿了。她有時會有氣無力地搖著尾巴，有時或親密地舔舔我，但是她已經不想再面對新的一天了；我覺得自己毫無選擇餘地，只能結束她的生命。當我從旁協助她走上獸醫診所的鋼製手術台時，她眼中透露的信任，我到現在還歷歷在目。她很平靜，已經準備好了，然後獸醫注射了藥劑，她的心跳終於停止了。

獸醫讓我跟塔拉獨處，我被喪親之痛所淹沒，悲不自勝。我不停地摸著、親著她的頭，感受她的存在和消失再次衝擊盤旋我的心。我親愛的朋友走了，再也不會看到我就雀躍歡喜了，再也不能跟我去慢跑了，再也不會溫暖地睡在我身邊了。然而，這令人心痛的愛之聯繫卻如此當下，如此生氣勃勃！我抱著她，感受世界上一切形式的摯愛隨著無情的主宰而化為烏有。「空即是色」。我感覺所有在世上存在過的就如巨大波濤湍流而過沮喪至極的自我，我強烈地執著，失去，受傷，去愛。什麼都不必做，只消在悲痛的浪潮過往之後，將覺性納入。

儘管心如刀絞，我仍然感受到一種柔緩的存在、一種慈悲的存在陪伴著我的悲傷，這哀痛欲絕的巨大憂傷被覺性的寬闊與仁慈所

擁抱。當我問自己，到底是誰在覺知時，這酸楚、疼痛、沈重的感受就在寬廣開放的覺性中顯現展露；逐漸放下、進入這覺醒的開闊性之際，已沒有所謂的「我」擁有這些悲傷，也沒有朋友失去。我看著這劇烈鮮明的畫面如實上演，猶如風的流動、暴風雨前倏然而降的黑暗。「色即是空」。只有覺性的仁慈之境正在體驗著生命的生起與消逝。

我們所有的情緒，特別是悲傷，倘若能以徹底接納的態度來面對，就能帶領我們到達《心經》的真理。英國詩人大衛・懷特寫道：

有些人不願滑落悲傷的水井
　潛入靜止的水面之下，

不願向下深入、通過黑水
　到達我們無法呼吸之處，

他們永遠不會明白飲水的泉源處，
　那神祕之水，多麼冷冽清澈，

也不會看到黑暗中閃閃發亮的
　小小圓圓的錢幣，
　那是別有企圖的人所投擲的。

我們的悲傷懇切地證實了所珍愛的生命已逝去。無論我們失去了什麼，都要敞開自己面對悲傷之海，因為我們要哀悼的其實是這短暫生命整體；然而，願意深入「失去」之黑水卻能揭露我們的泉源，也就是不死的慈愛覺性。

徹底接納是一種全心投入世界的藝術——全心全意地關懷生命的珍貴，同時安住在容許生命生起與消逝的無形色之覺性中。有些時刻，生命中某些生起的狀態會自然地居於覺性之前；塔拉死去的時候，假使沒有全心經歷內在痛苦的波濤，我一定會逃避、延遲我的悲傷。當我們內心充滿了缺憾、悲傷或恐懼時，貿然地轉向覺性，可能只是一種脫離劇烈情緒的方式而已。

然而，當我們必須擁抱生命，但是如果忘了無形色之覺性的開闊性，我們也無法以徹底接納的態度來面對自己的經歷。在深入覺性的時刻，我看到的是愛犬塔拉的本質，不變的、超越時間的本性，也是遍一切處眾生的空性本質。這亦是牠那親切望著我的眼睛的根源，是從未失去的覺性，僅只是被遺忘而已。

回家的路：邁入無條件的存在

根據佛陀過去世所撰寫的本生故事，其中一個本生經⑦說道，有一世他是北印度一個小村莊的好商人。有天下午，他在店裡工作，一眼瞥見店外有一個美麗發光的人正走過廣場，一見之下驚為天人；他繼續盯著這個人，感到自己的心為之震懾起舞。這輩子，他從未看過任何人閃耀著如此顯然的慈悲心，從未感受過神性深刻的內在如此發光顯露。

商人當下即知他想要服侍這個人，想要獻出一生喚醒他自己心中同樣的愛。他細心地準備了茶和一盤成熟的水果，打算供養這個人，他踏進陽光裡，覺知地、喜悅地走向這個似乎在等著他的發光的人。

才走到廣場一半，陡然間，陽光消失了，周遭陷入了黑暗，大地猛烈震動，地面裂開，一條裂縫把他和他想服侍的人分開了；閃

電劃過幽暗的天空，他看到令人驚駭的群魔亂舞、看到它們炯炯發光的眼睛和血盆大口；魔羅的聲音在身邊咆哮：「滾回去！回頭吧！這裡太危險了，只有死路一條！」猶如雷聲在空中轟隆作響般，這聲音警告他：「這不是你該走的路！你以為你是什麼東西？回你店裡吧，回到你熟悉的生活裡！」

我們的好商人害怕極了，準備轉頭逃離以保護自己，但是他心中對愛與解脫的渴求，遠遠勝過任何警告的聲音；心中充滿著那發光人的影像，他一個箭步邁入魔羅黑暗的混亂中，一個接著一個。然後，惡魔終於都消失了，白晝的光輝再度閃耀，地面也閤起來恢復了原狀。

商人因這生命力而顫抖不已，心中洋溢著愛與感激，發現自己就站在發光人的面前。這偉大的聖人給了他一個擁抱，說道：「做得很好，菩薩，做得很好！走過此生所有的恐懼和苦痛，繼續走下去，追隨自己的心，信任覺性的力量；繼續走下去，腳踏實地一步一腳印，那麼你就會明白那超越一切想像的解脫與寂靜。」

耳裡聽著這些話，好商人覺得自己整個生命都充滿了光，他往四周望去，看到地面、樹木、歌唱的鳥兒和葉草，全都閃耀著同樣的神性，他和這位聖者以及這活生生世界的每一個部分，都歸屬這無遠弗屆璀璨發光的存在。

無論恐懼、羞慚和迷惑的烏雲有多麼濃密，我們可以效法這位商人，憶持著對覺醒之慈悲心的憧憬渴望、對智慧與解脫的憧憬渴望；像這樣不斷憶持我們的摯愛，就能引導我們以覺性來懷抱自己的恐懼與懷疑。以這樣的方式繼續前進，一時一刻、日復一日，我們就會尋獲自己所渴求的。

當魔羅出現時，我們可以踏出覺醒的一步就行了——以慈悲的態度觸碰這當下瞬間之大地。跟他人憤怒爭執之際，我們以覺性來

感受胸口生起的壓力、臉頰熾熱，以此跨出一步。當孩子發高燒，我們擰了冷毛巾敷著孩子額頭時，就以覺性面對我們的恐懼，以此跨出一步。當迷失在入夜的陌生城市，轉過街角又是一條不知名的巷道，這時就以覺性觀照焦躁的擠壓感，以此跨出另一步。這就是道——以一種仁慈的覺性一次又一次到達當下。覺醒之道最重要的，就是一步一腳印，樂意為這麼一點點狀態挺身而出、在這當下觸碰大地。

徹底接納之道使我們從魔羅的聲音中解脫，不再相信我們是分離且無價值的。每當我們全然活在當下，我們就看到自己與生俱來的自然覺性與仁慈，於是，我們清楚分明地體悟自己的本性。魯米寫道：

我是水。我是荊棘
會鉤住路人的衣服……

沒有什麼需要相信的事。
只有當我不再相信「我」時，
才會到達這善妙之境……

我日夜守護著自己靈魂的珍珠。
如今，在這個珍珠潮之海中，
我已不知道哪一顆珍珠是我的。

活在覺性之中就是活在愛之中。我們所珍視的慈愛覺性並非遙遠的香味，也不是經過艱鉅旅程之後才找到的寶藏，它也絕非需要巧取豪奪或守護的寶藏。就如同麝香鹿臨死前才發現的，我們所憧

憬渴望的美，原本就在這兒。透過解開「我認為自己是什麼樣的人？」的情節妄想，藉由覺醒地邁入當下，我們就會看到沒有絲毫不完整，一切都包含在這個珍珠潮之海中。

雖然我們在道上還是會飄搖不定，還是會錯看自己的本質；但是，只要我們把摯愛憶持在心，就會引導我們回到神聖的存在。《西藏度亡經》（*The Tibetan Book of the Dead*）⑧提供了更深切的保證：「憶持著這些教法，憶持著明光，你本性的璀璨光芒；無論你身在何處，流浪到多遠的地方，這光芒僅在咫尺之遙；認證自己清淨覺性的明光，永遠不嫌太遲。」我們要信任覺性與愛，這就是我們真正的家園。迷路的時候，只消停歇一下，直觀那最真實的，放鬆我們的心，再次到達當下，這就是徹底接納的心要。

全然接受這樣的我

我是誰？

絕大部分靈修傳統所提出的基本疑問都是「我是誰？」。藏傳佛教的大圓滿修持（dzogchen）是一種直接了悟自己真實本性的訓練。在探索下面的大圓滿修持之前，最好先花一些時間放鬆靜心，你可以掃瞄檢視全身（見第五章禪修練習〈發展體現的當下時刻〉），或者做做內觀禪修（見第二章禪修練習〈內觀的修持〉）。雖然做大圓滿修持的時候，念頭和情緒還是會自然持續生起，但最好還是在情緒較緩和的時候來修持。理想的禪修環境是一個可以直接看到廣闊天空或視野單純不雜亂的地方。看出窗外、看著空白的牆面或房間的寬敞空間亦可。

輕鬆地坐下來，坐姿要讓自己覺得清醒且放鬆。雙眼睜開，把視線落在眼神平視再稍高一點處，眼睛柔和一些，眼神不要太集中，讓自己可以看到視線周圍的景物，放鬆眼睛周圍的肌肉，額頭也鬆坦。

看著天空，或想像一片清澈湛藍的天空，讓覺性與那無邊際的虛空混合，讓你的心變得廣大開放——鬆坦且寬廣。花點時間聽聽周遭的聲音，看看它們是如何自行發生的。安住在這能容納最遙遠聲音的覺性當中。

如同聲音的顯現又消失，現在，允許知覺與情緒生起又消融。輕鬆自然地呼吸，像微風吹拂一般。看著念頭如浮雲般流動，安住在一種開放且不散亂的覺性中，注意聲音、知覺、感覺和念頭的變動展現。

發現自己的心無可避免地攀執在某個特定的念頭，無論是評論

或內心註解、影像或故事，這時只要輕輕地深入覺性，認出想法的源頭就行了。你可以問：「是誰在思考？」，或是「是什麼在思考？」，抑或「當下是誰在覺知？」，蜻蜓點水似地再度深入覺性，純粹瞧瞧誰在思考就行了。

你注意什麼了呢？你所感知的，有沒有任何「東西」或「自我」是固定不變、實質存在，且永恆持續的呢？除了感受、知覺或念頭的變動之流以外，有任何實體存在嗎？深入覺性時，你到底看到了什麼？體驗有任何邊界或中心點嗎？你意識到自己正在覺察嗎？這念頭、缺憾與恐懼之網充滿了孔洞，由於洞察穿透了，你逐漸看到生命的一切不僅從覺性中生起，也消融在覺性之中。

放下，全然放鬆，進入覺醒的大海，放下，任之行運莫干預，讓生命在覺性中自然展現。安住在不造作、不散亂的覺性中。當心開始攀執念頭時，再度深入覺性，直觀想法的根源，然後放下，任之行運莫干預。在每一剎那釋放念頭的箝制時，要確認自己完全放鬆了，探索一下覺醒放鬆、讓生命如實呈現的解脫自在，到底是什麼樣兒，直觀，放下，任之行運莫干預。

假使知覺或情緒引起你的注意，就以同樣的方式再度深入覺性，問問是誰覺得熱或累或害怕。假使這些感覺過於強烈或牽動，就不要再轉向覺性，反而要以接納性與仁慈來關注這經驗。比方說，也許你感受到恐懼的箝制，那麼就以出入息重新連結開闊性與仁慈（見第九章禪修練習〈喚醒悲心的「施受法」〉）。當你能以平靜的心和慈悲心來看待自己的經驗時，再重新修持大圓滿，安住在覺性之中。

在這些強烈情緒的覺醒過程中，我們常會發現殘留的「幽靈自我」的印跡，也就是以慈悲心擁抱恐懼與傷害的某個自我。當你意識這個現象時，就問：「是誰在慈悲？」接著深入覺性，然後放

下、進入所觀之中。放下、進入無我的覺性，進入遍滿慈悲心的空性之中。

　　情緒的自然生起，是讓我們領會為何「自然呈現的覺性」即是「愛」的大好機會；這裡交互練習大圓滿、深入觀看覺性和施受法。

　　我們要特別注意的是，以一種自在不費力的方式修持大圓滿，千萬別努力想「正確無誤」而使心緊繃起來。為了避免製造壓力，每次禪修時間最好維持在五到十分鐘之間，你可以在一天之中做幾次短短的正規禪修；也可以做非正式禪修，每次一想到就花幾秒鐘，深入覺性，看看什麼是真實的，然後放下，任之行運莫干預。

我接納全部完整的我

　　當初接到《全然接受這樣的我》這本書的翻譯案子時，可以說是一拿到書，就情不自禁地投入書中的心靈療癒過程。主要原因是，我在查詢作者背景時，到相關網站上先聆聽作者塔拉針對這本書的演講錄音（http://www.audiodharma.org/talks/TaraBrach.html），從她寧靜祥和的語氣中，不難聽出有多年修行的後盾，但除此之外，深深打動我的就是她聲音中清楚傳達出的「愛」，而這樣濃濃的「愛」也同樣可以從書裡字字句句中深深體會到。這樣一位以愛為出發點的佛學老師所教導的慈悲接納之道，令我這個有幸先睹為快的第一手讀者深感信任地親身體驗，繼而受益匪淺。

　　塔拉本身除了是禪修老師之外，也同時擔任多年的心理治療師，因此，她不但對靈修擁有豐富經驗，也配備了科學化心理分析的學理根據和實際經驗，因而她所歸納出的心靈療癒諸多方法，能達到相當有效的療癒效果。由於作者在書中娓娓道來各式各樣的案例，因此當我研讀此書時，就發現某些案例的經驗碰巧和自己過往的經驗類似，此外還連帶發現自己過去的傷痛弱點隨之一一浮現，因而踏上了心靈洗滌的療癒過程，對自我成長相當有幫助。

　　作者所建議的「徹底接納」並非希望大家就不需要改善自己，可以繼續做壞事，而是說，唯有像佛一樣，透過慈悲的佛之心來接納全部的自我，才能喚起我們本初清淨的佛性，唯有慈悲地接納擁抱自己，已經獲得全然慈愛關愛的我，才有可能在愛得到滿足後進而自發地轉變、趨向圓滿。這樣的說法，和西方的原罪概念大異其

趣，原罪容易引發自我批判，使人無論怎麼做都不夠好、不夠善良，反而引發巨大的自我缺陷感、缺乏價值感，導致愈做愈錯。

因此作者建議採取「停頓」的方式，遇到境界時，先暫停一下，清楚地見到自己的問題毛病，把自己的脆弱、恐懼、焦慮、不安當成自心的「魔王」，不要和魔王作戰，而要邀請魔王喝茶，你將會發現，所謂的「魔王」一點都不可怕，反而是需要我們保護的存在。沒有所謂錯誤的情緒、錯誤的行為，一切一切都只是「實相」，清楚看見自己的脆弱、恐懼後，要以佛之心慈悲地擁抱它們，而不要批判這些情緒，因為這些原本就是自己的一部份，想切割自己，最後必定無法圓滿。翻譯本書的過程中，我也曾經歷了「停頓」期，如何融合佛學名相、文學作品和包括天主教神父修女的引言，曾一度令我腸思枯竭，所幸書中的教法令我漸漸步出文字迷宮，不再苛責自己的翻譯「功力」，反而找回覺察力。

翻譯本書最大的感想就是，我們一生不都在等待著有哪個人能夠完全接納自己。有的人想從朋友口中，有的人想從父母口中，大部分人則想從愛人口中，聽到這句話：「我全然接納真正全部的你」。彷彿如此一來，自己的生命就被肯定了，就有價值了。深讀本書，將發現到，原來我自己就可以跟自己說：我接納全部完整的我，無論是我的優點、缺點、長處或短處；無須苦等別人來認可，也無須要求別人的肯定。

願《全然接受這樣的我》一書的問世，能夠讓更多讀者開始學習接納自己，洗淨過去的傷痛，發現自我存在的價值，活出生命的意義。

鄧光潔

China Post雙語部主編兼Student Post主編

全書譯註

①魯米（Jalaluddin Rumi，1207～1273），為伊斯蘭教神秘的蘇菲教派領袖與詩人，對宗教體驗的至痛、狂喜以及神祕經驗，使他寫出兩萬五千首以上的詩篇與散文，充滿了睿哲的人生智慧。其中對愛情的描寫，深刻而幽微、巧妙而婉轉，歷久不衰傳誦千古。

前 言

①佛法所說的正念並非「善念」，而是一種覺察力，或說，對起心動念的自覺。

②殊利‧尼薩噶達他（Sri Nisargadatta Maharaj，1897～1981），他原是印度孟買的一名菸販，不曾受過教育。後來因緣際會遇見一位古魯祖師，開啓了探索真實自我之路。知名的著作是《我是那》（*I am That*），蒐羅他與問道者的對話，原以印度馬拉地語（Marathi）傳播，後由一名波蘭修行者翻譯成英文。

第一章　缺乏自我價值感的迷惘

①溫德爾‧巴瑞（Wendell Berry，1934～），美國詩人、小說家、散文家、哲學家，也是農夫。生於1934年8月5日，肯德基州，目前仍居住於此，在家族農場務農。

②俗稱過動症，患者稱為過動兒。

③邱陽‧創巴仁波切（Chögyam Trumgpa Rinpoche，1940～1987），不僅是一位禪修大師，更是學人、詩人與藝術家。他在美國科羅拉多州建立了那洛巴佛學院（Naropa Institute），也創立了香巴拉訓練（Shambhala Training）的制度，並組織了香巴拉國際學會（Shambhala International）。他的著作包括：《東方大日》（*Great Eastern Sun*）、《突破修道上的唯物》（*Cutting Through Spiritual Materialism*）、《自由的迷思》（*The Myth of Freedom*）、《動中修行》（*Meditation in Action*）等書。

④這句引述的話出自美國最受歡迎的卡通片辛普森家族的爸爸荷馬，非古希臘詩人荷馬。

⑤朱爾斯‧菲佛（Jules Feiffer，1929～），美國漫畫家、作家暨劇作家，自2000年開始寫童書。其漫畫作品結合了社會、政治及個人觀點，融合為極其幽默的漫畫。

⑥佛使比丘（1906～1993），當代泰國佛教最具影響力的領袖之一，二十歲出家，法名為「因陀般若」（Indapanno），後更名為「佛使」，意指「佛陀的侍者」。1993年，於泰國南部建立「解脫自在園」，致力於教授禪觀。他以泰文及英文寫了很多關於禪定、比較宗教學和在日常生活應用佛法的書，致力於詮釋原始佛教的要義。其著作目前在台灣已譯為中文的有：《菩提樹的心木》、《人類手冊》、《何來宗教》、《入出息觀修持法要》、《一問

一智慧》、《解脫自在園十年》、《生命之囚》、《無我》、《生活中的緣起》等。

⑦I-ing（我執，巴利文為ahamkara），佛使尊者解釋為：執著於一個靈魂或恆常不變的、實體的自我。My-ing（我所執，巴利文為mamamkara），意為：執著於各種現象，以為它們和自我意識有關連。

⑧大衛‧達林（David Darling），1953年出生於英國，現於美國發展。著有物理學、天文學、童書、科普及禪觀物理學等類別的書籍。

⑨僧璨（530～606），禪宗三祖，本為居士，由禪宗二祖慧可賜名，隱居安徽皖公山，著有《信心銘》。

⑩勞倫斯（David Herbert Lawrence，1855～1930），英國詩人、小說家、散文家。出生於礦工家庭，當過屠夫、會計、廠商雇員和小學老師，曾在國外漂泊十多年，對現實抱批判否定態度。他寫過詩，但主要寫長篇小說，共有十部。最著名的是《虹》（1915）、《愛戀中的女人》（1921）和《查泰萊夫人的情人》（1928）。

第二章 從迷惘中覺醒：徹底接納之道

①馬查多（Antonio Machado，1875～1939），西班牙詩人暨劇作家，屬於二十世紀初的「98世代」（Generation '98）文藝運動的一份子。

②美國心理學家卡爾‧羅傑斯（Carl Rogers，1902～1987），人本心理學派的代表性人物，著重完全發揮個人潛能，並發展「案主中心之心理治療」（client-centered psy-chotherapy）。

③這十二階段的細節，請上戒酒無名會台灣分會網址：http://www.aataiwan.atfreeweb.com

④克里斯多福‧李維（Christopher Reeve，1952～2004）以主演《超人》系列電影著稱，1995年因落馬意外而導致頸部以下癱瘓，但他積極復健並為脊椎受損患者四處遊走尋找治療良方，病逝時享年五十二歲。

⑤翁山蘇姬（Aung San Suu Kyi，1945～），緬甸反對運動領袖，倡導民主與人權，曾數度遭緬甸軍政府軟禁。1991年獲得諾貝爾和平獎。

⑥曼德拉（Nelson Mandela，1918～），南非反種族隔離政策運動的領袖，曾遭政府監禁多年，於1994年至1999年間出任總統。

⑦榮格（Carl Jung，1875～1961），瑞士心理學家，原本與佛洛伊德是同僚，後來兩人理念不合，改而創立自己的心理分析學派。

第三章 神聖的停歇時刻：安住在菩提樹下

①大衛‧懷特（David Whyte），英國詩人，於越戰期間從事和平運動，越南赤化之後遭到驅逐，1982年在法國南部建立「梅村」禪修道場，並赴世界各地弘法。

②湯姆‧伍夫（Tom Wolfe），生於1931年，美國暢銷小說家，資深記者。1979年寫作《太空先鋒》一書，1983年改編為電影，大受好評。這部電影長達三個小時之久。敘述二戰後，美國太空總署（NASA）從空軍中挑選優秀飛行員為首批太空試飛員，開始部署載人火箭升空的「水星計畫」。這部片子榮獲1984年第五十六屆奧斯卡最佳影片提名和四項技術大獎。

③夏綠蒂‧淨香‧貝克（Charlotte Joko Beck）：出生於美國紐澤西州，追隨太山前泉禪師學禪，後來成為禪師的傳人，也是美國洛杉磯禪宗中心的第三代達摩繼承人。目前任教於美國聖地牙哥禪學中心。

④一行禪師（Thich Nhat Hanh），1926年生於越南中部，16歲在歸原寺當見習僧，後來赴美研究並教學。越戰期間返國從事和平運動，啟發了越南的年輕僧眾，戰爭結束代表參加巴黎和談。越南赤化以後，一直在西方弘法，直到2005、2007年才分別返回越南。他長期以來一直從事救援難民的工作。1967年美國黑人民權領袖馬丁路德‧金恩提名他角逐諾貝爾和平獎。1982年他在法國南部建立了「梅村」（Village Des Pruniers）禪修道場，並赴世界各地弘法。1995年曾到台灣弘法並主持禪七法會。當今國際社會最具宗教影響力的僧人之一，以禪師、詩人、人道主義者聞名於世。著作都是教導人們在生活中實踐佛法，已在台灣出版的有《你可以不生氣》、《與生命相約》、《生生基督世世佛》、《愛的箴言》、《步步安樂行》、《正念的奇蹟》等。

⑤瑞尼爾‧馬利亞‧里爾克（Ranier Maria Rilke，1875～1926），二十世紀傑出的德語詩人，重要詩集有《給奧菲斯的十四行詩》、《杜英諾悲歌》；代表作為〈豹〉。

第四章　無條件的友善之情：徹底接納的精神

①佩瑪‧丘卓（Pema Chödrön），生於1936年，是西藏金剛乘（vajrayana）比丘尼。她自從1974年持戒，現為岡波寺（Gampo Abbey）住持，該寺是北美第一座藏密寺院。佩瑪‧丘卓也是秋揚創巴仁波切傳襲的住持。著有《當生命陷落時》（*When Things Fall Apart*）、《不逃避的智慧》（*The Wisdom of No Escape*）、《原地開始》（*Start Where You Are*）等書。

②派特‧羅德迦斯（Pat Rodegast），伊曼紐學說的傳達者。她因「超覺靜坐」而有靈視能力，能接收自稱伊曼紐（Emmanuel）靈體的訊息，於是便向世人傳達他的智慧與教誨，並收錄為書。

③摘自瑞尼爾‧馬利亞‧里爾克的《給奧菲斯的十四行詩》（*The Sonnets to Orpheus*），描述品嚐水果的段落，原文為：sunny, earthy, real。

第五章　回到身體回到家：徹底接納的基礎地

①亨利・大衛・梭羅（Henry David Thoreau，1817～1862），美國作家、詩人及思想家。生前鮮為人所知，二十世紀以後成為少數影響力廣被世界的美國作家，深受世界各地讀者所喜愛。他的作品主要來自於日記，絕大部分死後才出版，生前只出版過兩本書，其一便是代表作《湖濱散記》（Walden）（1854）。

②哈米德・阿里（Hameed Ali），1944年生於科威特，十八歲進入加州柏克萊大學攻讀數學和物理學，後來又取得心理學博士學位，人生事業遂有所轉折。他創始了「鑽石途徑」（Diamond Approach），一種結合古代精神教法與現代心理的當代靈修學。著述頗多，筆名阿瑪斯（A. H. Almass），是一位作家暨心靈導師。

③葛印卡（S.N. Goenka），1924年出生於緬甸瓦城的傳統印度家庭。1955年開始，向著名的烏巴慶長者學習內觀的方法，此後的十四年歲月，在烏巴慶長者的指導下，繼續依法修行和閱讀有關經典。烏巴慶長者一直渴望內觀的方法能回傳印度；在葛印卡身上，長者發現了「佛法的使者」，因此於1969年指派他為合格的內觀教師，前往印度，開始貢獻一生，傳播法的訊息。

④強・卡巴辛（Jon Kabat-Zinn），為美國學者兼禪修老師，致力於將正念運用在醫學層面，尤其是用來減輕壓力。

⑤艾莉絲・米勒（Alice Miller），1923年生，瑞士著名的心理學家，專門探討兒童的內心世界，她的第一本著作《天才兒童的悲劇》（中文版《幸福童年的祕密》，天下文化）為其表作。

⑥葛飾北齋（Katsushika Hokusai，1760～1849），生於江戶（即現之東京），日本畫家及木雕師，也是浮世繪版畫派的傑出代表人物。

⑦白隱禪師（Hakuin Zenji，1685～1768），為江戶時代中期的禪僧，也是臨濟宗的中興祖師。

第六章　徹底接受欲望：從渴望的根源處覺醒

①羅睺羅・化普樂（Walpola Rahula，1906～1997），斯里蘭卡知名的僧侶學者，致力於南傳佛教，著有《佛陀的啟示》（What the Buddha Taught）。

②亞伯拉罕・馬斯洛（Abraham Maslow，1908~1970），美國人本主義心理學家，以「需求層級理論」（Need-hierachy theory）最為人熟悉。其理論為：人之基本需要依層次的高低分為五個層次：從最基本的生理需求起，依次為安全需求、社會需求、尊重需求及自我實現需求。

③四聖諦，即苦諦、集諦、滅諦、道諦。

④薇拉・凱瑟（Willa Cather，1873～1947），美國作家、記者、評論家。1923年因《我們之中的一個》（One of Ours）作品獲頒普立茲獎。1998年藍燈書屋「當代文庫」選出二十世紀百大英文小說，凱瑟的《總主教之死》（Death Comes to Archbishop，1927）名

列第六十一。

⑤奧斯卡·王爾德（Oscar Wilde，1854～1890），英國劇作家、詩人、散文家，王爾德才氣縱橫，他的作品留給後人許多名句，例如，他巡迴演講到達紐約時，說道：「我沒什麼好說的，除了我的天分。」

⑥奧德瑞·羅德（Audre Lorde，1934～1992），美國作家、行動家、教育家。她生於紐約，是一名黑人女同性戀者，在白人男異性戀者宰制的年代裡，積極爭取公平正義。

⑦密勒日巴（Milarepa，1052～1135），西藏最為知名的大瑜伽士，以苦行聞名，他說自己：「我是一個博地凡夫，此生此世因刻苦修行而得成就。」密勒日巴為噶舉派創始者馬爾巴的嫡傳弟子，法名「喜笑金剛」。著有《十萬歌頌》傳誦於世。

⑧迦比爾（Kabir，1440～1518），印度神祕主義者、詩人。

第七章　敞開心胸面對恐懼

①「我執」與「我所執」，佛教思想中認為，所有痛苦都來自於認為有一個真實存在的「我」，有「我執」之後，進而想要保護我的所有物，也就是「我所執」。有「我執」就有「他執」，產生自他的分別之後，我們保護「我執」認定的人事物，排拒或毀滅「我執」不認定的，一切痛苦自此不斷產生。

②Peace在佛教用語中，也指超越存在與不存在的寂靜狀態，「寂靜」有時也做「寂滅」。

③「僧」有幾種解釋，其中我們真正要皈依的，是有能力啟發我們心靈的聖賢僧，並不是一般的僧眾。

④俱生，佛教用語，指的是天生或原本就有的。

⑤「倚著恐懼，並進入其中」，英文leaning into fear，作者補充解釋，最終的目標是既不抗拒恐懼也不受恐懼支配控制。「倚著並進入」相對於我們慣於抽離的習性。另一種解釋是，我們樂意讓自己經歷恐懼在體內的感受，放下任何抗拒，全然地迎接恐懼感。因此，想讓自己從恐懼感中抽離的習性便不再出現，取而代之的是一種全然的「與之同在」，我們要學習的就是停留於其中。

第八章　喚醒悲心：成為懷抱者與受擁者

①行走、飲食的禪修。禪修有「上座」與「下座」之分，上座禪修指的是依照正規儀軌或次序的座上禪修，而下座禪修則是在日常生活中不斷觀照自心與周遭生命的一切。

②雪倫·薩爾茲堡（Sharon Salzberg），美國知名的禪修導師。曾在印度、緬甸、尼泊爾、不丹、西藏等國家追隨佛教大師禪修，修習佛法逾三十載。她是美國內觀禪修中心（Insight Meditation Society）和麻州佛法研究中心的創始人和指導老師，自1974年起，她在世界各地教導靜坐。著有《不要綁架自己》（*Faith: trusting your own deepest experi-*

全然接受這樣的我

ence，橡樹林出版，2003）《慈愛：革命性的喜悅藝術》（*Lovingkindness: The Revolutionary Art of Happiness*）。

③多瑪斯・牟敦（Thomas Merton，1915～1968），出生於法國，後移居美國。1941年，牟敦放棄大學教職，隱遁修院，成為教友口中的路易神父。他是二十世紀知名的文學家，自傳《七重山》（*The Seven Storey Mountain*）自1948年出版迄今，被翻譯成多種文字，銷售數百萬冊。重要著作尚有：《隱修士牟敦悟禪：心靈的歷程》（*The Inner Experience: Notes on Contemplation*）、《在生命寂靜的山巔：隱修士牟敦的文學日記》（*Intimate Merton : his life from his journals*）、《獨處中的沈思》（*Thoughts in Solitude*）。

④一位論派（Unitarian），或稱獨神論、反三位一體論。主張上帝只有一個位格，否認基督的神性和三位一體的教義。

⑤在佛法傳統中，慈悲有兩個面相：「慈」為快樂，希望他人快樂，或是一種經歷美好事物的柔軟心；「悲」則是希望他人脫離痛苦，希望承擔他人的痛苦，是一種為他人感到悲傷的哀痛心。在英文中，compassion有時用來代表慈悲兩個面相，有時為了區別佛法修持中慈心與悲心的法門程序與面相，compassion通常譯為「悲心」或「大悲」，而lovingkindness或tenderness則譯為「慈心、仁慈、慈愛」等。

第九章　擴大悲心的圓周：菩薩道

①克里希那穆提（Jiddu Krishnamurti，1895～1986），生於印度婆羅門家庭，著名的哲學家，在西方有廣泛而深遠的影響。他主張真理純屬個人了悟，一定要用自己的光來照亮自己。他一生的教誨皆在幫助人類從恐懼和無明中徹底解脫，體悟慈悲與至樂的境界。這位慈悲與智慧化身的人類導師，窮其一生企圖帶領人們進入他所達到的境界。印度的佛教徒肯定他是「中觀」與「禪」的導師，印度教徒則承認他是徹悟的覺者，近代最偉大的靈性導師。

②席哈楓神父（Father Theophane，1929～2003），俗家名為哈洛德・博伊德（Harold James Boyd），生於紐約市。奉獻四十八年的歲月於科羅拉多州斯諾馬斯（Snowmass）的聖本篤修道院。他也是一位作家，致力於東西方宗教的對談，著有《奇蹟修道院的故事》（*Tales of A Magic Monastery*）等書。

③朗費羅（Henry Wadsworth Longfellow，1807～1882），美國十九世紀著名的詩人。

④傑西・赫姆斯（Jesse Helms），美國聯邦參議員。

⑤內奧米・謝哈布・奈（Naomi Shihab Nye），美國現代作家，擅於隨筆和詩作。

⑥「歡樂一家親」（Frasier），美國電視劇，劇中主角心理醫師費瑞茲博士，搬回西雅圖老家跟老父住在一起，在廣播電台當空中心理醫生。

⑦蓋瑞・羅列（Gary Lawless），美國詩人，也經營一家書店兼出版商。

第十章 認證我們的本善:到達寬恕與關愛心的途徑

①華特·惠特曼(Walt Whitman,1819～1892),美國詩人,其代表作《草葉集》歌頌民主精神與自然之愛。
②意指「怨恚憤慨」的英文resentment,resent有「感受煩擾」之意。
③羅曼羅蘭(Romaine Rolland,1866～1944),法國大文豪,於1915年獲得諾貝爾文學獎,代表作為《約翰·克利斯朵夫》(Jean Christophe)
④巴普吉(Bapuji,1913～1981),原名Swami Sri Kripalvanandji,Bapuji是弟子對他的尊稱,意指「摯愛之父」。他一生修行瑜伽之道近四十年,保持全然靜默,每天禪修十小時之多,修鍊自己邁向自我體現之道。弟子或稱他Kripalu,遍佈全球的Kripalu瑜伽中心即以之為名。
⑤艾略特(T. S. Eliot,1888～1965),生於美國,於哈佛大學完成教育,1948年獲得諾貝爾文學獎,最著名的詩作是《荒原》(The Waste Land)(1922)。後來移居英國,為當代最偉大的詩人、作家。

第十一章 共同覺醒:修持人際關係的徹底接納

①摘自《增壹阿含第四十四品第一〇經》。其原文為:爾時,阿難白世尊言,所謂善知識者,即是半梵行之人也,將引善道以至無為。佛告阿難,勿作是言,言知識者,即是半梵行之人,所以然遮,夫善知識之人,即是全梵行之人,與共從事,將視好道。
②桂格瑞·克雷蒙(Gregory Kramer),現居美國奧勒岡州,是內觀禪修社區的資深成員,曾跟隨許多亞洲禪修大師學習,從1980年開始教導內觀禪修,為慈心基金會(Metta Foundation)總裁,在其支持之下主持過許多閉關課程。他也協助成立了「豐收心靈基金會」,位於紐約上州。
③伊德里斯夏(Idries Shah,1924～1996),阿富汗作家,也是偉大的蘇菲教導師,著有《蘇菲之路》等書。

第十二章 了悟我們的眞實本性

①般若波羅密多,即智慧。
②佛教用語稱之為「覺空不二」,也就是覺性與空性無二無別。
③放下進入(let go into),並不如字面所表示的放下,然後進入;而是在放下放鬆之後自然就會處於當下,寬廣開闊的覺性就會自然呈現。
④絕對本性(absolute nature),佛教用語為勝義本性或了義本性,也就是究竟的本性。
⑤愛與空性相依而存,佛教則說慈悲與空性相依而存。

⑥Tara，為梵文，即「度母」。

⑦本生經（Jataka），釋迦前世身為菩薩救度眾生的故事。按釋迦在過去世，曾經現身為國王、婆羅門、商人、女人以及種種動物，救度眾生的種種善業與功德，編寫成故事，集錄成了「本生經」，或稱「本生故事」。這些故事，有散文，有韻文。在巴利語聖典中，即有五百四十七個這樣的故事。

⑧《西藏度亡經》（*The Tibetan Book of the Dead*），亦稱為《中陰聞教得度》。

眾生系列　JP0142X

全然接受這樣的我：18 個放下憂慮的禪修練習
Radical Acceptance：Embracing Your Life With the Heart of a Buddha

---

作　　　者／塔拉·布萊克（Tara Brach）
譯　　　者／江涵芠
特 約 編 輯／曾淑芳
責 任 編 輯／廖于瑄
業　　　務／顏宏紋

總　編　輯／張嘉芳
出　　　版／橡樹林文化
　　　　　　城邦文化事業股份有限公司
　　　　　　104 台北市民生東路二段 141 號 5 樓
　　　　　　電話：(02)2500-7696 ＃ 2737 傳眞：(02)2500-1951
發　　　行／英屬蓋曼群島商家庭傳媒股份有限公司城邦分公司
　　　　　　104 台北市中山區民生東路二段 141 號 5 樓
　　　　　　客服服務專線：(02)25007718；25001991
　　　　　　24 小時傳眞專線：(02)25001990；25001991
　　　　　　服務時間：週一至週五上午 09:30 ～ 12:00；下午 13:30 ～ 17:00
　　　　　　劃撥帳號：19863813　戶名：書虫股份有限公司
　　　　　　讀者服務信箱：service@readingclub.com.tw
香港發行所／城邦（香港）出版集團有限公司
　　　　　　香港灣仔駱克道 193 號東超商業中心 1 樓
　　　　　　電話：(852)25086231 傳眞：(852)25789337
　　　　　　Email：hkcite@biznetvigator.com
馬新發行所／城邦（馬新）出版集團 Cite (M) Sdn Bhd
　　　　　　41, Jalan Radin Anum, Bandar Baru Sri Petaling,
　　　　　　57000 Kuala Lumpur, Malaysia.
　　　　　　Tel:(603)90563833　Fax:(603)90576622
　　　　　　Email:services@cite.my

內　　　文／歐陽碧智
封　　　面／徐璽
印　　　刷／韋懋實業有限公司

初版一刷／2006 年 6 月
三版一刷／2023 年 5 月
ISBN ／ 978-626-7219-34-8
定價／ 400 元

城邦讀書花園
www.cite.com.tw

版權所有·翻印必究（Printed in Taiwan）
缺頁或破損請寄回更換

國家圖書館出版品預行編目（CIP）資料

全然接受這樣的我：18 個放下憂慮的禪修練習／塔拉．布萊克 (Tara Brach) 著；江涵芠譯. -- 三版. -- 臺北市：橡樹林文化，城邦文化事業股份有限公司出版：英屬蓋曼群島商家庭傳媒股份有限公司城邦分公司發行，2023.05
　面；　公分. --（眾生系列；JP0142X）
譯自：Radical acceptance : embracing your life with the heart of a Buddha
ISBN 978-626-7219-34-8(平裝)

1.CST: 佛教修持

225.87　　　　　　　　　　　112005638